KB188135

# 위험한
# 철학책

10주년 기념 개정 증보판

# 위험하지 않은 것은
# 철학이 아니다

최훈 지음

# 위험한
# 철학책

바다출판사

아들이 쓴 책 읽기를 좋아하셨던
아버지를 추모하며

# 위험하지 않은 것은 철학이 아니다

어떤 어린이가 아이스크림 가게에서 아이스크림을 고르고 있습니다. 아이스크림 종류가 32가지나 있는 가게인데, 어린이는 두 가지 맛을 고를 수 있습니다. 멀리서 그것을 지켜보던 사람이 그 어린이가 딸기 맛과 초콜릿 맛을 고를 거라고 말합니다. 어린이는 정말로 딸기 맛과 초콜릿 맛을 골랐습니다.

어떤 여성이 공원 벤치에 앉아 있는데 옆에는 악기 통이 놓여 있습니다. 바이올린이 들어 있는 것 같습니다. 멀리서 그것을 지켜보던 사람이 그 여성이 바이올린을 두고 갈 테고, 조금 있다 허겁지겁 달려와서 바이올린을 찾아갈 거라고 말합니다. 그 여성은 정말로 그 사람 말처럼 바이올린을 두고 일어났고, 조금 있다 달려와 바이올린을 찾고는 다행이라며 악기를 가지고 갔습니다.

대단한 추측입니다만 우연히 맞았을 수도 있고, 그 어린이가 평소에 무슨 맛을 좋아하고 그 여자가 건망증이 심했는지 알고 있었을 수도 있습니다. 그러나 그 사람은 그 추측이 우연이 아니며 그 어린이나 여성을 전혀 알지 못한다고 말합니다. 다만 자신은 지금 세상을 이루고 있는 입자 하나하나와 사람들의 뇌 구성을 모두 다 알고 있어서 사람들의 다음 행동은 물론, 앞으로 무슨 일이 일어날지 모두 알 수 있다는 겁니다. 그러면서 이번에는 자기가 전혀 모르는 사람이 로또를 살 때 어떤 번호를 고를지 맞힐 수 있다고 말합니다. 정말로 그 사람이 그가 말한 번호를 골랐습니다. 그 사람은 더 나아가 오늘 밤 로또 추첨에서 어떤 번호가 나올지도 맞힐 수 있다고 말합니다. 로또 추첨기 안의 공기와 공의 움직임과 추첨기를 조작하는 사람의 뇌의 구성과 손의 움직임을 모두 알아서 가능하다는 겁니다. 그러더니 정말로 그 사람이 말하는 번호가 당첨되었습니다.

만약 이런 사람이 있다면 그 사람은 신이거나 초능력자일 겁니다. 설령 그런 신이나 초능력자가 없다고 하더라도, 만약 세상이 그런 식으로 되어 있다면 우리에게는 중요한 문제가 생깁니다. 내가 딸기 맛과 초콜릿 맛을 고르고, 깜빡 두고 온 바이올린을 다시 찾으러 가고, 로또 번호를 고르는 것은 모두 자유의지로 한 선택이라고 생각했는데, 그 선택을 하도록 이미 결정되어 있다는 말이 되기 때문입니다. 우리가 가지고 노는 장난감이나 우리가 부리는 동물과 달리 우리 인간은 자유의지가 있다는 점을 의심해본 적이 없는데, 우리에게 자유의지가 없다니요.

사실 자유의지가 없다고 해도 나는 여전히 딸기 맛과 초콜릿 맛의 아이스크림을 고를 테고, 우리 가족의 생일을 조합해서 로또 번호를 고를 테니 자유의지가 있든 없든 별 상관없을 수 있습니다. 그러나 내가 한 행동이 나의 자유의지에 의한 것이 아니라면 내 행동에 책임을 물을 수 없다는 문제가 생깁니다. 내가 누군가를 때리면 그 행동에 책임을 물려 처벌을 합니다. 하지만 자유의지에 따라 누군가를 때린 것이 아니라 내가 누군가를 때리도록 이미 결정되었다고 한다면 나에게는 책임이 없습니다. 장난감이나 동물에게 책임을 물을 수 없는 것이나 마찬가지입니다.

이런 곤란한 점 때문에 사람들은 인간에게 자유의지가 있다는 것을 의심하지 않습니다. 더 정확히 말하면 자유의지가 의심의 대상이 된다거나 자유의지를 의심하는 사람이 있다는 것조차 생각해본 적이 없습니다. 그러나 철학자들은 자유의지를 의심하고, 자유의지가 없다면 인간에게 어떻게 책임을 물을지 심각하게 고민합니다. 아주 소수의 특별한 철학자만 그렇게 의심하고 고민하는 게 아니라 다수의 철학자가 그 고민에 참여합니다.

철학은 기존에 있던 지식이나 상식을 의심하고 반론을 제기하고 새로운 생각을 내놓으면서 발전해왔습니다. 철학자들은 보통 사람이 받아들일 수 있든 없든 그 결과에 상관없이 이성의 냉철함과 엄밀함으로 끝까지 생각합니다. 이 책에 나오는 철학들이 대표적인 그 결과입니다.

소나 돼지는 죽이면서 왜 사람은 죽이면 안 되는가? 외모나 인종을 이유로 차별하면 안 되면서 왜 지적 능력이나 실력으로 차별하는 것은 용인되는가? 사람은 왜 죽음을 두려워하는가? 죽음은 꼭 나쁜가? 이런 질문들에 답하기 위해 철학자들은 사고를 끝까지 밀어붙입니다. 그리고 결론이 상식적으로나 도덕적으로 받아들이기 힘들다 해도 그것이 오로지 이성에 기반을 둔 것이라면 진지하게 받아들입니다.

그 생각들은 위험하기까지 합니다. 내일도 해가 뜰지 모르겠다거나, 착한 것도 운이라거나, 갓난아이는 죽여도 상관없다는 주장은 섬뜩하기도 합니다. 그러나 지구가 둥글다는 과학자의 주장도 처음 나왔을 때는 별났을 뿐만 아니라 위험하기도 했습니다. 당대의 상식을 넘어서는 이런 생각은 당대의 상식에 균열을 일으켰지만, 이제는 상식이 되었고 역사는 진보했습니다. 철학자들의 위험한 생각도 우리의 상식을 깨지만 세상을 바라보는 새롭고 현명한 시각이 될 수 있습니다. 그러므로 위험하다고 내치지 말고 진지하게 고민해보는 용기가 필요합니다. 우리는 그런 과정을 통해 발전했으니까요.

어떻게 생각하면 위험하지 않으면 철학이 아닙니다. 철학은 아무도 반박하지 않을 뻔한 말이나, 하나 마나 한 이야기를 하는 것이 아닙니다. 이번 개정판에 새로 추가된 16장에서 과학의 발전은 틀릴 수 없는 주장을 제기할 때가 아니라 틀릴 수 있는 주장을 과감하게 던지고 그것이 반박에 견디어낼 때 이루어진다는 포퍼의 이론을 소개합니다. 철학도 마찬가지입니다. 틀릴 수 있는 정도가 아니라 위험해 보이기까지 한 주장이 반박을 견디어내면 인간 사고의 경계는 확장되어 사고의 지평이 넓어집니다. 정치인은 교도소 담장 위를 걷는다는 말이 있습니다. 합법과 불법의 경계가 되는 일을 자주 하게 되어 자칫하면 교도소 안으로 떨어진다는 뜻입니다. 이것도 비유이지만 또다시 비유하면 편하게 교도소 밖에서만 이루어지는 철학은 발전이 없습니다. 맞는 말과 틀린 말의 경계 위에서 걸으면서 틀린 말 쪽으로 떨어지는 것을 두려워하지 않아야 진정한 철학적 사고가 됩니다.

과학에서는 과감한 주장에 이은 반박이 실험과 관찰이라는 경험적 방법으로 이루어지지만 철학에서는 사변적 방법으로, 철학자들이 흔히 하는 말로 '이성이 이끄는 대로' 이루어진다는 점에서 다릅니다. 철학에는 '정설'이나 '다수설' 같은 게 없고, 어떤 주장이든 끊임없이 반박의 대상이 되므로 위험해 보이는 주장도 상식에 근거해 다시 비판받기도 합니다. 이런 철학적 사고 과정을 따라가 보는 것 자체가 철학적 토의에 직접 참여하는 것입니다. 철학자들처럼 '이성이 이끄는 대로' 생각하다 보면 철학자들이 내놓은 생각에 반론을 제기할 수도 있을 테고, 그럼 새로운 철학을 만들어낼 수도 있을 겁니다.

철학을 연구하고 가르치는 일을 저 나름으로 오래 하다 보니, 제가 하는 생각이나 쓰고 있는 개념들이 다른 사람에게 낯설게 느껴지리라 생각하지 못했습니다. 철학에 종사하는 사람끼리 철학 토론을 할 때는 우리가 별난 생각을 하고 있다고 당연히 느끼지 못했고, 학생이나 일반인들도 철학자들은 으레 그러려니 생각해서인지 그 별남을 심각하게 지적하지 않았습니다. 그러다가 어느 날 문득 제가 날마다 고민하는 이런 주제들이 다른 사람에게는 상당히 특이하게 여겨지겠구나 싶었습니다. 특별한 사고방식과 접근 방법이 있다는 점은 철학 이외의 학문이나 직업도 마찬가지겠지요. 그래도 철학이 다른 학문에 대해 갖는 토대적인 성격이나 우리의 사고방식 그 자체를 문제 삼는 특별한 위치를 생각할 때 철학자들이 왜 그런 식으로 사고하는지 소개하는 일은 가치 있다고 생각합니다. 이 책에서는 상식과 어긋나는 철학자들의 주장을 모으고, 철학자들이 왜 그런 생각에 이르게 되었는지 그 사고과정을 세밀히 보여주었습니다.

여기서 다루는 주제들은 제가 동의하는 내용도 있고 아닌 내용도 있지만, 최대한 동의한다고 생각하고 썼습니다. 단, 각 장의 끝에 그 주제를 어떻게 반론할 수 있는지 '뒤집어 보기'에 소개해두었습니다 (이 항목은 자연철학에 해당하는 1장에만 없습니다). 주제를 고르다 보니 의도했던 바는 아니지만, 철학의 전 영역을 골고루 다루게 되었습니다. 1~3장은 형이상학, 4~6장은 인식론, 7~12장은 윤리학과 정치철학의 주제입니다. 개정판에서 새로 추가한 13~15장은 윤리학, 16~17장은 인식론이 주제입니다. 서로 독립적인 주제이므로 어느 주제부터 읽어도 상관없지만, 간혹 다른 주제를 참조해야 할 때는 어느 장을 보라고 언급했습니다. 흄이나 칸트처럼 철학사에서 널리 알려진 철학자가 아닌 현대 철학자들의 이름은 본문에서 거의 언급하지 않고 장 끝의 '더 깊이 읽기'에서 밝혔습니다. 누구의 주장인지보다 왜 그렇게 생각했는지가 더 중요하니까요.

제 의도를 마음껏 펼칠 장을 마련해준 바다출판사 김인호 사장님, 기획 단계에서부터 유익한 의견을 적극적으로 제시해준 김원영 편집자와 개정판 작업을 독려해 준 김은수 편집자에게 감사의 말을 전합니다. '말랑말랑하게' 전달하려고 많이 애썼지만, 추상적일 수밖에 없는 철학의 특성 때문에 어쩔 수 없이 딱딱한 부분이 있을 겁니다. 그래도 꾹 참고 사고의 흐름을 좇아가는 게 철학의 방법론이고 묘미라는 말로 변명해봅니다. 저의 오해와 무지에서 비롯된 실수는 당연히 변명의 여지가 없습니다. 따끔한 지적 부탁드립니다.

차례

1

# 세상은 물로
# 이루어져 있다

## 원시인의 정신세계

원시인은 꿈에서 이웃과 싸워서 상대를 다치게 하면 다음 날 아침에 보상할 물건을 가지고 그 이웃을 찾아가 사과했다고 합니다. 그리고 꿈에서 누군가에게 돈을 빌리면 다음에 만나 돈을 갚았다고 하네요. 이 이야기는 영화로도 만들어진 소설가 이만교의 《결혼은 미친 짓이다》에 나오는 내용입니다. 이건 단순히 소설가의 상상력에서 나온 이야기가 아닙니다. 20세기 초반에 활동한 프랑스의 인류학자 뤼시앵 레비브륄Lucien Levy Bruhl은 다큐멘터리 〈아마존의 눈물〉에 나오는 사람처럼 20세기에도 원시 상태로 살아가는 원주민을 관찰한 기록을 《원시인의 정신세계》에 남겼는데, 그 책에는 실제 사례가 많이 나옵니다. 보르네오의 어떤 원주민은 딸이 부정을 저지르는 사위의 꿈 때문에 딸이 벌 받을 거라고 생각해 딸을 자기 집으로 데려갔다고 하네요. 남아메리카 원주민의 사례는 더 황당합니다. 150마일이나 떨어진 마을에 사는 사람이 자기 밭에서 훔쳐간 호박값을 보상해달라고 요구하길래 자초지종을 들어보니 꿈에서 자기가 호박 세 덩어리를 몰래 가져갔다나 뭐라나.

웃기는 이야기라고요? 옛날엔 참 황당한 일도 많았다고요? 이만교 작가는 현대에도 이런 원시인 같은 사람들이 있다는 걸 보여주려고 이 이야기를 꺼냈습니다. 텔레비전 드라마에서 주인공이 겪은 일을 현실에서 겪었다고 생각하는 사람들이 그들인데, 이 소설에서는 주인공의 어머니가 그렇습니다. 텔레비전이 보급되기 시작하던 20세기 초, 미국에서 드라마의 여주인공이 재난을 당하면 방송국으로 성금을 보내는 사람들이 적지 않았다고 합니다. 이런 일은 요즘 우리나라에서도 여전히 일어나고 있습니다. 드라마 속에서 악녀에게 핍박받는 주인공을 보면 눈물을 흘리고, 악녀를 실제로 보면 욕을 해대는 사람들이 있잖아요.

현대인에게 드라마 속 이야기가 원시인의 꿈에 해당합니다. 현대에도 원시인 같은 사람들이 있는데, 그들이 문명사회에 살지 않는다고 해서 꼭 미개하다고 말하는 건 아니니 오해하지 마세요. 원시인 사례가 말해주는 바는 원시 상태에서 벗어난다는 것이 꿈 또는 드라마와 현실을 구분할 줄 아는 일이라는 점입니다. 꿈이나 드라마나 눈으로 보기는 마찬가지입니다. 깨고 나면 꿈이라고 생각하겠지만, 적어도 꿈을 꿀 때는 생시처럼 눈으로 보고 귀로도 듣고 손으로도 만집니다. 드라마에 푹 빠지면 드라마가 현실인 것처럼 눈으로 보고 귀로도 듣습니다. 아직 손으로 만지지는 못하지만요. 원시인은 바로 눈으로 보고 귀로 들으면 모두 현실이라고 생각했던 겁니다. 눈에 보이고 귀로 듣는다고 해서 모두 진짜가 아니라는 걸 깨닫게 되는 것, 그때가 바로 원시 상태에서 벗어나는 순간입니다. 애석하게도 원시인 상태에 머물러 있는 사람이 아직 많이 있지만 말이에요.

## 철학의 시조

수많은 학문이 있지만, 그 학문을 가장 먼저 시작한 사람이 누구인지 밝혀진 학문은 그리 많지 않은 것 같습니다. 법학은 누가 제일 먼저 시작했을까요? 기계공학을 제일 먼저 만든 사람이 있나요? 의학은요? 참, 히포크라테스를 의학의 아버지라고 하니까 의학을 맨 처음 시작한 사람인 것 같네요. 그러나 히포크라테스 선서 때문에 그렇게 부르는 것 아닐까요? 히포크라테스 이전에 의학자가 없었겠습니까?

그런데 철학에서는 시조, 곧 철학의 아버지라고 부르는 사람이 있습니다. 고대 그리스 철학자인 탈레스가 바로 그이입니다. 탈레스는 기원전 6세기 사람이에요. 조금 있다 다시 말하겠지만 남긴 책이 전혀 없어서 언제 사람인지 알 수 없었을 텐데, 기원전 6세기에 살았던 것이 밝혀진 까닭은 헤로도토스의 《역사》에 탈레스가 일식을 예측했다고 기록되어 있기 때문입니다. 탈레스가 활동한 곳이 지금

터키의 서쪽 해안 지방(에게 해를 사이에 두고 그리스와 마주 보고 있는 곳)인데, 당시에는 이오니아 지방이라고 했대요. 탈레스는 그중 밀레투스라는 도시에 살았고요. 천문학자들이 계산해보니 이오니아 지방에 기원전 585년에 개기일식이 있었다는데, 이것으로 탈레스가 그 무렵에 살았다고 추측한 겁니다.

기원전 6세기 무렵에 우리 조상은 뭐 하고 살았을까요? 당시에 이집트나 메소포타미아나 황하에는 더 오래전부터 문명을 이루고 살았지만, 우리 조상들은 대부분 문명인처럼 살지 못했을 거예요. 〈나의 그리스식 웨딩〉(2002)이라는 미국 영화가 있습니다. 이 영화에는 해외에 나가 살아도 여전히 대가족제도와 가부장제도를 유지하고 그리스 사람끼리만 결혼하는 그리스인 가족이 나옵니다. 그 그리스계 이민자 집안 딸인 툴라(니아 발다로스 분)가 그리스계가 아닌 미국 남자 이안(존 코베트 분)과 결혼하려고 합니다. 당연히 아버지는 펄쩍 뛰죠. 집에 인사하러 온 이안이 못마땅한 아버지는 그리스 말로 이렇게 중얼거립니다. 물론 영어로 자막이 나오고요. "자네 조상들이 나무 탈 때, 우리 조상들은 철학을 논하고 있었어!"

어때요, 자부심이 대단하죠? 뭐, 당시 그리스 밖 사람들이라고 해서 전부 나무 타면서, 들머리에서 말한 원시인처럼 살았겠습니까? 그리스가 그만큼 문명이 발달했다는 자부심이겠죠.

툴라의 아버지가 자랑하다시피 그리스는 천문학과 철학, 민주주의의 발상지입니다. 탈레스는 철학의 시조고요, 천문학의 시조인지는 모르겠지만 일식을 예측한 천문학자이기도 했습니다. 그런데 왜 탈레스를 철학의 시조라고 부를까요? 그것은 탈레스가 "세상은 물로 이루어져 있다."고 말했기 때문입니다. 세상이 물로 이루어져 있다고요? 네, 탈레스가 한 말은 달랑 이 말 한마디뿐입니다.

애걔? 이 말 한마디 했다고 철학의 시조라고 불러요? 그러면 나는 철학의 할아버지의 할아버지의 할아버지도 될 수 있겠네요? 더구나 온 세상이 물로 이루어졌다는 탈레스의 말은 맞지도 않잖아요? 주위를 둘러보세요. 세상이 어디 물로 이루어져 있나요? 물론 지구의 4분의 3은 물이고, 인간의 몸도 70퍼센트는 물로 이루어져 있다고 합니다. 나무와 같은 식물도 뿌리에서 물을 빨아들이고 줄기에도 물이 흐르고 있습니다. 청진기를 나무 줄기에 대고 소리를 들어 보면 물이 졸졸졸 흐르는 소리가 들립니다. 그렇다고 해서 세상이 모두 물로 이루어진 건 아니죠. 날 물로 보지 마세요!

## 보이는 것이 다가 아니다

세상이 물로 이루어졌다는, 딱 봐도 틀린 말을 한 사람을 왜 철학의 시조라고 할까요? 아무리 옛날 사람이라고 하더라도 딱 보면 세상이 모두 물로 되어 있는 것은 아니라는 걸 알 텐데, 왜 그런 말을 했을까요? 탈레스는 똑똑한 사람이었습니다. 앞서 말했듯이 아직도 '나무 타는' 사람이 많던 그 먼 옛날에 일식이 언제 일어날지 예측했으니까요. 상당한 천문학 지식을 가진 사람이었을 겁니다.

그렇게 똑똑한 사람이니, 세상이 물로만 되어 있는 건 아니라는 걸 몰랐을 리 없죠. 물론 똑똑한 사람도 엉뚱한 소리를 할 때가 있긴 하지만요. 어쨌든 그가 그렇게 말한 무슨 이유가 있을 겁니다.

세상은 물로 이루어졌다고 말한 탈레스를 철학의 시조로 보는 데는 몇 가지 이유가 있습니다. 가장 중요하게는, 그가 세상은 물로 이루어졌다고 말함으로써 눈에 보이는 것과 보이지 않는 것은 다르다고 생각했기 때문입니다. 눈으로만 보면 누가 봐도 세상은 물로 이루어져 있지 않습니다. 강과 바다에 아무리 물이 많다고 해도 물이 없는 곳도 많습니다. 사람도 겉으로 봐서는 전혀 물로 이루어져 있지 않지요. 탈레스도 그것을 알았습니다. 다만 그것은 겉으로 보이는 것뿐이라고 생각했습니다. 겉으로 보이는 것 너머에 있는 것, 그것은 바로 물이라고 생각했던 것입니다.

눈에 보이는 것과 보이지 않은 것을 구분하기 시작했다는 바로 이 점 때문에 탈레스를 철학의 시조라고 부릅니다. 눈으로 보이는 것이 전부가 아니라 그 너머에 숨어 있는 무언가가 있다고 생각하는 것, 이것이 바로 철학적인 생각입니다. 철학에서는 눈에 보이는 것을 어려운 말로 **현상**이라고 부르고, 눈에 보이는 것 너머에서 그 현상을 있게 만드는 어떤 것을 **본질**이라고 부릅니다. 현상과 본질, 이렇게 말하니까 뭔가 있어 보이죠? 탈레스는 현상과 본질을 구분하기 시작했고 그런 점에서 철학의 시조라고 부르는 겁니다.

물론 탈레스는 본질을 잘못 짚었습니다. 우리가 알기로는 세상이 모두 물로 이루어진 것은 아니니까요. 그러나 탈레스를 철학의 시조라고 높게 평가하는 것은 눈에 보이는 것이 전부가 아니고 그 너머에 그것을 가능하게 하는 무엇인가가 있다고 생각하기 시작했다는 점 때문입니다. 들머리에서도 보았듯이 원시인들은 눈에 보이는 것을 그대로 믿었습니다. 심지어 꿈이라도 눈에 보이는 것을 사실로 믿었습니다. 문명이 발달한 현대에도 눈에 보이고 귀에 들리는 것만 믿는 사람이 많은데, 하물며 그 먼 옛날에 눈에 보이고 귀에 들리는 것이 전부가 아니고 그 너머에 그것을 가능하게 하는 무언가가 있다고 생각한 건 대단한 일입니다. 그래서 철학이 시작된 것입니다. 그 사람 말이 맞느냐 틀리느냐보다 그런 생각을 했다는 것이 중요한 거죠.

그러면 현상과 본질을 구분하는 것이 철학이라고 생각하면 될까요? 글쎄요. 철학의 특징이 현상과 본질을 구분하는 것은 맞지만, 현상과 본질을 구분한다고 해서 모두 철학이라고 말하기는 힘듭니다. 철학 말고 다른 학문도 눈에 보이는 것과 보이지 않는 것을 구분하니까요. 예를 들어, 뉴턴은 사과나무에서 사과가 떨어지는 것을 보고 만유인력 법칙을 발견했습니다. 평범한 사람은 사과가 떨어지면 "사과가 떨어지는구나. 얼른 가서 주어야지." 정도밖에 생각하지 못하겠지만, 과학자 뉴턴은 거기에서 눈에 보이지 않는 숨어 있는 법칙을 발견했습니다. 사실 모든 학문이 현상과 본질을 구분한다고 말하는 것이 정확할 겁니다. 그런 점에서 볼 때 탈레스는 철학의 시조이기도 하지만 학문의 시조라고 말할 수도 있겠습니다.

## 철학과 학문

현상과 본질을 구분한다는 점에서 철학이나 다른 학문이 똑같다면 철학은 다른 학문과 어떤 점에서 다를까요? 이런 질문은 대답하기도 어렵고 철학자마다 똑같은 대답을 하는 것도 아닙니다. 그래도 아주 간단히 설명해볼게요. (철학자마다 대답이 같지 않다고 했으므로 이런 설명에 동의하지 못하는 철학자도 있을 겁니다.) 현상과 본질을 구분하는 것은 철학이나 다른 학문이나 다 똑같다고 했는데, 다른 학문이 현상과 본질을 구분하는 데서 그친다면, 철학은 거기서 한 걸음 더 나아갑니다. 다른 학문이 눈에 보이는 현상들에서 어떤 본질을 찾는다면, 철학은 거기서 찾은 본질을 또 다른 현상이라고 생각하고 거기서 또 본질을 찾아갑니다. 좀 전의 뉴턴과 사과나무 예를 다시 들어보지요. 뉴턴은 사과나무에서 사과가 떨어지는 것을 보고 만유인력의 법칙을 찾았다고 했습니다. 여기서 사과나무에서 사과가 떨어지는 것은 현상일 테고, 만유인력의 법칙은 본질이겠죠. 그런데 이 만유인력의 법칙은 철학자에게는 또 다른 현상이 됩니다. 과학에는 만유인력의 법칙뿐만 아니라 다양한 법칙이 있습니다. 철학자들은 그런 법칙들에 숨어 있는 본질은 무엇일까 궁리합니다. 그러니까 철학은 본질의 본질을 찾는 겁니다. 철학은 다른 학문보다 한 차원 더 깊은 곳까지 생각합니다.

## 철학 박사와 학문 박사

사실 고대 그리스 때 철학은 학문과 엄격하게 구분되었다고 말하기 힘듭니다. 철학이 곧 학문이고 학문이 곧 철학이었지요. 철학의 그리스어 philosophia는 지혜sophia를 사랑한다philos는 뜻입니다. 철학만이 아니고 모든 학문이 지혜를 사랑하고 추구하겠지만, 특히 철학을 만학의 여왕이라고들 합니다. 철학이 다른 학문의 토대가 되기 때문이기도 하지만, 철학이 시작됨으로써 비로소 학문이 시작되었기 때문이기도 합니다. 학문이라는 뜻의 철학은 현대에도 남아 있습니다. 영미권에서 박사를 가리키는 영어 단어 Ph.D.가 그것입니다. Ph.D.는 라틴어 Philosophiae Doctor의 준말인데, 철학이 됐든 공학이 됐든 수학이 됐든 학문적인 업적으로 박사 학위를 받으면 모두 Ph.D.라고 부릅니다. 그러니까 Ph.D.를 철학 박사라고 부르면 오해의 소지가 있습니다. 미국 프린스턴 대학교에서 박사 학위를 받은 이승만 전 대통령을 철학 박사라고 말하는 경우가 있는데, 그런 오해에서 비롯된 겁니다(그는 국제정치학 박사입니다). Ph.D.가 아닌 박사도 있습니다. 전통적으로 법학, 신학, 의학은 순수 학문이 아니라 직업을 위한 학문이라고 여겨서 학위 이름이 다릅니다. 각각 J.D., Th.D., M.D.입니다.

추상화의 단계를 더 거친다고도 할 수 있겠네요. 철학이 만학의 여왕이라는 말의 한 가지 의미가 바로 이것입니다.

철학을 공부한다고 하면 "어려운 것 공부하시네요."라는 말을 자주 듣습니다. 세상에 쉬운 학문이 어디 있고, 쉽지 않은 학문이 어디 있겠습니까? 그런데 철학이 유독 더 어려워 보인다면 바로 이런 이유 때문일 겁니다. 눈에 보이는 현상과 눈에 보이지 않는 본질을 구분하는 것조차도 원시인에게는, 그리고 어떤 현대인에게는 어려운 일입니다. 그런데 철학은 그 눈에 보이지 않는 본질을 연구 대상으로 삼고 거기서 또 어떤 본질을 찾으려고 합니다. 물리학은 물리 현상을 연구 대상으로 삼고 생물학은 생물을 연구 대상으로 삼고 사회과학은 사회 현상을 연구 대상으로 삼으니, 실제로는 어렵겠지만 그래도 겉보기에 무엇을 하는지 알 것 같습니다. 그런데 철학은 눈에 안 보이는 것에서 또 다른 눈에 안 보이는 것을 찾으려고 하니 더 어려워 보이는 듯합니다. 아마 철학과 함께 수학이 유일하게(아니 유이하게) 눈에 안 보이는 것을 연구 대상으로 삼는 학문일 텐데, 그래도 수학이 다루는 수나 도형은 철학 현상보다는 구체적인 것 같습니다.

이렇게 보면 탈레스는 엄격한 의미에서 철학을 했다고 말하기 어렵습니다. 눈에 보이는 자연에서 바로 본질을 찾으려고 했기 때문입니다. 그래서 탈레스의 철학을 '자연철학'이라고 합니다. 주된 탐구 대상이 자연이기 때문입니다. 탈레스 이후에 소크라테스 이전까지 철학자들이 탈레스와 같은 탐구 방법을 사용했는데, 그래서 그들을 뭉뚱그려 '자연철학자'라고 부릅니다. 자연철학은 지금의 과학과 비슷하다고 볼 수 있습니다. 그러니까 자연철학자인 탈레스는 과학자라고 부를 수도 있겠네요. 자연철학이라는 말은 뉴턴 시대에도 과학이라는 뜻으로 쓰였습니다. 뉴턴의 주저 제목이 《자연철학으로서의 수학적 원리》입니다. '과학'이라는 말이 처음으로 쓰이기 시작한 건 고작 180여 년 전이라고 합니다. 1833년 6월 24일에 영국과학진흥협회가 케임브리지 대학교에서 회의를 열었는데, 시인인 새뮤얼 테일러 콜리지Samuel Taylor Coleridge가 이 '자연철학'이라는 말에 딴지를 걸었습니다. 거기 모인 사람들, 그러니까 과학자들을 이제 자연철학자라고 부르지 말라고요. 진짜 철학자는 우주에 대해 숙고하는 사람이지, 거기 모인 사람들처럼 화석 더미를 만지작거리거나 전지로 난잡한 실험을 하지 않는다는 겁니다. 사람들이 화가 나서 웅성거리자 윌리엄 휴얼William Whewell이 '과학자'라는 새로운 단어를 제안합니다. 과학자라는 단어는 그때 처음으로 공식석상에서 언급되었다는군요. 휴얼은 요즘 유행하는 '통섭consilience'이라는 말을 처음 만든 과학자이기도 합니다. 중요한 말을 많이 만들었네요.

## 신화에서 철학으로

탈레스를 철학의 시조라고 부르는 이유로 지금까지 현상과 본질을 구분하기 시작했기 때문이라고 했습니다. 그를 철학의 시조라고 하는 또 다른 이유도 있습니다. 신화적인 설명 방식에서 벗어나기 시작했다는 점입니다. 탈레스 이전에도 세상에 일어나는 현상을 어떻게든 설명하려고 했을 겁니다. 그때는 신화에 근거해 설명했습니다. 어떤 이야기에 근거해 설명하는 방식은 재미있기는 하지만, 아무 근거가 없다는 것이 특징입니다. 해가 뜨고 지며 바람이 불고 비가 오는 현상이 가장 흔하게 눈에 띄는 자연 현상입니다. 신화에서는 이런 현상을 어떤 신비적인 힘이나 신을 끌어들여서 설명합니다. 멀리 갈 것도 없이 "떡 하나 주면 안 잡아먹지."로 유명한 우리나라 전래 동화인 〈해님 달님〉이 신화로 자연 현상을 설명하는 예입니다. 호랑이에게 쫓기던 오누이가 금 동아줄을 타고 하늘로 올라가 오빠는 해님이 되고 누이동생은 달님이 되었죠. 썩은 동아줄을 잡은 호랑이는 줄이 끊어져 수수밭에 떨어져 죽어 수수에 호랑이의 피가 배었습니다. 우리는 이 얘기를 동화로 알고 있지만, 거창하게 말하면 우리나라의 해와 달 탄생 신화입니다. 그런데 누군가가 거기서 그치지 않고 정말로 해와 달은 호랑이에게 쫓기던 오누이가 하늘로 올라가서 된 것이고, 수수깡에 빨간빛이 도는 것은 호랑이 피가 묻어서라고 믿는다면 어떨까요? 황당하지 않겠어요? 탈레스 이전의 사람들, 그리고 원시인은 그렇게 믿었다는 겁니다. 이처럼 신화가 재미있긴 해도 합리적인

---

### 신화 맛 나는 맥주

한국어는 한자에 말밑이 많이 있듯이, 서양 언어는 그리스어에 뿌리를 두는 경우가 많습니다. 앞에서 말한 〈나의 그리스식 웨딩〉의 주인공 아버지는 이것에도 자부심을 갖는데, 심지어 '기모노(일본의 전통 의상)'도 그리스어에서 나온 말이라고 합니다. 뮈토스라는 이름의 그리스 맥주가 있습니다. 매트 로렌스가 쓴 《철학 한 잔》은 철학 이야기 하나와 맥주 한 종류를 연결시켜 쓴 재미있는 발상의 철학 책인데, 거기에도 뮈토스 맥주가 나옵니다. 뮈토스 맥주를 마시면 신화 맛이 날까요?

위험한 철학책

근거가 없습니다.

탈레스는 그런 신화적 설명 방식에서 벗어나 근거를 제시하며 합리적으로 설명하기 시작했습니다. 그리스어로 신화는 뮈토스mythos라고 하는데, '그냥 들은 이야기'라는 뜻입니다. 신화를 뜻하는 영어 단어 'myth'가 여기서 나왔겠죠. 뮈토스와 대비되는 개념이 로고스logos입니다. 이것은 이성, 논리, 근거라는 뜻으로, 어떤 근거를 갖춰서 주장하는 것을 말합니다. 그러므로 탈레스를 통해 우리는 뮈토스에서 로고스로 옮겨갔다고 말할 수 있습니다. 그리고 철학이 시작되었고요.

일식이 일어났다고 해봅시다. 신화적 세계관에서는 신비한 힘에서 그 원인을 찾습니다. 신이 노해서 그랬다든지, 신이 해를 삼켜서 그랬다든지 하는 식으로 일식을 설명합니다. 해가 사라지면 큰일이므로 사람들은 신의 노여움을 풀기 위해 하늘을 향해 울부짖으며 기도하겠죠. 신기하게도 얼마 안 있다가 해는 본디 모습을 되찾습니다. 원시인은 자신의 기도 덕분에 해가 돌아왔다고 생각했겠죠. 그러나 이런 설명 방식으로는 언제 일식이 일어날지 전혀 예측할 수 없습니다. 반면에 로고스적으로 설명하는 사람이라면 천체의 움직임을 관찰하고 계산하여 왜 그런 현상이 일어났는지 합리적인 근거를 제시하며 설명하겠죠. 그런 합리적 설명 방식으로는 탈레스처럼 일식을 예측할 수 있고요.

앞에서도 언급한 뤼시앵 레비브륄도《원시인의 정신세계》에서 원시인들은 색다른 무슨 일이 일어나면 자연에서 원인을 찾는 것이 아니라, 초자연적인 신비한 힘에 기댄다고 말합니다. 그들은 자연의 서로 다른 현상들이 인과적으로 연결되어 있다고 생각하지 못하고, 지금 눈앞에 일어나는 현상밖에 보지 못합니다. 가령 비바람을 맞고 감기에 걸리면 감기의 원인이 비바람에 있다고 생각하지 못하고 또다시 비바람을 맞습니다. 자연 속에 인과 관계나 법칙이 있다고 생각하지 못하고 우발적으로 일어나는 일이라고만 여기고 그것을 없애기 위해 신비로운 힘에 기댑니다. 그러니 아프면 주술사를 찾아갑니다. 하긴 현대에도 그런 원시인은 많습니다. 무슨 일만 일어나면 하늘이나 신의 뜻을 찾는 사람들이 그렇습니다.

## 만물의 근원, 아르케

세상은 물로 이루어져 있다는 주장이 신화적 설명에서 벗어나서 합리적인 근거를 제시하는 단계로 옮겨가는 계기가 되었다고 말했지만, 어떤 점에서 그런지는 아직 말하지 않았습니다. 이제부터 세상이 물로 이루어져 있다는 말을 본격적으로 해부해보겠습니다. 탈레스뿐만 아니라 소크라테스 이전 철학자들의 발언은 책으로 직접 전해오지 않고, 소크라테스 이후 나온 저술에 소개되는 식으로 여기저기 흩어져서 전해져 내려옵니다. 발언들이 온전한 형태가 아니라 부분 부분 조각난 꼴로 전해져 내려온다고 해서 쪼개진 조각, 곧 '단편斷片'이라고 부릅니다. 탈레스가 한 말도 정확하게는 아리스토텔레스의《형이상학》에 "물이 모든 것의 근원이다."라고 실려 전해진 것입니다. 이때 '근원'은 그리스어로 '아르케arche'라고 합니다. 앞서 그리스어에서 나온 서양 언어가 많다고 했는데, 고고학을 뜻하는 'archaeology'나 시조새(우리나라에서 창조론자들이 교과서에서 빼라고 요구했던 바로 그 시조새요)를 뜻하는 'archaeopteryx'에도 그 말밑에 아르케가 있습니다. '근원' '옛날' '시작'이라는 뜻이죠.

모든 것의 근원이 물이라는 말은 엄격하게 분석하면 서로 다른 두 가지 해석으로 나눌 수 있습니다. 첫째는 모든 것이 물에서 시작되었다는 뜻이고, 둘째는 모든 것의 궁극적인 원소가 물이라는 뜻입니다. 무슨 차이가 있는지 구분되나요? 첫째 해석은 원래 물이었던 것이 시간이 지나 지금 우리 눈에 보이는 여러 가지 현상이 되었다는 주장이고, 둘째 해석은 그 시작이 무엇이든 간에 지금 존재하는 것을 환원해 들어가면 기본 요소가 물이라는 주장입니다. 현대 물리학을 빌려 말해보면, 첫째 해석은 물이 우주가 존재하게 만든 첫 사건인 빅뱅에 해당한다는 뜻일 테고, 둘째 해석은 물이 모든 물체를 구성하는 기본 입자에 해당한다는 뜻일 테지요. 학자들은 어느 쪽 해석이 옳은지 논쟁을 하는데, 아리스토텔레스가 말한 아르케가 시작이라는 뜻에 가까워서 첫째 해석이 옳다는 주장이 우세합니다. 그리고 아리스토텔레스가 우리보다는 탈레스와 훨씬 가까운 시대에 살았으니 더 잘 알지 않겠어요? 그러나 그것은 어디까지나 아리스토텔레스의 해석이므로, 탈레스의 본래 의도도 그랬는지는 알 수 없습니다.

어느 쪽의 해석이 옳든 탈레스는 눈으로 보이는 현상 너머에 있는 본질적인 어떤 것을 찾으려 했던 건 분명합니다. 그것이 모든 것을 시작하게 한 무엇이든, 모든 것의 밑바탕을 이루는 무엇이든 말입니다. 우리 눈으로 보는 세상은 그 대상마다 다 다르고, 더구나 끊임없이 변합니다. 생겼다가 없어지고 존재할 때도 계속해서 변합니다. 다양하게 존재하는 것 자체를 보고 아무 생각이 없다면 그것은 원시인의 정신 상태겠지요. 반면 문명인이라면 그것을 보고 아름답다고 생각할 수도 있고, 거꾸로 그런 다양성을 무질서나 혼란이라고 생각할 수도 있을 겁니다. 좀더 나아가 다양하게 변화하는 것들의 밑바탕에 변하지 않고 영원히 존재하는 어떤 것이 있으리라 생각하고, 그것을 찾는 시도를 해볼 수도 있겠지요. 아마도 다양하게 존재하는 것들의 어떤 공통 원리를 찾으려고 하는 것이 지적인 인간의 본성인지도 모릅니다. 공자도 '일이관지—以貫之'라고 말하며, 모든 것을 꿰뚫는 하나의 원리를 중요하게 생각했습니다. 물론 공자는 자연철학자들처럼 존재하는 것의 근본 원리를 찾은 것이 아니라, 우리의 사상과 행동을 꿰뚫는 원리로서 충忠과 서恕를 말한 것이므로 약간 다른(어떤 점에서는 좀더 추상화된) 맥락이긴 합니다. 그래도 하나로서 여럿을 설명하려고 하는 의도는 같다고 볼 수 있습니다. 탈레스도 바로 그런 시도를 한 것이죠. 탈레스든 공자든 모두 철

　　　　　　　　　　　　　　　위험한 철학책

학적인 사고를 한 것입니다. 그런데도 철학의 시조라는 영예를 탈레스에게만 준 것은 탈레스가 공자보다 조금 앞선 시대의 사람인 이유보다는, 철학이라는 말이 그리스에서 시작되었기 때문일 겁니다.

  그런데 왜 하필 그 근원이 물일까요? 고구려를 세운 주몽의 외할아버지인 하백은 물의 신입니다. 탈레스는 하백과 같은 물의 신이 모든 것을 존재하게 했다고 설명했을까요? 실제로 고대 문명은 이집트 문명이나 황하 문명처럼 강 근처에서 세워졌고, 지금도 그렇지만 옛날 사람들은 훨씬 더 물을 공경하면서도 두려워했을 겁니다. 그러나 이렇게 물의 신을 끌어들이면서 모든 것의 근원이 물이라고 말하는 것은 앞서 말한 신화적인 설명에 불과합니다. 그냥 그렇다고 했을 뿐이지 합리적인 근거를 대지 않았으니까요. 탈레스는 신화에서 벗어났다고 했으니 왜 물이 근원인지 그 나름대로 합리적인 설명을 했다고 봐야 합니다. 아리스토텔레스는 탈레스를 대신해서 그 이유가 '습기'라고 설명합니다. 씨는 촉촉한 데 있어야 싹이 터서 자라날 수 있고 자랄 때도 촉촉하게 물기가 보충되어야 무럭무럭 자랍니다. 이 촉촉함은 바로 물기이므로 물이 존재하는 모든 것의 근원이라고 생각했던 겁니다. 촉촉함은 생명을 불어넣어 주기도 하지만 거꾸로 썩게도 합니다. 아리스토텔레스가 그렇게 설명한 건 아니지만, 생명체는 습기가 전혀 없는 상태에서는 썩지 않고 미라가 됩니다. 물이 없으니 변화가 전혀 없는 상태가 되는 거죠.

  물이 생명의 근원이라는 주장은 과학적으로도 일리가 있습니다.

화성에 탐사선을 보낼 때도 과연 그곳에 생명체가 있느냐 없느냐에 관심을 둡니다. 그때 물이 있거나 있었던 흔적이 있느냐를 봅니다. 물이 있어야 생명체가 있을 수 있으니까요. 물론 물은 생명체가 있기 위한 충분조건은 아니고 필요조건이므로 탈레스의 주장과 조금 다르지만, 탈레스의 주장에 힘을 실어줄 수는 있습니다.

물이 왜 만물의 근원인지 더 현대적으로 해석해볼 수도 있습니다. 물은 고체, 액체, 기체 모두의 형태가 될 수 있습니다. 얼음이었다가 녹으면 물이 되고(얼음이 녹으면 봄이 된다는 창의적인 답도 있습니다), 물을 가열하면 수증기가 됩니다. 얼음에서 물, 물에서 수증기 또는 그 반대로 변하는 것은 복잡한 실험 장치 없이도 간단히 관찰할 수 있습니다. 더구나 물과 얼음과 수증기는 겉으로 보기에 전혀 다른 형태인데도 그 모든 것의 본성이 물이라는 것은 고대인이라도 쉽게 알 수 있습니다. 바로 이런 점에서 시시각각 변하고 다양한 모습을 띠는 만물의 근원을 물이라고 추측한 듯합니다.

김숨이라는 소설가가 있습니다. 김숨 작가의 장편소설 중《물》이라는 작품에는 이런 구절이 나옵니다. "그 어떤 물질로 상징하자면, 어머니는 물이다. 한 방울의 물. 그녀는 한 방울 물처럼 무심한 듯하면서도 팽팽한 긴장을 그녀의 정신과 육체에 품고 있다. 물은 끊임없이 순환하는 형태와 현상 속에서 존재한다. 물뿐만 아니라, 얼음과 수증기 상태로도 존재하는 것이다." 딱 탈레스네요? 이 작품은 한 가족의 구성원들을 상징적으로 그려냅니다. 주인공인 엄마는 물인데, 수증기 상태일 때도 있고 얼음 상태일 때도 있습니다. 나이가 든 이후로는 얼음 상태일 때가 많은데, 무슨 일을 하다가 꽁꽁 언 얼음이 되기도 합니다. 세 딸은 이 어머니의 몸에서 물로 태어나지만, 각각 소금과 공기와 금이 됩니다. 김숨 작가가 탈레스를 공부했을까요? 아니면 탈레스와 비슷한 사고를 했을까요? 궁금합니다.

## 철학과 비판

현상과 본질을 구분하는 것은 철학만의 특징이 아니라 모든 학문의 특징이라고 말했듯이, 신화에서 해방되는 것 역시 철학만의 특징은 아닙니다. 모든 학문이 신화적 설명에서 벗어나서 합리적인 근거를 제시하려고 합니다. 철학도 그렇고요. 그런 점에서 철학은 과학과 비슷합니다. 수학자들이 증명할 때 보면 그 증명은 마지막 결론까지 한 단계 한 단계 꼼꼼하게 진행됩니다. 공리에 따른다든가 기존 증명에 의존한다든가 하는 근거가 있어야지 다음 단계로 넘어갈 수 있습니다. 철학의 추론 방식도 마찬가지입니다. 이성의 힘에 의존해서 모든 사람을 설득할 수 있을 때 다음 단계로 넘어갈 수 있습니다. 그렇게 따라가다 보면 뜻하지 않게 엉뚱한 결론에 이를 수도 있습니다. "세상이 물로 이루어져 있다."는 주장도 그렇게 해서 나온 결론일 겁니다. 너무 엉뚱해서 결론을 받아들일 수 없다면 증명 과정 중 어떤 곳을 받아들일 수 없기 때문일 겁니다. 그런 부분을 찾아서 여기서 다음 단계로 넘어갈 수 없다고 반박하면 됩니다. 아무리 찾아도 그런 곳이 없다면요? 어쩌겠어요. 아무리 엉뚱해도 받아들여야지요. 이성이 이끄는 대로 따라왔는데요.

　여기서 신화와 철학의 차이점을 또 하나 발견할 수 있습니다. 신화는 반박할 수 없습니다. 애초에 근거 없이 믿은 이야기이므로 의심하고 말고 할 것도 없습니다. 그냥 쭉 믿으면 됩니다. 그러나 합리적인 근거를 제시하는 철학에서는 나름 합리적이라고 제시했던 근거도 의심스러우면 얼마든지 비판하고 새로운 주장을 제시합니다. 세상은 물로 이루어져 있다는 탈레스의 주장도 그렇습니다. 탈레스의 뒤를 이은 후배 철학자들인 아낙시만드로스와 아낙시메네스도 이 세상이 무엇으로 이루어져 있다고 생각하는지 각자 말했습니다. 이들은 모두 밀레투스를 중심으로 활동했다고 해서 밀레투스학파라고 부릅니다. 물론 탈레스의 주장이 현대 과학의 시각에서 보면 틀린 말이듯 그들의 주장도 틀렸습니다만, 여기서 중요한 것은 맞는 말이냐 틀린 말이냐가 아닙니다. 눈에 보이지 않는 세상의 근원을 묻기 시작했다는 점, 신화적인 방법이 아니라 합리적 방법으로 그 대답을 했다는 점에서 그들은 철학을 처음 시작한 사람들입니다.

위험한 철학책

## 더 깊이 읽기 ─────────────

이 장에 나온 책들은 다음과 같습니다.

이만교, 《결혼은 미친 짓이다》, 민음사, 2000.
뤼시앵 레비브륄, 《원시인의 정신 세계》, 김종우 옮김, 나남, 2011.
헤로도토스, 《역사》, 천병희 옮김, 숲, 2009.
매트 로렌스, 《철학 한 잔: 48가지 세계 맥주와 함께하는 철학 여행》, 고
　은주 옮김, 한겨레에듀, 2012.
아리스토텔레스, 《형이상학》, 김진성 옮김, 이제이북스, 2007.
김숨, 《물》, 자음과모음, 2010.

탈레스의 단편은 《소크라테스 이전 철학자들의 단편 선집》(김인곤 등 옮
김, 아카넷, 2005)에 실려 있습니다. 탈레스를 비롯한 밀레투스학파에 대해
서는 W. K. C. 거스리의 《희랍 철학 입문: 탈레스에서 아리스토텔레스까
지》(박종현 옮김, 서광사, 2000)의 제3장과 강철웅 등이 쓴 《서양고대철학
1》(길, 2013)의 제2장을 참고하세요. 과학자라는 말이 처음 나오게 된 계기
인 콜리지와 휴얼 이야기는 과학사학자 로나 스나이더Launa Snyder의 2012
년 6월 테드TED 강연에 나옵니다. 더 자세한 이야기는 그의 *Philosophical
Breakfast Club: Four Remarkable Friends Who Transformed Science
and Change the World*(Broadway Books, 2012)에서 볼 수 있습니다.

2

# 인간에게
# 자유의지는 없다

## 뷔리당의 당나귀

철학사에 이름을 남긴 당나귀가 한 마리 있습니다. 실제로 있었던 당나귀는 아니고요, 뷔리당의 당나귀라고, 중세 프랑스의 철학자인 장 뷔리당Jean Buridan이 붙인 이름이라서 그렇게 불립니다. 이 당나귀는 배도 고프고 목도 마른데, 먹고 싶은 욕구와 마시고 싶은 욕구가 정확히 똑같습니다. 마침 여물과 물이 정확히 똑같은 거리에 있습니다. 그러나 어느 쪽을 선택해야 할지 고민하다가 결국 결정을 내리지 못하고 굶어(또는 목이 말라) 죽었다고 합니다.

　이와 비슷한 이야기는 원래 아리스토텔레스의 《천체론De Caelo》에 나오는데, 거기서는 당나귀 대신에 고민하다가 굶어(또는 목이 말라) 죽는 사람이 나옵니다. 이 어리석은 사람보다 당나귀가 더 널리 알려졌습니다. 대부분의 사람은 그런 상황에서 먹을 것이든 마실 것이든 자유롭게 선택할 능력이 있다고 생각하기 때문일 겁니다. 뷔리당의 당나귀는 사람과 달리 동물에게는 자유의지가 없다는 주장을 할 때 흔히 드는 예입니다. 자유의지가 없는 동물은 여물과 물 중에서 자유롭게 선택하지 못하고 고민하다가 죽는 겁니다.

물론 현실에서는 배고픈 정도와 목마른 정도가 정확하게 똑같은 상황은 없을 겁니다. 어느 쪽이든 그 욕구가 조금은 더 강하겠지요. 그러나 정확하게 똑같다고 가정해봅시다. 그럴 때 사람은 동물과 달리 어느 쪽이든 선택한다고 했습니다. 그런데 과연 그것은 자유롭게 선택할 것일까요? 가령 먹을 것을 골랐다고 해봅시다. 그 사람에게 왜 먹을 것을 골랐느냐고 물어보면 뭐라고 대답할까요? "그냥."이라고 대답할지 모릅니다. 이것은 아무 생각 없이, 더 어려운 말로는 임의로 골랐다는 건데, 그게 자유의지일까요? 아무 생각 없이 골랐다는 것과 자유의지로 골랐다는 것은 전혀 다르죠. 좀 더러운 이야기이지만, 손에 침을 뱉어 손가락으로 쳐서 침이 튄 쪽을 선택했을 수도 있습니다. 그것도 우연히 선택한 것이니 자유의지에 의한 선택은 아니죠. 그러면 사람도 역시 동물과 마찬가지로 그런 상황에서 자유의지가 없는 것 아닐까요?

## 운명의 덫

뷔리당의 당나귀 같은 상황이야 특수한 상황이고, 우리는 평범한 상황에서는 인간에게 **자유의지**가 있다는 것을 의심하지 않습니다. 우리는 자유롭게 먹고 싶은 것을 먹고, 가고 싶은 곳에 가고, 보고

위험한 철학책

싶은 책을 본다고 믿습니다. 인류의 역사는 그런 자유가 보장된 사회를 만들기 위해 노력해왔습니다. 자유가 보장되지 못한 과거 사회나 아직도 자유가 억압되는 다른 사회에 비해 자유가 보장된 우리 사회가 얼마나 소중한지 아느냐는 말을 많이 하지 않나요? 다른 한편에서는 아직도 완전한 자유가 보장되지 못했다고, 완전한 자유를 쟁취해야 한다고 주장하기도 하고요. 자유는 그만큼 소중한 것입니다. 그런데 그런 자유는 '정치적 자유'이고, 지금 우리의 주제는 '형이상학적 자유'입니다. 정치적 자유와 형이상학적 자유가 완전히 다른 종류의 자유라는 뜻은 아닙니다만, 정치적으로 아주 자유로운 사회라도 그 사회의 사람들이 형이상학적으로 자유롭지 않을 수 있다는 뜻입니다.

자유의지가 있다는 것은 쉽게 말해서 '내 마음대로 한다'라는 뜻입니다. 노예제 사회의 노예나 독재국가의 시민이나 감옥의 죄수는 내 마음대로 할 수 있는 게 별로 없어 보이지만, 그래도 내 마음대로 할 수 있는 게 하나도 없는 건 아닙니다. 하다못해 바지를 입을 때 오른발을 먼저 넣을지 왼발을 먼저 넣을지라도 선택할 수 있습니다. 이 정도 자유밖에 없다면 상당히 슬픈 일이지만, 아무리 자유가 없는 존재에게도 최소한 그런 자유는 있다는 말입니다. 그런데 자유의지가 없다고 주장하는 철학자들은 인간에게는 그런 최소한의 자유도 없다고 주장합니다. 태엽을 감으면 풀리면서 움직이는 장난감이나 줄로 조종되는 꼭두각시와 다름없다고 생각하는 거죠.

이 말이 옳다면 상당히 슬픈 정도가 아니라 인간으로서 왜 살아야 하는가 하는 자괴감이 들 겁니다.

우리는 자유의지가 없다는 철학적인 주장을 살펴보겠지만, 자유의지가 없다는 생각은 꼭 철학적인 주장이 아니어도 여러 가지 형태로 등장합니다. 가장 흔한 생각은 **숙명** 또는 **운명**입니다. 날 때부터 우리가 어떻게 될지, 무슨 일을 할시 이미 정해져 있다는 말입니다. '팔자八字'라는 말도 사람의 한평생 운명이 정해져 있다는 뜻을 내포하고 있습니다. 어차피 일어날 일은 일어난다는 뜻의 에스파냐어 '케 세라 세라'는 팝송 제목이기도 해서 널리 알려졌는데, '운명은 정해졌으므로 어떻게든 되겠지.'라는 의미로 많이 쓰입니다. 아라비아에 내려오는 전설로 '사마라에서의 약속'이 있는데, 영국의 소설가 서머싯 몸이 각색한 짧은 소설로 많이 알려져 있습니다.

소설 내용은 이렇습니다. 바그다드에 사는 어느 상인이 하인에게 장을 봐오라고 시켰습니다. 그런데 얼마 후 하인은 새파랗게 질린 얼굴로 나타나 말했습니다. 사람이 바글바글한 시장에서 한 여인과 부딪혔는데, 얼굴을 보니 그 여인이 바로 '죽음'이었다더군요(우리나라로 치면 저승사자쯤 될 겁니다). 그리고 그 여인이 자기를 노려보며 위협했다고 했습니다. 그래서 말 한 마리를 빌려주면 사마라로 가서 죽음이라는 운명을 피하겠다는 것 아니겠습니까? 상인은 그 하인에게 말을 빌려주었고, 하인은 말을 타고 빠르게 사마라로 갔습니다. 그러고 나서 상인이 시장에 나가보니 그 여인이 있었습니다.

그는 그 여인에게 왜 자기 하인을 위협했느냐고 물었습니다. 그랬더니 그 여인이 이렇게 말했다고 합니다. 위협한 게 아니고 그저 바그다드에서 그자를 만나 놀랐을 뿐이라며, 원래 그날 밤에 사마라에서 만나기로 되어 있었다고요.

좀 섬뜩한 이야기지요? 아무리 발버둥 쳐봐도 운명에서는 벗어날 수 없다는 이야기입니다. 운명이 정해져 있다면 우리의 자유의지는 아무 의미가 없겠죠.

## 자유의지라는 환상

절대 신을 믿는 종교에서도 인간의 자유의지를 의심합니다. 신의 섭리로 모든 것이 미리 정해져 있다면 인간 스스로 할 수 있는 일은 없어 보이니까요. 잘 알다시피 아담과 하와는 뱀의 꼬임에 넘어가 결국 신이 따먹지 말라던 선악과를 먹고 말았습니다. 전지전능한 신은 아담과 하와가 그런 행동을 할지 이미 알고 있었을 테니 아담과 하와에게는 선악과를 먹지 않을 수 있는 자유의지가 없는 것 아니냐고 말하는 사람들이 있습니다. 선악과를 먹은 것이 잘못이라면 그 책임은 자유의지가 없는 아담과 하와에게 있는 것이 아니라 신에게 있다는 겁니다. 물론 종교에서는 신은 아담과 하와에게 자유의지를 분명히 주었다고 해명하지만요.

운명론이나 절대 신 외에도 자유의지를 위협하는 것은 많습니다. 어떤 사람들은 우리의 행동은 무의식적인 동기에 의한 것이라고 주장합니다. 예컨대 내가 아버지에게 반항심이 생기는 까닭은 어릴 적에 생긴 무의식 때문이라는 식이죠. 또는 내가 스마트폰을 자유의지로 구매한 것 같지만, 사실은 나도 모르는 사이에 TV 광고나 판매원에게 또는 너도나도 스마트폰을 갖는 사회적인 분위기에 조종당해(또는 휘둘려서) 그런 선택을 했다는 식이죠. 그래서 성매매가 불법이라고 주장하는 쪽은 성인 여자가 자유의지에 따라 성매매를 선택했다고 해도 실은 남성 중심 사회의 이데올로기나 경제적인 압박에 의해 그런 선택을 하도록 강요받았다고 말합니다. 유전과 환경도 행동의 원인으로 흔히 지목됩니다. 태어날 때부터 유전적으로 특정 행동이 발현되도록 정해져 있고, 자라난 사회 환경 때문에 그런 식으로 행동하도록 훈련되었다는 것이지요. 요즘에는 한 발더 나아가 과학 기술의 발달로 인간을 원하는 방식으로 통제할 수 있도록 만들 수 있다는 주장까지 나오고 있습니다. 올더스 헉슬리 Aldous Huxley의 SF 소설 《멋진 신세계》(1932)에 그런 세계가 나오는데, '멋진 신세계'에서는 태어날 때부터 유전 공학과 수면 학습(사실은 세뇌)의 힘으로 상류 계층은 놀고 먹도록, 하층 계급은 열심히 일하도록 훈련받습니다. 그러나 자신이 하는 일을 스스로 선택한 것이라 생각합니다. 물론 그렇게 생각하도록 통제된 것이지만요.

우리는 자유의지가 있다고 생각하지만 그런 생각은 환상일지 모릅니다. 내가 원해서 했다고 생각한 행동은 실은 운명, 신의 설계, 무의식적 동기, 유전과 환경, 세뇌 등이 원인이 되어 한 일일지도 모르니까요. 그러나 자유의지가 없다고 똑같이 주장하는 이 주장도 실은 철학적인 주장과는 약간 다릅니다. 어떤 점에서 다른가 하면 첫째, 철학적인 주장은 인간에게는 자유의지가 전혀 없다고 주장하지만, 위와 같은 주장들은 그렇게까지 극단적이지는 않습니다. 가령 인간의 운명이 사전에 정해져 있다 하더라도, 가령 사마라로 도망친 하인이 언제 죽을 것이라고 정해져 있다고만 말하면 되지, 그가 죽기 전에 하는 모든 행동이 자유의지에 의한 것이 아니라고 말할 필요는 없습니다. 둘째, 위와 같은 주장들이 옳다고 입증할 수 없습니다. 인생은 운명에 의해 정해진다고, 신의 섭리가 세상을 결정한다고, 우리 행동은 무의식적인 동기에 의해 일어난다고 주장만 하지, 왜 그러냐고 물어보면 더는 대답을 못 한다는 말입니다. 더 정확히 말하면 입증하려고 노력하지도 않습니다. 그냥 그렇게 말만 내뱉고 맙니다. 그런 말은 누가 못해요? 사마라에서의 약속 같은 이야기는 들으면 재미있기는 하지만 정말 그런 일이 일어났다고 믿겨지나요? 그러나 자유의지가 없다는 철학적인 주장에는 자신의 주장이 옳다는 것을 입증하는 노력이 뒤따릅니다. 누구나 받아들일 수 있는(혹은 그렇다고 생각되는) 논증을 통해서요.

## 가지 않은 길

이제 자유의지가 없다는 '철학적인' 주장, 곧 결정론으로 들어가보죠. 그에 앞서 자유의지가 있다는 것이 정확하게 무슨 뜻인지 살펴봅시다. 앞에서 자유의지가 있다는 것은 쉽게 말해서 '내 마음대로 한다'라는 뜻이라고 말했습니다. 물론 이때 '내 마음'이라는 것이 '그냥'이나 '아 몰랑'처럼 아무 생각 없이 한다는 뜻도 아니라고 말했습니다. 내 마음대로 한다, 또는 내 자유의지로 한다는 것은 정확히 무슨 뜻일까요? 이 말은 첫째, 어떤 행동의 최종 결정은 내가 한다는 뜻입니다. 선택할 때 여러 가지 요인을 고려하여 최종 선택은 내가 했으므로 결국 나의 선택이 행동의 원인이라는 겁니다. 나의 선택에 외부 요인이 있다고 해도 최종적인 통제는 내가 한다는 거죠. 둘째, 내가 마음에 안 들면 안 할 수도 있다는 뜻입니다. 내 앞에는 여러 가지 가능한 선택지가 있었고 순전히 나의 선택으로 이 행동을 골랐지만, 다른 선택을 할 수도 있다는 것입니다. 이 두 가지가 충족하면 자유의지가 있다는 뜻이므로, 이것을 '자유의지의 두 조건'이라고 해보죠.

이 대목에서 로버트 프로스트Robert Frost의 〈가지 않은 길〉이라는 시가 생각나네요.

노란 숲속에 두 갈래 길이 있었습니다
나는 두 길을 다 가지 못하는 것을
안타깝게 생각하면서
오랫동안 서서 한 길이 꺾이어
바라다볼 수 있는 데까지

위험한 철학책

멀리 바라다보았습니다


그리고 똑같이 아름다운 다른 길을 택했습니다

그 길에는 풀이 더 있고

사람이 걸은 자취가 적어 아마 걸어야 될 길이라고 생각했던 게지요

그 길을 걸으므로 그 길도

거의 같아질 것이지만

그 날 아침 두 길에는

낙엽을 밟은 자취는 없었습니다

아, 나는 다음 날을 위하여 한 길을 남겨두었습니다

길은 길과 맞닿아 끝이 없으므로

내가 다시 돌아올 것을 의심하면서


훗날 훗날에 나는 어디선가

한숨을 쉬며 이야기할 것입니다

숲속에 두 갈래 길이 있었다고

나는 사람이 적게 간 길을 택하였다고

그리고 그것 때문에 모든 것이 달라졌다고


시인은 두 갈래 길을 말했지만 우리 앞에 두 갈래 길만 있겠습니까? 어쩌면 수십 갈래나 있을 수 있지요. 어쨌든 우리는 그중 한 길

만 선택해야 합니다. 이 시에서는 누가 떠밀어서가 아니라 "사람이 걸은 자취가 적어 아마 걸어야 될 길이라고" 스스로 생각했기 때문에 그 길을 갔을 겁니다. 곧 스스로 결정해서 그 길을 간 것입니다. 선택하지 않은 다른 길을 "안타깝게 생각하"고, 이쪽 길을 선택했기 때문에 "모든 것이 달라졌다고" 되돌아보지만, 그런 후회나 회상이 가능한 *까닭*은 다른 길을 선택할 수 있었다고 생각하기 때문입니다. 선택의 여지가 없다면 후회할 일도 없겠죠. 내가 이 세상에 태어난 것은 나의 선택이 아니므로 내가 태어난 것을 후회할 수는 없지만, 부모는 아이를 낳을지 말지 선택할 수 있으므로 출산을 후회할 수는 있습니다. (출산의 후회에 대해서는 11장을 보세요.) 어쨌든 앞의 시에서 자유의지의 두 조건이 모두 갖춰진 걸 보니 시인은 분명히 자유의지로 길을 선택했습니다.

자유의지가 있다는 것은 우리 앞에 여러 갈래 길이 있다는 뜻입니다. 그 길 중에서 한 길을 선택한 것은 순전히 나의 의지고, 나는 그 길이 아닌 다른 길을 선택할 수도 있다는 것이 앞서 말한 자유의지의 두 조건입니다. 그런데 운명, 신의 설계, 무의식적 동기, 유전과 환경, 세뇌 등과 같은 조건이 있다고 해봅시다. 그러면 내 앞에 여러 길이 있는 것처럼 보이고 그중 한 길을 내가 선택한 것처럼 보이지만, 사실 나는 그 길을 선택할 수밖에 없었습니다. 예컨대 운명이라는 것이 있다면 나는 그 길을 선택하도록 정해져 있었으므로, 그 길을 선택한 원인은 나의 의지가 아니라 운명이었고, 나는 그 길 말고

위험한 철학책

**〈미생〉의 가지 않은 길**

프로스트의 〈가지 않은 길〉은 안 그래도 워낙 유명한 시이지만, 2014년에 방영된 인기 드라마 〈미생〉의 마지막 회에서 요르단을 배경으로 오상식 차장의 내레이션으로 나와서 더 유명해졌습니다. 오 차장은 시를 읊은 다음에 루쉰의 말을 인용합니다. "희망은 본래 있다고도 할 수 없고 없다고도 할 수 없다. 그것은 마치 땅 위에 난 길과 같다. 지상에는 원래 길이 없었다. 가는 사람이 많아지면 길이 되는 것이다." 오 차장은 주인공 장그래에게 '삶에서 희망만 품을 수는 없다. 선택을 하면 미련이 뒤따르기 때문이다.'라는 말을 하려는 것 같습니다. 장그래는 이렇게 말합니다. "길이란 걷는 것이 아니라, 걸으면서 나아가기 위한 것이다. 나아가지 못하는 길은 길이 아니다. 길은 모두에게 열려 있지만, 모두가 그 길을 가질 수 있는 것은 아니다. 다시 길이다. 그리고 혼자가 아니다." 이 대사는 〈미생〉 1회에서도 장그래가 한 말입니다. 마지막 회에서는 거기에 "다시 길이다. 그리고 혼자가 아니다."만 덧붙였습니다. 다른 사람과 함께 간다는 것을 강조한 거죠.

다른 길을 선택할 수 없었습니다. 곧 자유의지의 두 조건은 모두 만족하지 못합니다.

## 모든 것을 아는 라플라스의 악마

**결정론**은 세상 모든 일에는 그 일을 일어나게 하는 원인이 존재한다는 주장입니다. 운명, 신의 설계, 무의식적 동기, 유전과 환경, 세뇌 등의 사전 조건이 그 원인이 될 수 있으므로, 그런 조건들에 의해 우리의 행동이 결정된다는 주장도 모두 결정론에 해당하니다. 원인이 무엇이냐에 따라 다양한 결정론이 존재합니다. 운명이 원인이라면 운명론, 신의 설계가 원인이라면 신학적 결정론, 무의 식적 동기가 원인이라면 심리적 결정론, 유전과 환경, 세뇌가 원 인이라면 환경적 결정론이라는 식으로요. 만약 결정론이 옳다면 방금 살펴본 것처럼 자유의지의 두 조건이 지켜지지 않으므로 자 유의지가 있다는 주장은 성립하지 않습니다. 물론 결정론이 옳다 는 가정에서 그렇습니다. 그러나 그런 결정론이 옳다는 것을 보여 줄 수가 없습니다. 운명이나 신의 설계나 무의식적 동기 같은 것 이 있다고 지금까지 입증된 적이 없으니까요. 그런 것이 있다는 주장은 좋게 말하면 일종의 신화이고, 나쁘게 말하면 사이비 과학 입니다.

그렇지만 그런 결정론만 있는 것은 아닙니다. 지금부터 말하려고 하는 결정론은 **인과적 결정론** 또는 **법칙론적 결정론**으로, 세상의 모 든 일은 선행하는 상태에 인과 법칙이 적용되어 필연적으로 일어난 다고 주장합니다. (철학에서 말하는 결정론은 곧 이 결정론을 가리키므로 인과적 결정론이나 법칙론적 결정론이라는 말도 잘 쓰지 않습니다.) 과학 의 발달은 세상일에 대한 원인을 점점 더 많이 알려주고 있습니다. 가령 과거에는 밤에 반짝반짝 빛나는 현상의 원인을 도깨비라고 생 각했습니다. 이것도 원인이라면 원인이겠지만 잘못된 원인이지요. 그러나 과학이 발달함으로써 이제는 도깨비불 현상이 화학 원소인 인燐의 작용이라는 것을 알게 되었습니다. 이런 식으로 세상일의 원인을 알려주는 인과 법칙이 하나씩 밝혀지고 있고, 과학이 이 정도로 발전하다 보니 지금은 그 인과 법칙을 모르더라도 과학이 발전하면 언젠가는 밝혀지리라 예상합니다. 다시 말해서 과학의 발달은 (인과적 또는 법칙론적) 결정론을 지지해주는 셈입니다. 이런 결정론은 자연 현상에만 적용되는 것이 아닙니다. 인간과 인간이 만든 문화에도 똑같이 적용될 수 있습니다. 앞에서 원인 중 하나로 거론된 유전과 환경도 과학이 발달함으로써 나오게 된 인과 법칙입니다. 인간의 정신 현상은 자연 현상과 달라 보이지만, 신경과학이 발달하면서 정신 현상도 쭈글쭈글한 회색빛의 뇌의 활동일 뿐임이 밝혀지고 있습니다. 우리가 생각하고 희망하고 기뻐하는 등의 정신 활동은 뇌의 신경망에서 특정 신경 물질이 전달되는 과정이라고 합니다. 결정론이 완전히 입증되었다고 할 수는 없지만, 이렇게 유력한 가설로서 기능하는 셈입니다. 이런 결정론이 유력한 이론이라면 우리가 당연하게 믿고 있는 자유의지는 환상에 지나지 않을 테지요.

결정론에 따르면, 현재 시점의 상태와 인과 법칙이 무엇인지 완벽하게 안다면 현재 시점의 상태에 인과 법칙이 적용되어 그다음 일은 필연적으로 일어날 수밖에 없습니다. 과학의 중요한 기능은 지금 일어나는 일이 왜 일어나고 있는지 그 원인을 설명하는 것이기도 하지만, 거꾸로 원인을 파악하여 결과를 예측하는 것이기도 합니다. 실제로 과학이 발달하여 혜성이 나타나리라는 것도 예측할 수 있고 미사일이 어느 지점에 명중할지도 예측할 수 있습니다. 그러나 과학이 아무리 발달한다고 해도 모든 일을 예측할 수는 없을 겁니다. 현재 시점의 상태와 인과 법칙을 모두 아는 건 거의 불가능하니까요. 예를 들어 기상학의 발달로 상당히 정확한 일기 예보를 할 수 있게 되었지만, 아직도 2~3일 이후의 날씨를 정확하게 예보하기 어렵습니다. 주가 변동도 상당 부분 과학적으로 분석하여 프로그램에 의해 매매되고 있지만, 주가를 완벽히 알아맞히는 건 아닙니다. 그렇게 되면 모두 부자가 되게요?

날씨의 경우에는 계산해야 하는 변수가 너무 많아서 정확한 일기 예보를 위한 계산을 할 수 없다고 합니다. 베이징의 나비가 날갯짓을 하면 뉴욕에서 허리케인이 분다는 유명한 나비 효과를 보더라도 나비의 날갯짓 하나하나까지 계산한다는 것은 슈퍼컴퓨터의 할아버지가 있어도 불가능할 것 같습니다. 주가 역시 변수가 많아서 예측하기 어렵기도 하지만, 또 다른 걸림돌도 있습니다. 주가에는 인간의 구매 행위라는 인간 행동이 개입되는데, 인간은 예측과 반대되는 행동을 할 수도 있기 때문입니다. 사람들이 이 종목의 주가를 사리라 예측했는데, 그 예측을 듣고 거꾸로 팔아버릴 수도 있기 때문에 예측과 달라질 수 있다는 말입니다. 이러니 과학이 아무리 발달한다고 해도 세상의 모든 일에는 원인이 존재한다고 말할 수 없을 것 같습니다. 그럼 정말 결정론은 틀렸을까요?

그러나 복잡한 원인을 파악할 수 없다는 것은 인간의 인식론적인 한계 때문에 생기는 문제이고, 결정론은 그와 달리 존재론적 주장입니다. 다시 말해 우리가 모른다고 해서 그것이 없다고 할 수는 없다는 이야기입니다. 미궁에 빠진 살인 사건의 범인을 모른다고 해서 범인이 없는 것은 아니잖아요? 인간은 그 원인을 모두 파악할 수 없다고 하더라도 원인이 있기는 있을 테니, 전지전능한 신적인 존재가 있다면 그 원인을 모두 알 수 있지 않을까요?

철학자들은 그런 존재를 상상했습니다. 바로 **라플라스의 악마**가 그런 존재입니다. 18세기의 프랑스 수학자인 피에르 시몽 라플라스 Pierre Simon Laplace는 현재 우주의 원자의 정확한 위치나 운동량 등 현재 상태를 모두 안다면 미래의 상태를 예측할 수 있다고 말했습니다. 그의 이름을 따서 세상의 모든 원인을 아는 존재를 라플라스의 악마라고 부르지요. 라플라스의 악마가 정말로 있다고 해봅시다. 그러면 3일 후는 물론이고 100년 후의 날씨나 주가나 로또 당첨 번호까지 모두 알 수 있을 겁니다. 세상의 모든 일은 현재 시점의 상태와 인과 법칙에 의해 필연적으로 일어난다는 것이 결정론의 주장이었습니다. 라플라스의 악마는 현재 시점의 상태와 인과 법칙을 완벽하게 알고 있을 테니 결정론이 옳음을 상징적으로 보여주는 존재입니다. 언젠가 라플라스의 악마와 같은 초능력 과학자가 나타날까요?

## 유영철의 죄는 오롯이 그의 책임인가

유영철이라는 사람을 알고 있나요? 2004년에 체포될 때까지 20명을 살인한 연쇄 살인범 말입니다. 엽기적인 살인범이 대개 그렇

## 라플라스의 악마, 데카르트의 악마, 맥스웰의 악마

철학사에는 라플라스의 악마 외에 유명한 악마가 또 있습니다. 데카르트의 악마가 그런 존재입니다. 데카르트는 더는 의심할 수 없는 확실한 지식을 찾겠다는 신념으로 모든 것을 의도적으로 의심했습니다. 예컨대 2 더하기 3이 사실은 4인데, 전지전능한 악마가 우리가 2 더하기 3을 계산할 때마다 5라고 속이는 것 아니냐고 생각했습니다. 수학의 지식만큼 확실한 것은 없는데, 그런 지식마저도 사실 악마에게 속았을 수 있다는 것이 데카르트의 가정입니다. 데카르트의 악마는 3장과 17장에서 다시 나옵니다. 악마는 보통 '전지전능하다'고들 합니다. 라플라스의 악마가 전지(모든 것을 다 안다)에 초점이 맞추어져 있는 반면, 데카르트의 악마는 전능(모든 것을 다 할 수 있다)에 초점이 맞추어져 있습니다. 철학사의 악마는 아니지만, 19세기의 과학자 맥스웰도 악마를 가정했습니다. 맥스웰의 악마는 분자 하나하나의 에너지를 측정할 수 있는 매의 눈을 가지고 있습니다. 온도가 같은 두 개의 방이 나란히 있는데, 그 중간에 문이 있습니다. 이 악마는 뜨거운 분자와 차가운 분자가 문 근처에 올 때마다 문을 여닫아 뜨거운 분자와 차가운 분자를 각 방에 모으고, 한쪽 방은 뜨겁게 다른 쪽 방은 차갑게 만들 수 있습니다. 이런 가정은 외부 작용 없이는 뜨거운 것이 차가운 것으로부터 열을 빼앗을 수 없다는 열역학 제2법칙이 틀렸음을 보여줍니다. 악마는 분자를 바라보고 문을 여닫기만 하고 외부 작용을 하지 않으니까요.

듯이 유영철도 불우한 어린 시절을 거쳤는데, 아버지는 일찍 죽고 홀어머니 아래에서 가난한 가정에서 자랐으며 간질 발작 때문에 학교에서 친구들에게 놀림받고 외톨이로 지냈다고 합니다. 이런 성장 환경을 거론하며 그가 저지른 범행의 원인을 설명하는 범죄학자들도 있습니다.

그러나 범죄학자들도 유영철이 그런 범죄를 저지른 한 가지 원인을 찾아본 것이지 그의 범죄를 변호한 것은 아닙니다. 그러나 역사에 보면 결정론의 입장에서 범죄자는 선행하는 원인에 의해 필연적으로 범죄를 저지를 수밖에 없다고 주장한 변호사가 있었습니다. 1924년에 미국 시카고에서 당시 18세의 리처드 러브Richard Loeb와 19세의 네이선 레오폴드Nathan Leopold 2세는 러브의 먼 친척인 로버트 보비 프랭크스Robert Bobby Franks를 유괴하여 살해한 혐의로 재판을 받았습니다. 유명한 변호사인 클래런스 대로Clarence Darrow가 피의자들의 변호를 맡았지요. 그는 그들이 보비를 죽인 원인을 찾아 거슬러 올라가면 그들이 태어나기 전까지 가게 되므로, 그들이 통제할 수 없는 일 때문에 처벌받아서는 안 된다는 취지의 변호를 했습니다. 그는 그들이 보비를 죽인 원인으로 러브가 니체의 철학에 심취한 것을 지목했습니다. 니체의 초인超人 개념에 빠져 자신들이 완전 범죄를 저지를 수 있을 정도로 뛰어나다고 생각했다고 합니다. 어쨌든 결정론에 따르면 범죄를 일으킨 원인이 있을 테고, 다시 그 원인의 원인이 있을 겁니다. 이런 식으로 인과 관계의 사슬을 따라가다 보면 그들이 태어나기 전의 원인까지 거슬러 올라가게 될 텐데, 당연히 그들은 자신이 태어나기 전의 일에 책임을 질 수 없으니 사형은 안된다고 변론했습니다. 대로 변호사의 변론이 통했는지 판사는 사형 대신에 무기 징역을 선고했습니다.

그런데 유영철은 러브·레오폴드 2세와 달리 사형 선고를 받았습니다. 대로 같은 변호사를 못 만나서 그랬을까요? 사람들은 대로 변호사가 궤변을 늘어놓았다고 생각할 겁니다. 왜 그럴까요? 유영철과 비슷한 성장 환경에서 자란 사람들은 많지만 그들이 모두 유영철처럼 살인마가 된 것은 아니기 때문입니다. 이를 비추어 봤을 때 유영철은 그의 자유의지로 살인한 것이므로 어쩔 수 없는 환경 때문에 살인을 했다는 변호는 말도 안 되는 소리입니다. 러브와 레오폴드 2세도 마찬가지입니다. 니체의 초인 개념에 빠진 사람이 한둘이겠습니까? 그런데도 그들이 모두 유괴나 살인을 저지르지 않는 것을 보면 그들은 자유의지로 범행을 저지른 것이고, 그들은 자신의 범행에 책임을 지는 것이 정의롭습니다.

---

### 매체 속의 결정론

유영철 사건이나 러브·레오폴드 2세 사건 모두 극적이어서 영화의 소재가 되었습니다. 〈추격자〉(2008)가 유영철 사건을 소재로 만든 영화입니다. 소설가 공지영은 사형수를 다룬 베스트셀러 소설《우리들의 행복한 시간》(2005)에 처음에는 유영철 사건을 넣었다가 "저런 놈은 죽여야 하는 게 아닌가?" 하는 생각이 들어 뺐다고 합니다(〈한국일보〉, 2007년 1월 1일자). 러브·레오폴드 2세 사건은 여러 영화와 연극 및 소설의 소재가 되었는데, 연극 〈로프〉(1929), 〈강박Compulsion〉(1959), 히치콕의 영화 〈로프〉(1948), 톰 칼린의 영화 〈졸도Swoon〉(1992), 뮤지컬 〈쓰릴미〉(2003)가 대표적인 예입니다. 〈쓰릴미〉는 2007년에 우리나라에서도 공연했습니다.

이 반론에 대해 결정론자들은 이렇게 대답할 겁니다. 어떤 사람도 유영철과 똑같은 환경에서 있을 수 없다고 말입니다. 뷔리당의 당나귀와 같은 상황에서 욕구가 똑같은데도 한쪽을 선택하는 것이 자유의지인 것처럼, 똑같은 상황인데도 다르게 행동해야 자유의지라고 말할 수 있습니다. 그러나 똑같은 환경이라는 것 자체가 가능하지 않습니다. 유영철과 비슷한 환경에서 자란 사람이 많다고 하지만 자세히 들여다보면 다 다릅니다. 유영철이 살인을 저지른 것과 다른 사람들이 살인을 저지르지 않은 것은 그 원인이 약간씩이나마 다르므로, 유영철이 자유의지에 의해 살인을 저질렀다고 말할 수 없습니다. 그가 처한 상황(원인)은 그가 살인할 수밖에 없도록 결정한 반면, 다른 사람들이 처한 원인은 유영철과 비슷하지만 결정적인 부분이 달라서 살인하지 않게 되었습니다. 그러니 유영철에게는 잘못이 없다고요.

## 내 책임이 아닌데 왜 처벌하나?

듣고 보니 결정론의 주장이 맞을지도 모르겠네요. 그러나 결정론이 옳다고 해도 결정론에는 결정적인 약점이 있습니다. 짐작했겠지만, 대로 변호사의 변론을 사람들은 궤변이라고 생각한다는 점입니다. 만약 우리나라에서 대로 변호사처럼 유영철을 변호한다면 여론의 뭇매를 맞을 겁니다. 사람들은 자유의지에 의해 어떤 행동을 하고 그렇기 때문에 그 행동에 대해 칭찬받거나 처벌받는다고 생각하는데, 결정론이 맞는다면 자유의지가 없는 셈이니 칭찬하거나 처벌할 수 있는 방법이 전혀 없기 때문입니다. 대로 변호사가 주장한 것처럼, 내가 한 행동의 원인을 거슬러 올라가다 보면 내가 태어나기 전의 사건이 원인이 되는데, 그것까지 나에게 책임지라고 할 수 없는 것이니까요. 칭찬과 처벌을 할 수 없다는 점, 이것만으로도 결정론은 불리한 처지에 처할 수밖에 없습니다. 아무나 때려놓고, "나는 너를 때리도록 결정되어 있었어." 이렇게 말하면 사회가 어떻게 되겠습니까? 그 정도가 아니라 유영철이나 러브·레오폴드 2세 같은 이들도 당당하게 날뛰겠죠. 생각만 해도 끔찍합니다.

그러나 여기서 기가 죽을 것 같으면 애초에 결정론자가 되지도 않았을 겁니다. 그들은 자유의지가 없다고 해도 책임을 얼마든지 설명할 수 있을 뿐만 아니라, 더 나아가 그 편이 우리 사회를 더 건강하게 만든다고 주장합니다. 무슨 소리일까요? 전염병에 걸린 사람을 생각해봅시다. 구제역에 걸린 돼지는 물론이고 걸리지 않은 돼지까지 무자비하게 살처분하지만, 인간의 경우는 아무리 치명적인 전염병에 걸린다고 해서 살처분하지는 않습니다. 적절한 치료를 할 뿐만 아니라 치료가 불가능하면 격리 조치합니다. 〈연가시〉(2012)나 〈감기〉(2013) 같은 바이러스에 의한 재난 영화에서는 환자를 대규모로 격리 수용합니다. 환자가 전염병에 걸린 것은 그의 책임이 아닙니다. 전염병에 걸리고 싶어서 걸린 사람이 어디 있겠습니까? 학교 가기 싫어 눈병에 억지로 감염되는 학생들이 있지 않느냐고요? 여기서 말하는 전염병은 치명적인 전염병입니다. 환자를 격리한다는 것은 환자의 자유를 뺏는 일입니다. 영화 〈연가시〉나 〈감기〉를 보면 감금된 환자를 밖으로 나가지도 못하게 하고 가족들과의 면회도 금지합니다. 우리는 2020년 코로나19 바이러스가 창궐할 때 영화가 아닌 현실에서 그런 경험을 했습니다. 그런데도 환자를 격리하는 것을 보고 그가 책임질 행동이 아닌 것에 대해 책임을 물린다고 비난하는 사람은 거의 없습니다. 공공의 위생과 안전을 위해 당연한 조치라고 생각합니다. 결정론자들은 범죄자를 처벌하는 것을 이와 같이 설명할 수 있다고 생각합니다. 비록 자유의지가 없으므로 범죄자가 저지른 범죄에 책임이 있는 것은 아니지만, 또 다른 범죄를 예방하기 위해 그를 사회에서 격리한다는 것입니다. 전염병이 도는 것을 예방하기 위해 환자를 격리하는 것이나 범죄가 발생하는 것을 예방하기 위해 범죄자를 격리하는 것이나 똑같다는 것이죠. 그러니 결정론이 옳다고 해도 유영철 같은 사람이 죄를 저지르고서도 대로를 활보할까봐 걱정할 필요는 없습니다.

자유의지가 있다고 생각하는 입장에서는 범죄자가 자유의지로 범죄를 저질렀으므로 그 범죄에 걸맞은 처벌을 받아야 한다고 생각합니다. '눈에는 눈, 이에는 이'라는 말처럼, 그럴만한 짓을 했으므로 그럴만한 처벌을 받아야 한다고 생각합니다. 이런 응보적인 형벌관에서는 연쇄 살인과 같은 극악무도한 짓을 저지른 범죄자는 '죽을

죄'를 저질렀으므로 죽어야 한다고, 곧 사형을 당해야 한다고 주장합니다. 그러나 사형은 인권 측면에서 논란이 되는 형벌입니다. 유영철은 사형을 선고받았지만, 우리나라는 국제적인 인권 기준을 받아들여 오랫동안 사형을 집행하지 않았으므로 아직도 미결수로 있습니다. 이 점에서도 사형까지 주장하지 않고 격리만을 주장하는 결정론의 형벌관이 인권의 시대에 더 적합한 것 같습니다.

물론 결정론의 형벌관에도 반인권적인 측면이 있습니다. 예방이 목표라면 죄를 아직 저지르지 않았지만 그러리라고 예상되는 사람까지 격리해야 하기 때문입니다. 영화 〈마이너리티 리포트〉(2002)가 그런 미래 사회의 모습을 그렸습니다. 그리고 영화 〈감기〉 그리고 그 영화와 비슷한 소재를 다룬 정유정 작가의 소설 《28》(2013)에서는 전염병에 걸리지 않은 사람도 있는 도시 전체를 폐쇄하여 논란이 됩니다.

결정론의 처벌은 유영철 같은 범죄자 자신의 또 다른 범죄를 예방하기도 하지만, 또 다른 잠재적 범죄자의 범죄를 예방하기도 합니다. 나도 저런 범죄를 저지르면 감옥에 격리되므로 나쁜 짓을 하지 말아야겠구나 하는 생각을 하게 만드는 거죠. 어, 결정론에서는 내가 하는 일의 최종 책임은 내가 아니라고 했는데, 그런 다짐을 한다고 해서 범죄를 안 저지르게 되나요? 그런데 아무리 결정론자라고 하더라도 우리가 모두 라플라스의 악마처럼 자신의 앞일을 예지할 수 있다고 주장하지는 않습니다. 비록 내가 어떻게 되리라고 미

위험한 철학책

리 결정되어 있을지라도 나는 그것을 모르므로 살아가면서 선택 하나하나에 최선을 다해야 합니다. 또한 감옥에 격리당하지 않기 위해서는 나쁜 짓을 하지 않도록 노력해야 합니다. 어떤 선택을 하든 그 선택은 나의 자유의지에 의한 것이 아닐지라도 말입니다.

그렇다면 자유의지가 있다고 생각하는 것과 무슨 차이가 있느냐고요? 자유의지가 있다고 하더라도 우리는 정말로 자유의지로 선택을 한다고 생각하고, 결정론자처럼 자유의지가 없다고 생각하더라도 자유의지가 있는 것처럼 선택하는데 말입니다. 맞습니다. 결정론자는 자유의지는 허상에 불과하지만 우리는 자유의지가 있는 것처럼 살아야 한다고 말합니다. 정확히 말하면 그렇게 살 수밖에 없는 셈이고요.

## 뒤집어 보기 ─────────────────────────

인간에게 자유의지가 있으려면 결정론이 틀려야 합니다. 그렇게 주장하는 철학을 **자유의지론**libertarianism이라고 부릅니다. 'libertarianism'이라는 영어 단어는 정치철학에서는 '자유주의'라고 번역하는데, 본문에서 구분했듯이 자유가 정치적 자유의 의미일 때는 자유주의로, 형이상학적 의미일 때는 자유의지론으로 번역해야 합니다.

자유의지론은 현재까지의 상태가 정확히 똑같을 때 다른 결정이 가능하다는 것을 보여주어야 하는데 그게 만만치 않습니다. 상황은 똑같은데 다른 결정을 내리면 그건 자유가 아니라 변덕이라고 생각하기 쉽기 때문입니다. 그래서 철학자들은 결정론도 받아들이고 자유의지도 받아들일 수 있는 입장을 택합니다. 본문에서 살펴본 결정론은 결정론이 옳으면 자유의지는 있을 수 없다고 주장하는 **강한 결정론**인데, 결정론이 옳아도 자유의지가 성립한다고 주장하는 **약한 결정론**도 있는 셈이지요. 약한 결정론자는 결정론과 자유의지를 모두 받아들인다고 해서 **양립 가능론**이라고 부르기도 합니다. 양립 가능론은 결정되어 있다고 해도, 곧 원인이 있다고 해도 강요된 원인이 아니라면 자유의지가 있다고 말할 수 있다고 주장하는 방식을 씁니다. 자유가 있다고 해서 꼭 원인이 없을 필요는 없으니까요. 그 원인이 꼭 강요만 아니면 된다는 뜻입니다.

위험한 철학책

# 더 깊이 읽기 ─────────────

프로스트의 〈가지 않은 길〉은 피천득 교수의 번역이고, 그가 펴낸 《내가 사랑하는 시》(샘터, 2005)에 실려 있습니다. 라플라스의 악마 이야기는 라플라스가 쓴 *Essai Philosophique sur les Probabilités*(1814)의 머리말에 나옵니다. 공학을 전공하는 대학생은 라플라스라는 이름이 낯설지 않을 겁니다. 공학 수학에서 배우는 '라플라스 변환'에 그 이름이 나오니까요. 라플라스는 철학자일 뿐만 아니라 유명한 수학자이자 천문학자였습니다. 라플라스의 악마, 데카르트의 악마, 맥스웰의 악마는 다윈의 악마와 함께 《과학동아》 2012년 6월호에 〈과학사에 등장한 4대 악마〉라는 제목으로 소개했습니다. 제가 이관수 교수와 함께 썼습니다.

자유의지를 부정하는 결정론자로는 철학사에서 스피노자가 대표적이고, 현대에는 게일런 스트로슨과 테드 혼더리치, 더크 피어붐이 유명합니다. Galen Strawson, *Freedom and Belief*(Oxford, 1986)과 Ted Honderich, *How Free Are You?*(Oxford, 2002), 그리고 Derk Pereboom, *Living Without Free Will*(Cambridge, 2001)을 참조하세요. 전문 철학자라고 말하기는 힘들지만 무신론자로 유명한 샘 해리스의 《자유의지는 없다》(배현 옮김, 시공사, 2013)도 읽어볼 만합니다.

3

# 다른 사람에게는
# 마음이 없다

## 철학자의 좀비

좀비는 부두교라는 종교에서 움직이는 시체를 가리키는 말입니다. 부두교는 카리브 해에 있는 섬나라 아이티의 전통 종교인데, 부두교의 사제인 마술사가 시체를 움직이게 하여 마음대로 부려 먹습니다. 물론 정말로 그런 시체가 있는 것은 아니고, 부두교의 전설에 나오는 내용입니다. 어떤 약물을 먹여서 가사假死 상태, 곧 죽은 것처럼 만들면 자발적인 의지(2장에서 말한 자유의지)가 없어져 시키는 대로 부려먹는 일도 있다고도 하는데, 그런 약물이 실제로 있는지도 알 수 없습니다.

우리나라 사람에게도 좀비는 낯선 존재가 아닌데, 우리가 아이티의 전통 종교 때문에 좀비를 아는 건 아닙니다. 주로 영화나 만화, 소설 따위에 등장하기 때문에 알게 된 것이지요. 최근 영화로는 좀비가 떼거리로 나오는 미국 영화 〈월드워Z〉(2013)가 있는데(이 영화에는 한국이 중요하게 나옵니다), 맥스 브룩스Max Brooks의 소설 《세계대전 Z》 (2006)가 원작입니다. 영화나 소설의 Z는 zombie의 Z겠죠? 마이클 잭슨의 히트곡 〈스릴러〉나 인기 걸그룹 트와이스의 데뷔곡 〈우아하게〉의 뮤직비디오에도 좀비들이 춤을 추는 유명한 장면이 있습니다.

대중매체에 나오는 좀비는 대체로 두 팔을 앞으로 쭉 뻗은 채, 또는 어깨를 축 늘어뜨린 채 느릿느릿 걸어 다닙니다. 눈은 부릅뜨고 입은 벌리고 온몸에 피를 칠갑하고 있습니다. 무엇보다 생각이 없어 보이며, 생물학적인 본능에 따라 행동할 뿐입니다. 그러다가 사람을 물면 물린 사람도 좀비가 됩니다. 이런 모습들이 좀비의 전형적인 특징입니다. 철학자들도 좀비를 즐겨 이야기합니다. 그런데 대중매체의 좀비와 사뭇 다릅니다. 대중매체의 좀비는 딱 보면 좀비인지 알 수 있습니다. 방금 말한 전형적인 특징을 보이니까요. 그래서 사람들은 좀비를 보면 물리지 않기 위해 도망갈 수 있습니다. 그러나 **철학자의 좀비** 또는 **철학적 좀비**는 겉으로 봐서는 좀비인지 전혀 알 수 없습니다. 우리와 하는 행동이 똑같습니다. 파란 하늘을 보고 파랗다고 말하고, 새콤한 오렌지를 먹으면 새콤하다고 말하고, 못에 찔리면 "아야!" 하고 소리 지릅니다. 근데 왜 좀비라고 부를까요? 영화 속의 좀비처럼 아무 생각이나 감정 없이 행동하기 때문입니다. 곧, 파란 바다를 보고 파랗다고 말하지만 사실은 파란 느낌이 없고, 새콤한 오렌지를 먹으면 새콤하다고 말하지만 새콤함을 느끼지 못하며, 못에 찔리면 "아야!" 하고 소리를 지르지만 아픔을 느끼지 못합니다. 그런 행동은 본능에 따른 반사적인 행동일 뿐입니다. 비록 행동은 같아도 아무 느낌도 감정도 없는 존재라는 점에서 좀비인 셈입니다.

대중매체 속의 좀비는 그저 재미를 위해 만든 상상의 산물임을 우리는 잘 압니다. 시체가 부활하여 움직인다는 것은 현대 과학에 어긋나며, 혹시 그렇게 움직인다면 그것은 시체가 아니니, 비과학적인 것을 신봉하는 오컬트주의자나 좀비를 진지하게 생각하겠죠. 만에 하나 그런 좀비가 있다고 하더라도 우리는 그것이 좀비임을 금방 눈치챕니다. 그런데 철학자들은 어떻게 그런 좀비가 있을 수 있다고 말하고, 더구나 겉으로는 우리와 구분되지 않는다고까지 말할까요? 이성에 따른다는 철학자가 오컬트 마니아처럼 현대 과학에 어긋나는 주장을 하는 걸까요? 부두교에서는 부활과 같은 종교적인 의미를 위해 좀비를 상상하고, 영화 제작자들이야 재미를 위해 좀비를 만든다고 하지만, 철학자들은 왜 좀비를 상상할까요?

## 직접지와 간접지

철학을 처음 공부하고 싶은 사람들이 많이 읽는 책으로 《철학의 문제들》이 있습니다. 20세기의 위대한 철학자이자 수학자이며 노벨문학상도 받았던 버트런드 러셀Bertrand Russell이 1912년에 쓴 책입니다. 아주 체계적이고 훌륭한 책이지만 사실 초보자가 읽기에 쉬운 책은 아닙니다. 철학 내에서도 굉장히 추상적이고 이론적인 영역인 인식론, 곧 앎의 문제에 초점을 맞추어 시작하기 때문에 철학적인 사고에 익숙하지 않은 초심자가 가볍게 접근하기에는 좀 버겁습니다.

러셀은 그 책에서 '직접지'와 '간접지'를 구분합니다. 지금 내 앞에 책상이 있다고 합시다. 내 눈에는 갈색 빛깔과 네모난 모양이 보입니다. 그리고 손으로 만지면 매끄럽고 단단한 느낌이 느껴집니다. 두드려보면 '똑똑' 소리가 들립니다. 나의 감각으로 직접 아는 것, 그게 바로 직접지입니다. 그리고 이런 직접지들을 종합해서 '아, 이것이 책상이구나.'라고 책상을 아는 것이 간접지입니다. 다시 말해서 책상을 곧바로 아는 것이 아니라 직접지인 감각들에 기초하여 추론을 통해 아는 것입니다. 책상을 직접지가 아니라 간접지로 안다는 말이 일리 있는 게, 책상을 처음 보는 사람, 즉 원시인이 있다고 생각해보세요. 그에게도 우리와 똑같은 직접지가 주어질 겁니다. 그의 눈에도 갈색과 네모나게 보이고 매끄럽고 단단하게 느껴지며 '똑똑' 소리가 날 테니까요. 그러나 그가 그것이 책상이라는 것을 알까요? 책상을 처음 보는 걸 테니 아마 모를 겁니다. "무엇에 쓰는 물건인고?"라고 하겠죠.

어때요? 재미없지요? 《철학의 문제들》은 이런 식의 철학적 사고가 이어지는데, 재미가 좀 없어도 끈기 있게 따라가면 진정한 철학적 사고에 빠질 수 있습니다. 직접지와 간접지의 구분이 의미 있는 또 다른 이유는 직접지로 아는 것은 의심의 여지가 없지만, 간접지는 그렇지 않기 때문입니다. 나에게 시각, 촉각, 청각 등의 감각 경

위험한 철학책

험이 있다는 것은 확실하지만, 책상이 있다는 추론은 그 감각으로 추론한 것이므로 그만큼 확실하지 않기 때문입니다. 이 책의 4장과 17장에서 외부 세계의 존재에 대한 회의론을 살펴볼 예정인데, 바로 이런 구분에 근거하고 있습니다.

이 직접지와 간접지의 구분을 외부 세계 말고 우리 내부에서 일어나는 마음에 적용해봅시다. 나는 나에게 마음이 있다는 것을 직접 압니다. 마음이라고 두리뭉실하게 말했지만, 구체적으로 말하면 느낌, 감정, 생각 따위의 정신적인 작용을 말합니다. 느낌은 신체의 자극에 의해 생기지만 그 느낌을 마음속으로 느끼는 것이므로, 느낌을 마음의 예로 들어봅시다. (이 느낌은 감각 관념이란 이름으로 4장에서 자세히 다뤄집니다.) 나는 파란 바다를 보고 파랗다고 느낍니다. 내가 파랗다고 느끼는 것은 분명한 사실이고, 이것은 직접지입니다. 새콤한 오렌지를 먹으면 새콤하다고 느끼고, 못에 찔리면 고통을 느낍니다. 이것도 역시 분명한 사실입니다. 누구도 부인할 수 없습니다. 나에게 마음이 있어야 이런 느낌을 가질 수 있고, 나에게 마음이 있다는 것은 바로 내가 경험하는 것이므로 확실합니다. 파란 느낌은 '나의' 느낌이고, 못에 찔리는 고통은 '나의' 고통이니까요.

## 너도 아프니?

그런데 다른 사람에게도 마음이 있을까요? 친구랑 함께 바다를 보러 갔습니다. 친구가 바다를 보더니 "참 파랗다."라고 말하는 것을 보니 파랗다고 느끼는 것 같습니다. 바다를 보면서 오렌지를 까먹으며 "새콤하네."라고 말하는 것을 보니 새콤함을 느끼는 것 같습니다. 그리고 바닷가에 있는 벤치에 앉다가 튀어나온 못에 엉덩이를 찔려 "아야!"라고 소리치는 것을 보니 고통을 느끼는 것 같습니다. 그러니 친구에게도 마음이 있을 것 같네요? 그러나 그런 것 '같을' 뿐입니다. 내가 확실하게 알 수 있는 것은 친구의 말과 행동뿐입니다. "참 파랗다."나 "새콤하네."라는 말을 들었고, 친구가 못에 찔렸을 때 엉덩이를 빼고 소리를 지르는 행동을 관찰했으니, 친구가 그렇게 행동한 것은 의심할 수 없는 분명한 사실입니다. 그러나 친구에게도 그런 느낌이 정말로 있을까요? 그것은 '친구의' 느낌이니 나는 느낄 수 없습니다. 나는 오로지 '나의' 느낌만 느낄 수 있고, '친구의' 느낌은 있으리라고 간접적으로 추측할 수밖에 없습니다. 그러나 추측은 어디까지나 추측일 뿐입니다. 확실하지 않습니다.

친구가 거짓말하고 있다고 말하는 것이 아닙니다. 못에 찔렸을 때 사실은 아프지 않은데도 "아야!" 하고 소리치는 연기를 하고 있다고 말하는 것이 아닙니다. 아픈데 너는 아픈 게 아니라고 말하면 얼마나 미치고 팔짝 뛸 일이겠어요? 친구는 분명히 아프다고 말하고, 거기에는 거짓이 없겠지요. 그러나 확실한 것은 겉으로 보이는 행동과 말뿐입니다. 정말로 아픔의 느낌이 있는지는 확실하지 않습니다. "너는 내 마음을 모른다." 또는 "너는 내 아픔을 모른다."라는 뜻도 아

위험한 철학책

닙니다. 그 말은 친구의 마음이 있지만 내가 이해하지 못한다는 뜻
이니까요. 그런데 친구의 마음이 있는지 정말 확신할 수 있을까요?

다른 사람이 하는 행동과 말로만 마음을 추측하는 셈이므로 마음
의 존재를 확신하지 못한다고 생각할 수도 있습니다. 사실은 아픈
데 안색이 항상 좋아서 아픔이 겉으로 드러나지 않거나, 아픔을 참
고 아프다고 말하지 않으면 아프다는 것을 다른 사람들이 모를 수
있으니까요. 행동과 말 말고 마음을 측정할 수 있는 더 확실한 장치
가 있으면 다른 사람에게 마음이 있다는 것을 의심하지 않을 수도
있을 것 같네요. 그런 장치가 있을까요? 지금은 없어도 뇌의 신경과
학적 상태를 정확히 읽을 수 있는 기계가 있으면 가능하지 않을까
요? 엑스레이가 발명되어 우리 몸 안의 뼈를 볼 수 있고, 컴퓨터 단
층촬영CT, 자기공명영상MRI, 양전자 컴퓨터 단층촬영PET-CT 따위가
발명되어 우리 몸의 상태를 더 정교하게 진단하게 된 것처럼, 뇌의
특정 신경 상태를 측정하여 우리가 어떻게 감각하고 어떤 아픔을
느끼고 있는지 알 수 있지 않을까요? 그러나 아무리 그런 장치가 나
와도 그것은 물리적인 장치일 뿐이지, 우리의 아픔은 아닙니다. 온
도계가 32도를 가리키는 것을 보고 지금 덥다고 말하고, 영하 5도
를 가리키는 것을 보고 지금 춥다고 말하기는 하지만, 그 눈금이 곧
더위나 추위의 느낌이 아닌 것이나 마찬가지입니다. 우리 마음 상
태를 나타내주는 기계가 설령 있다 하더라도 우리의 마음이 있으리
라는 믿음은 그 기계를 보고 추측한 간접지일 뿐입니다. 이것은 우

리의 행동과 말을 보고 우리의 마음이 있으리라고 추측하는 것과 좀더 정교하고 효율적이라고는 점만 빼고는 다름없습니다.

온도계 이야기가 나온 김에, 이 온도계 사례를 통해 뇌의 신경 상태를 측정하는 기계가 만들어진다 해도 그게 다른 사람의 마음을 보여주는 신빙성 있는 장치가 될 수 없음을 말해볼까요? 온도계의 온도가 20도인데 어떤 사람은 덥지 않다고 하고, 어떤 사람은 덥다고 합니다. 덥지 않다고 하는 사람이 "이게 뭐가 덥다고 하느냐?"라고 물으면 덥다고 하는 사람은 "그래도 내가 더우면 더운 것 아니

---

### 인식하는 기계

온도계는 온도를 말해주니 더워나 추위를 느낀다고 말할 수 있을까요? 무엇인가를 감각하는 것 같은 기계는 우리 주위에 많이 있습니다. 연기 탐지기는 연기를 탐지하여 화재 경보를 울립니다. 그럼 연기 탐지기는 연기 냄새를 맡는다고 말할 수 있지 않을까요? 남자 소변기의 자동 센서는 소변본 것을 알고 자동으로 물이 내려가게 합니다. 그럼 자동 센서는 소변본 것을 안다고 말할 수 있을까요? 터치스크린은 손으로 접촉하면 그것을 인식합니다. 그럼 터치스크린은 접촉을 느낀다고 말할 수 있을까요? 많은 철학자는 이런 기계가 설령 감각 또는 인식할 수 있다고 하더라도, 자신이 인식하고 있다는 것을 인식하지 못한다는 점에서 인간과 다르다고 말합니다. 인간은 무엇인가를 보면서 자신이 보고 있다는 사실을 의식하지만, 기계는 그런 '자기의식'이 없다는 뜻입니다. 그러면 그런 자기의식을 할 줄 아는 기계를 만들면 어떨까요? 6장에서는 기계는 물론이고 심지어 동물도 자기 의식이 없다고 주장하는 철학자의 주장을 살펴볼 예정입니다.

---

위험한 철학책

냐?"라고 답할 수 있지요. 누구 말이 맞을까요? 적어도 느낌에 대해서는 객관적인 기준이란 없습니다. 덥다고 느끼는 사람이 덥다고 하면 더운 것입니다. 온도계가 가리키는 온도가 몇 도인지는 중요하지 않습니다. 온도계가 더위나 추위에 대한 누군가의 느낌을 보여주지 못하는 것과 마찬가지로, 뇌의 신경 상태를 측정하는 기계가 있다고 하더라도 그것은 누군가의 마음이 있다는 것을 보여주지 못할 겁니다. 물론 온도계의 사례는 더위나 추위에 대한 느낌은 있지만 그 느낌은 주관적임을 보여주는 것이고, 뇌의 신경 상태를 측정하는 기계는 설령 있다 하더라도 마음이 아예 없다는 것을 말해주려는 것이므로, 비교가 딱 맞아 떨어지는 것은 아니지만 간접지가 신뢰성이 없음을 충분히 보여줍니다.

## 오직 나의 마음뿐

여태까지 말한 것을 정리하자면, 다른 사람이 마음을 가지고 있는 것처럼 행동하는 것일 수도 있고, 뇌의 신경 상태를 측정하는 장치가 있다고 해도 그것이 마음의 존재 자체를 증명하는 것은 아니므로 다른 사람에게 마음이 있다는 것을 확신할 수는 없다고 했습니다. 다른 사람에게 마음이 있다는 것은 확실하지 않습니다. 오로지 확실한 것은 나에게 마음이 있다는 사실입니다. 이런 주장을 **유아론**solipsism이라고 합니다. 이 세상에 존재하는 유일한 마음은 나의 마음밖에 없다는 주장입니다. 유아론은 다른 사람의 존재에 대해서 회의적인 태도를 취하므로 일종의 **회의론**입니다. 4장과 17장에서 외부 세계의 존재에 대한 회의론을 살펴볼 텐데, 유아론은 외부 세계에 대해서는 회의적인 태도를 보이지 않습니다. 다시 말해서 나 말고 다른 사람이 있다는 것을 의심하지 않습니다. 다만 좀비라고 생각할 뿐입니다.

　유아론은 서양 근세 철학의 아버지라고 일컬어지는 데카르트에서 비롯합니다. 미리 말하면 데카르트 자신은 회의론자도 아니고 유아론자도 아니지만, 자신의 철학적인 목표를 위해 의도적으로 회의론적 주장을 펼칩니다. 그의 철학적인 목표는 절대 의심할 수 없는 확실한 토대에 기초한 지식을 찾는 것입니다. 아무도 의심할 수 없는 명석판명한 지식을 찾아서 거기서부터 다른 지식을 도출하려는 것입니다. 그러려고 의도적으로 의심해봅니다. 의심에 의심을 거듭해도 의심할 수 없는 지식만큼 확실한 지식은 없을 테니까요. 그 과정이 바로 **방법적 회의**입니다. 그는 먼저 우리의 감각으로 알게 된 지식을 의심해봅니다. 우리는 눈으로 보고 귀로 듣고 코로 냄새 맡아 무언가를 알지요. 그런데 꿈속에서도 똑같이 눈으로 보고 귀로 듣고 코로 냄새 맡아 무엇인가를 알지 않나요? 문제는 꿈을 꾸고 있는 그 순간에는 꿈이라는 것을 알지 못한다는 사실입니다. 내가 무엇인가를 보고 있을 때 현실에서 보고 있는지 꿈속에서 보고 있는지 구분할 수 없습니다. 꿈속에서 알게 된 것은 당연히 안다고 말할 수 없지요. 그런데 내가 현실에서 알게 된 지식과 꿈속에서 알게 된 지식을 구분할 방법이 없으니 감각으로 알게 된 지식은 믿을 수 없습니다.

　다행인 것은 현실에서 알든 꿈에서 알든 상관없이 언제든 참인 지식이 있다는 점입니다. 수학의 지식은 설령 꿈에서 알게 되더라도 여전히 참입니다. 2 더하기 3은 현실에서도 5이고, 꿈속에서도 5이니까요. 감각으로 알게 된 지식은 꼭 꿈을 꾸고 있지 않더라도 현실에서도 얼마든지 틀릴 수 있습니다. 헛것을 볼 수도 있고 헛것을 들을 수도 있으니까요. 그에 비해 수학의 지식은 절대로 틀릴 수 없다고 다들 생각합니다. 그러면 수학의 지식이야말로 아무도 의심할 수 없는 확실한 지식이겠네요? 여기서 유명한 데카르트의 악마가 등장합니다. (이미 2장에서 라플라스의 악마가 나올 때 데카르트의 악마를 살짝 소개했고 17장에서 다시 나옵니다.) 2 더하기 3은 사실은 4인데, 전지전능한 악마가 내가 2 더하기 3을 계산할 때마다 5라고 속인다는 겁니다. 물론 그런 악마가 있는지 알 수 없지만, 있다고 상상해도 논리적으로 전혀 모순되지 않지요? 아무도 의심할 수 없는 확실한 지식이라고 생각한 수학 지식마저도 전지전능한 악마에 의해 속고 있다면 우리의 지식 중 확실한 것은 전혀 없는 건 아닐까요?

　그렇지 않습니다. 데카르트는 아무도 의심할 수 없는 확실한 지식을 찾았습니다. 바로 우리가 생각하고 있다는 사실입니다. 우리는 악마에게 속을 수 있습니다. 사실은 나무가 없는데 있다고 믿도록 속을 수도 있고, 2 더하기 3은 사실은 4인데 5라고 속을 수도 있습니다. 그러나 그렇게 속기 위해서는 생각을 해야 합니다. 나무가 있다고 생각하지도 않고 2 더하기 3은 5라고 생각하지도 않는데, 잘못 생각하도록 속일 수는 없으니까요. 데카르트가 찾은 절대 의심할 수 없는 지식은 바로 이 "나는 생각한다."라는 지식입니다. 데카르트가 실체를 정신과 물질로 나눈 것 역시 서양 철학사에서 유명합니다. 정신은 생각하는 특징이 있고, 물질은 공간을 차지하는 특징이 있습니다. 생각하는 나는 '물질로서의 나'가 아니라 '정신으로서의 나'에 주목하는 것입니다. '몸뚱이를 가진 나'가 있는지는 알 수 없지만 적어도 생각을 하는, '정신을 가진 나'는 있다는 것입니다. 확실한 것은 나의 마음밖에 없다는 유아론은 이렇게 데카르트에서 나왔습니다.

데카르트의 이 말은 다들 들어보셨을 겁니다. "나는 생각한다. 고로 나는 존재한다." 다른 모든 것은 의심할 수 있지만, 적어도 '생각하고 있는 나'는 의심할 수 없고, 나의 존재를 입증해주는 것은 바로 그 생각하는 나입니다. 앞서 말했듯이 데카르트는 회의론자도 아니고, 유아론자도 아니므로 여기서 멈추지 않습니다. 나의 몸뚱이를 포함해서 외부 세계가 존재함을 입증합니다. 그는 자신이 내놓은 방법적 회의에서 어떻게 벗어났을까요? 방법적 회의를 강력하게 만든 것은 악마의 가설입니다. 악마는 감각에 의한 지식이든 이성에 의한 수학의 지식이든 모든 지식을 거짓으로 만들어버리는 강력한 놈입니다. 이 악마는 전지전능하다는 특징이 있습니다. 전지전능이라고 하면 악마보다는 누가 먼저 떠오르나요? 네, 신이 바로 그렇지요. 신과 악마는 똑같이 전지전능할까요? 그러면 아무 차이가 없지 않나요? 둘 사이에는 중요한 차이가 있습니다. 신이 악마보다 전지전능한 힘이 더 세다는 차이일까요? 둘 다 똑같이 전지전능합니다. 신에게는 악마에게 없는 중요한 특징이 있는데, 전지전능할 뿐만 아니라 선하기까지 합니다. 악마라는 놈은 전지전능하기는 하지만 선하지는 않기 때문에 우리를 속입니다. 그러나 신은 선해서 우리를 속이지 않습니다. 그러니 악마의 장난을 걱정할 필요 없이 우리가 경험하면서 지각하는 대로 외부 세계는 존재하고 우리의 이성이 계산하는 대로 수학의 세계는 성립합니다. 데카르트는 이렇게 회의론과 유아론에서 빠져나갑니다.

그러나 데카르트를 충실히 따르면 우리는 여전히 유아론에서 벗어날 수 없습니다. 왜냐고요? 내 눈으로 본 것도 의심하고 2 더하기 3이 5라는 것도 의심하던 사람이 전지전능하고 선한 신이 있다는 것을 받아들일 수 있겠습니까? 그런 신이 있어야 외부 세계의 존재나 다른 사람의 마음이 있음을 받아들일 수 있는데, 신을 받아들일 수 없다면 우리에게는 '생각하는 나'만이 유일하게 존재하게 됩니다. 여전히 유아론이 옳습니다.

## 유비 추론

유아론이 옳다면 나를 제외한 다른 사람은 모두 좀비에 불과할까요? 나를 제외한 다른 사람에게 마음이 있다는 것은 정말로 확신할 수는 없을까요? 내가 다른 사람의 마음을 느낄 수 없다는 것은 분명합니다. 그래도 우리는 모두, 다른 사람이 각자의 마음을 느끼고 있다는 것을 의심 안 하지 않나요?

다른 사람에게 마음이 있다는 것을 이런 식으로 설명하려는 시도가 있습니다. 우리는 다른 사람과 의사소통하면서 언어를 갖게 되었습니다. 예컨대 다른 사람이 책상을 가리키면서 '책상'이라고 말하는 것을 들으면서 '책상'이라는 낱말을 배웠습니다. "너는 아프구나."라는 말이 있는 것을 보면 아픔을 비롯한 마음이라는 말도 이런 식으로 상대방의 마음을 가리키면서 배운 것 아닐까요? 그럼 다른 사람에게도 마음이 있다고 말해도 되지 않을까요? '책상'이라는 말은 나와 다른 사람이 모두 관찰할 수 있는 책상을 가리키면서 배웠습니다. '마음'이라는 말도 마찬가지로 다른 사람이 드러내는 행동과 말로 배웁니다. 하지만 다른 사람의 '마음'을 직접 느끼면서 배우지는 않습니다. 따라서 의사소통의 가능성을 거론하며 다른 사람의 마음이 있음을 입증하려는 시도는 실패한 셈입니다. 이 점을 더 쉽게 이해하려면 우리가 의사소통할 때 쓰는 마음이라는 말이 아픔처럼 행동이나 말로 드러낼 수 있는 것밖에 없음을 생각해보세요. 예를 들어서 나는 '해 질 녘에 고향 마을의 굴뚝에서 연기가 피어오르는 것'만 보면 어떤 느낌이 생긴다고 합시다. 그 느낌을 말로 표현할 방법이 없습니다. 다른 사람에게 설명하면 "나도 비슷한 상황에서 그런 느낌이 생겨."라고 말하는 사람도 있겠지만, 정말 그런 느낌이 있기나 한지, 있다고 해도 그 느낌이 내 느낌과 같을지 알 수가 없습니다. 이렇게 우리가 의사소통한다고 해서 다른 사람에게 마음이 있다는 것을 아는 것은 아닙니다.

우리는 다른 사람이 마음을 가지고 있다는 것을 아는 그럴듯한 방식이 있습니다. 나는 내 느낌이 있을 때마다 그 느낌이 특정 행동과 연결된다는 것을 압니다. 가령 엉덩이가 못에 찔렸을 때 아픔이 느껴질 때마다 엉덩이를 얼른 빼고 "아야!" 하고 소리치는 행동을 합니다. 내가 다른 사람에게 관찰할 수 있는 것은 바로 이러한 행동입니다. 다른 사람도 엉덩이가 못에 찔렸을 때 엉덩이를 얼른 빼고 "아야!" 하고 소리치는 행동이 일어나는 것을 보고, 나의 경우에 비추어서 그 사람도 아픔의 느낌이 있으리라 추론합니다. 이 관계를 더 생생하게 이해하기 위해 그림으로 그려봅시다.

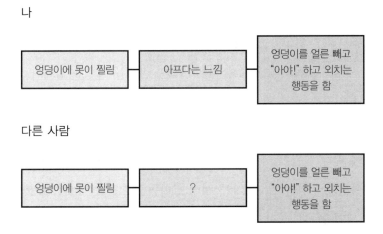

나의 경우에 엉덩이가 못에 찔리는 사건과 엉덩이를 얼른 빼고 "아야!" 하고 외치는 행동 모두 관찰할 수 있고, 그 사건들이 있을 때마다 아픔이라는 감각을 분명히 느낍니다. 다른 사람의 경우에는 나는 처음과 끝의 사건만 관찰할 수 있고, 그 중간에 있는 아픔의 느낌을 전혀 체험할 수는 없습니다. 그러나 나의 경우에 두 사건 사이에 중간 고리가 있다는 것에 비추어 보아 다른 사람의 두 사건 사이에도 중간 고리에 아픔의 느낌이 있으리라고 추론할 수 있습니다. (엉덩이를 얼른 빼고 "아야!" 하고 외치는 행동으로 아픔의 느낌이 있다고까지 추론하기는 어렵고 그냥 놀라는 느낌만 있는 것 아니냐고 생각된다면, 맨 오른쪽 칸의 행동 대신에 아픔에 해당하는 뇌의 신경 상태를 측정하는 사진을 대입하면 됩니다.)

이런 식의 추론을 **유비 추론**analogical reasoning이라고 합니다. 가령 두 가지 대상이 있는데, 몇 가지 특성이 비슷하다는 점이 밝혀졌습니다. 그리고 첫 번째 대상은 그 특성 외에 또 다른 특성이 있다는 것을 우리가 알고 있습니다. 그러면 우리는 두 번째 대상 역시 또 다른 특성이 있으리라 추측합니다. 이것이 바로 유비 추론입니다. 예를 들어보죠. 담배 연기가 암을 유발하는지 의심스럽습니다. 그래서 실험용 쥐들에게 담배 연기를 노출시켰더니 그렇지 않은 쥐들보다 암에 걸릴 확률이 아주 높음을 발견했습니다. 그래서 담배 연기는 사람에게도 암을 일으킬 가능성이 크다는 경고문을 담뱃갑에 붙이게 되었습니다. 이런 동물 실험은 유비 추론에 근거합니다. 쥐가 첫

위험한 철학책

번째 대상이고, 사람이 두 번째 대상입니다. 쥐와 사람은 모두 생리학적으로 유사합니다. 그런데 쥐는 담배 연기에 노출되면 암에 걸리는 확률이 높다는 또 다른 특성이 있으니, 사람에게도 그런 특성이 있으리라고 추론하는 겁니다.

세상은 넓고 할 일도 많으므로 우리는 모든 것을 다 경험해볼 수 없습니다. 시간이 많다 해도 위험해서 직접 경험해보지 못하는 일도 있습니다. 그래서 유비 추론은 경험해보지 못한 세상을 판단할 때 아주 유용한 도구가 됩니다. 유비 추론에 성공하기 위해서는 몇 가지 조건이 필요합니다. 먼저 두 대상이 그냥 비슷하기만 해서는 안 되고, 지금 주장하려는 점과 관련된 면이 비슷해야 합니다. 사람과 쥐는 비슷한 점뿐만 아니라 다른 점도 많습니다. 쥐는 네 다리로 걷고 꼬리가 있지만, 사람은 두 다리로 걷고 꼬리도 없습니다. 그러나 지금 하는 실험은 생리학적 특성에 관한 것이므로 그런 차이점은 관련 없습니다. 지금 하는 실험과 관련이 있는 유사성은 생리학적 유사성이고, 둘 다 포유류인 사람과 쥐는 그런 유사성이 있다고 말할 수 있습니다. 유비 추론에 성공하기 위한 또 다른 조건은 충분히 많은 사례를 관찰해야 한다는 점입니다. 딸랑 쥐 한 마리로만 실험해서는 안 되고, 통계적으로 의미가 있을 정도로 많은 쥐로 실험해야 합니다.

## 비트겐슈타인의 딱정벌레

다른 사람의 행동과 말에서 그의 마음을 추론하는 것도 유비 추론이라고 했으니 당연히 유비 추론의 성공 조건을 만족해야 합니다. 정말로 만족하는지 살펴볼까요? 일단 첫 번째 조건은 만족하는 것 같습니다. 나 그리고 다른 사람은 사람과 쥐의 관계 못지않게, 아니 그보다 훨씬 더 유사성이 많으니까요. 같은 포유류인 정도가 아니라 같은 사람인 걸요. (동물의 경우에는 고통스러운 행동을 보이더라도 고통을 느끼는 것이 아니라는 주장을 6장에서 살펴볼 겁니다. 그런 주장을 할 수 있는 것은 같은 포유류인 것만으로는 유비 추론의 첫 번째 조건을 만족하지 못한다고 생각해서겠죠.) 나와 다른 사람은 생긴 것도 다르고 이름도 다르긴 하지만 그런 차이점은 지금 주장하려고 하는 점과 관련이 없지요. 그러면 두 번째 조건은 만족할까요? 충분히 많은 사례를 관찰했을까요? 그렇지 못합니다. 단 하나의 사례밖에 관찰하지 못했습니다. 어, 무슨 소리래요? 왜 하나의 사례밖에 없어요? 나 말고 다른 사람이 얼마나 많은데요. 그렇지 않습니다. 이 점을 설명하기 위해 20세기의 오스트리아 출신 철학자인 루트비히 비트겐슈타인Ludwig Wittgenstein이 말한 딱정벌레 사고실험을 살펴보시죠.

세상 사람이 모두 상자를 하나씩 들고 있습니다. 상자가 모두 똑같이 생겼습니다. 그런데 나는 내 상자 속만 볼 수 있습니다. 내 상자 속에는 딱정벌레가 한 마리 들어 있습니다. 내 상자 속에 딱정벌레가 있는 것을 보고 다른 사람의 상자 속에도 딱정벌레가 들어 있으리라 추론하는 과정은 유비 추론에 근거합니다. 그러나 상자가 모두 똑같이 생겼다고 해서 다른 사람의 상자에도 딱정벌레가 들어 있으리라 추측하는 것이 얼마나 성급한지는 굳이 설명하지 않아도 되겠죠? 고양이가 들어 있을 수도 있고, 장난감이 들어 있을 수도 있고, 책이 들어 있을 수도 있습니다. 나의 상자와 다른 사람들의 상자 사이에 있는 유사성은 관련이 있기는 하지만, 내가 관찰한 사례는 단 하나에 불과합니다. 바로 내 상자 속에 있는 딱정벌레입니다. 그것 하나만 보고 다른 사람들의 상자 속에도 딱정벌레가 있으리라고 추측하는 건 상당히 약한 추론입니다. 관찰 사례가 부족한데 그것에 근거해서 일반화하여 판단할 때 우리는 **성급한 일반화의 오류**를 저지른다고 말합니다. 어느 학교 학생 서너 명만 보고 다 잘생겼으니 그 학교 학생은 모두 잘생겼다고 말하면 성급한 일반화겠죠. 하물며 관찰 사례가 단 하나밖에 없는 추론은 얼마나 엉성하겠어요?

다른 사람의 마음을 추론하는 것을 이런 상자와 비교하는 건 공정하지 못하다는 비판이 나올 수 있습니다. 사람들이 들고 있는 상자가 모두 똑같이 생겼다고만 말해서는 안 되고, 다른 사람들이 자기 상자 속에 무엇이 있는지 말로 설명한다고 가정해야 한다는 것입니다. 그러면 내 상자 속의 딱정벌레와 비슷한 것을 말하리라고 추측할 수 있지 않을까요? 그러나 확신할 수는 없습니다. 그럴 것 같다고

## 불행한 이원론자

정신(영혼)과 물질(육체)이 완전히 별개라고 믿는 이원론자가 있었습니다. 그는 너무 괴로워서 자살하고 싶었습니다. (6장에 가면 이원론이 자세히 설명됩니다.) 그러나 자살을 하면 가족들이 괴로우리라는 생각에 선뜻 자살하지 못합니다. 그러다가 신비한 약이 있다는 것을 알게 되었습니다. 그 약을 먹으면 자신의 정신은 완전히 없어지고 육체만 남는데, 정신과 물질이 별개라고 믿는 이원론자에게 영혼이 없다는 것은 곧 죽음입니다. 그러나 육체는 이전과 똑같이 움직이고, 말도 똑같이 합니다. 다만 영혼만 없을 뿐입니다. 바로 철학적 좀비가 되는 것이죠. 주변 사람들은 자신이 죽었다는 것을 전혀 눈치채지 못하니 이 이원론자가 자살을 고민했던 이유는 사라졌습니다. 이 이원론자는 내일 아침에 이 약을 먹기로 하고 잠을 청했습니다. 그런데 오지랖이 넓은 친구 한 명이 이원론자가 이 약을 먹으려 한다는 것을 모르고, 그의 고민을 풀어주려고 이원론자가 잠을 자는 사이 몰래 들어가 이 약을 주사로 주입합니다. 이원론자는 자신의 기준대로 하면 이미 죽었는데, 그것을 모르고 그 다음 날 약을 또 먹습니다. 그러면 이원론자는 자살한 걸까요? 이미 죽었으니 자살할 수 없지 않을까요? 과연 이런 약이 있을까요? 있을 수 없다고 생각된다면, 좀비도 있을 수 없는 것 아닐까요?

추측은 하지만 직접 보지 않은 이상, 내가 보고 있는 딱정벌레와 똑같이 생겼는지는 알 수 없습니다. 그려 보이면 되지 않느냐고요? 딱정벌레야 그릴 수 있다 해도 마음을 그려 보일 수는 없잖아요?

나의 경우에 비추어서 다른 사람도 아픔의 느낌이 있으리라고 추론하는 것도 내가 관찰한 단 하나의 사례, 곧 나에게서 느껴지는 아픔에 근거할 수밖에 없습니다. 유비 추론이 다양한 사례에 토대를 두어야 튼튼한데, 단 하나의 사례에 근거하고 있으니 그 추론은 약하기 짝이 없습니다. 수많은 사람에게 아픔의 느낌이 있다는 것은 유비 추론의 토대가 되는 것이 아니라 유비 추론의 결론이니, 그것은 아무리 많아도 소용없습니다.

다른 사람에게 마음이 있으리라는 생각은 우리의 근거 없는 추측일까요? 디즈니 애니메이션인 〈미녀와 야수〉를 보면 주전자와 찻잔이 말을 합니다. 그렇지만 그 영화를 보고서 주전자와 찻잔에게 정말로 마음이 있다고 생각하는 사람은 없습니다. 좀비에게도 마음이 있다고 생각하는 사람은 없습니다. 설령 우리와 똑같이 행동하고 말하더라도 상대방이 좀비라는 것을 아는 순간 마음이 있다고 생각하지 않습니다. 로봇도 마찬가지입니다. 영화 〈터미네이터〉(1984)의 T-800이나 〈터미네이터 2〉(1991)의 T-1000은 인간과 똑같이 행동하고 말하지만, 그 로봇에게 마음이 있다고 생각하는 사람은 없습니다. 왜 주전자나 찻잔, 좀비, 로봇에게는 마음이 없다고 생각하면서 다른 사람들에게는 마음이 있다고 생각하나요? 오직 행동만을 관찰해서 마음을 추측한다는 점에서는 똑같은데요. 우리와 같은 사람이니까 그냥 습관에 따라 그렇게 생각한 것 아닐까요?

엄격히 말하면 좀비 논증과 다른 사람에게 마음이 없다는 논증은 다른 논증입니다. 좀비 논증은 존재론적 논증이고, 다른 사람에게 마음이 없다는 논증은 인식론적 논증입니다. 쉽게 말해서 다른 사람에게 마음이 없다는 논증은 다른 사람에게 마음이 있다는 것을 확실히 알 수 없다고 말하는 데 그치지만, 좀비 논증은 마음이 없는 존재가 있다는 좀더 적극적인 주장을 합니다.

동일론자, 곧 우리의 모든 정신 현상은 물리적(신체적) 현상에 의해 설명이 가능하다고 주장하는 철학자들은 철학적 좀비는 불가능하다고 논박합니다. 우리와 행동 또는 신경 상태가 똑같다면 그것은 결국 정신 상태도 똑같다는 뜻이므로, 마음이 없는 존재란 있을 수 없다는 것입니다. 사실 T-800이나 T-1000 같은 로봇이 인간과 똑같이 행동하고 말할 수 있고 다른 인간과 구분이 안 된다면, 그런 로봇에 당연히 마음이 있다고 생각해야 하고 인간이 가진 권리를 똑같이 줘야 한다고 말합니다. 그렇지 않으면 백인이 흑인을 차별하는 것이나 똑같은 종류의 차별을 하는 셈이니까요. 앞의 '불행한 이원론자'에서 나온, 영혼만을 없애지만 주변 사람들은 분간할 수 없는 약이 있을 수 있다는 생각은 이원론에 기반을 두고 있고, 그런 약이 있을 수 없다는 생각은 동일론에 기반을 두고 있습니다. 다시 말해서 동일론자가 보기에 좀비는 있을 수 없습니다.

## 더 깊이 읽기 ──────────────────────

다른 사람에게 마음이 없다는 논증은 데카르트에 그 기원이 있는 오래
된 논증이지만, 좀비 논증은 20세기에 등장한 논증입니다. 데카르트의
방법적 회의는 그의 책《성찰》(이현복 옮김, 문예출판사, 1997)에 나옵니
다. 다른 사람의 마음에 대한 유비 논증은 존 스튜어트 밀이《윌리엄 해
밀턴 경 철학의 검토》(1865)에서 제시한 겁니다. 비트겐슈타인의 딱정
벌레 사고실험은 그의 책《철학적 탐구》(이영철 옮김, 책세상, 2006), 293
쪽에서 볼 수 있습니다. 불행한 이원론자 이야기는 레이먼드 스멀리언
Raymond Smullyan이 했는데, 더글러스 호프스태터Douglas Hofstadter와 대니
얼 데닛Daniel Dennett이 쓴《이런, 이게 바로 나야! 2》(김동광 옮김, 사이언
스북스, 2001), 23장에 나옵니다. 그 책에는 좀비라는 말은 안 나옵니다.

4

이 돌멩이는
관념일 뿐이다

## 가장 솔직한 철학적 반박

새뮤얼 존슨Samuel Johnson은 18세기 영국 문학사에서 중요한 위치를 차지하는 문필가입니다. 유명한 경구도 많이 남겼는데, 존슨이 했다는 "영국 사람들은 만났다 하면 날씨 이야기부터 한다."라든가 "런던에 싫증 난 사람은 인생에 싫증 난 사람이다." 같은 말을 한 번쯤 들어봤을 겁니다. 1755년에 그가 편찬한 영어사전은 150년 후 옥스퍼드 영어사전이 나오기 전까지 가장 권위 있는 사전이었습니다.

그는 흔히 존슨 박사라고 불립니다. 존슨 박사는 철학자가 아닌데도 당당하게 철학사의 한 페이지를 차지합니다. 그와 같은 시대의 철학자인 버클리가 물질은 없고 존재하는 모든 것은 관념일 뿐이라고 주장했습니다. 그는 이 주장이 말도 안 된다고 생각하지만, 그것을 반박할 방법이 없자 길가에 있는 돌멩이를 발로 차고서 다음과 같이 말했습니다.

"나는 이렇게 반박한다."

발로 차이는 돌멩이가 왜 관념일 뿐이냐는 거죠. 참 쉬운 철학적
반박입니다. 그리고 참 솔직한 철학적 반박이기도 합니다.

### "감각에서 오지 않은 것은 어떤 것도 마음에 없다"

1장에서 현상과 본질을 구분하기 시작하면서 철학이 시작되었다
고 말했습니다. 이 세상은 겉으로 보기에는 물이 아니지만 사실은
물로 이루어졌다고 말해서 철학이 시작되었다고요. 그런데 이번에
는 한술 더 떠서 돌멩이가 됐든 사람이 됐든 물이 됐든 물질은 존
재하지 않고 모두 관념일 뿐이라고 주장합니다. **관념**idea은 생각을
의미합니다. 손에 전혀 잡히지 않죠. 돌멩이든 사람이든 물이든 분
명히 손에 잡히는데 손에 잡히지 않는다니, 이게 무슨 말일까요?

돌멩이 이야기가 나온 김에 계속 돌멩이를 예로 들어봅시다. 우리
는 돌멩이가 있다는 것을 다 알고 있습니다. 방금 '있다'나 '안다'라
는 말을 썼지만, 이걸 약간 어려운 말로 하면 '존재'와 '인식'이 됩니
다. 그러니 다시 말해보면 우리는 돌멩이가 존재한다는 것을 인식
하고 있습니다. 그리고 돌멩이는 물질이므로 방금 한 말을 조금 어
렵게 바꾸면, 우리는 물질이 존재한다는 것을 인식한다는 말이 됩
니다. 철학에서 존재를 다루는 분야를 **존재론**이라고 하고 인식을 다
루는 분야를 **인식론**이라고 하는데, 존재론과 인식론은 **가치론**과 함

께 철학의 핵심 분야입니다. 철학이라는 말을 여기저기서 자주 들을 수 있지만, 사실 존재론과 인식론이 철학의 '하드코어'입니다. 우리는 지금 철학에서 가장 중요한 주제를 다루고 있는 셈입니다.

존재나 인식 대신에 '있다'와 '안다' 같은 쉬운 말로 이야기해보죠. 지금 내 앞에 돌멩이가 있다는 것을 어떻게 알까요? 당연히 눈으로 보고 손으로 만져봐서 압니다. 우리가 가지고 있는 오감, 그러니까 보고 듣고 만지고 냄새 맡고 맛보는 다섯 가지 **감각**을 통해서 무언가를 아는 것입니다. 감각이라는 말은 "저 남자는 패션 감각이 있다."거나 "저 연예인은 예능 감각이 있다."는 식으로 어떤 것에 대한 판단력이라는 뜻으로 쓰기도 하지만, 여기서 감각이라는 말은 순전히 눈, 코, 귀, 혀, 살갗이라는 신체 기관을 통해 무언가를 알아차린다는 뜻으로 씁시다. 패션 감각이나 예능 감각이 있는지 없는지는 사람마다 다르게 판단할 수 있지만, 감각 기관으로 아는 것은 누구도 의심하지 않으니까요. 당연한 이야기지만 오감에서 한 발 나아간 육감(식스 센스라고 하는 것)도 제외합니다. 그것은 과학적으로도 상식적으로도 믿을 수 없으니까요.

우리가 감각으로 무언가를 알아차린다는 것은 상식입니다. 철학자들도 상식에서 벗어나면 안 되므로 당연히 그렇게 생각하죠. 그런데 감각이 우리 앎의 근원이고 우리가 아는 것의 전부라고 주장하는 철학자들이 있습니다. 감각 이외의 다른 앎은 인정하지 않는 거죠. 감각 외에 육감을 부정한다는 뜻이 아닙니다. 육감은 어차피

비과학적이니까 그런 것을 믿는 진지한 철학자는 없습니다. 감각만을 지식의 근원으로 인정한다는 것은 감각 외에 머리를 써서 직관하고 추측하고 상상하는 등의 활동을 믿을 만한 근원으로 인정하지 않는다는 뜻입니다. 즉 이성이 하는 활동을 부정하는 셈입니다.

이런 생각을 하는 철학자들이 **경험론자**입니다. 영국에 그런 철학자들이 많아서 경험론은 영국 경험론이라고도 부릅니다. 대표적인 경험론자 중 한 명이 로크인데, 로크는 경험론의 주장을 잘 요약하여 말했습니다. "감각에서 오지 않은 것은 어떤 것도 마음에 없다." 마음에 앎이라는 내용을 채워주는 것은 감각밖에 없다는 주장입니다. 상식적으로 맞는 말 같지 않나요? 감각 말고 믿을 만하게 알 방법이 뭐가 더 있겠어요?

## 외부 세계가 어떻게 관념이 되는가?

이제 철학자들의 전문용어가 하나 나옵니다. '외부 세계'라는 말입니다(3장에서 이 말이 이미 나오긴 했습니다). 외부 세계라는 말이 어려운 말도 아닌데 왜 전문용어냐고 의아해할 수 있겠지만, 일상 언어에서 외부 세계라고 말할 때 떠올리는 이미지와 다른 뜻입니다. 외부 세계라고 하면 보통 어떤 집단 밖에 있는 세계를 가리킵니다. "흥선대원군은 외부 세계와의 접촉을 꺼렸다." 같은 식으로요. 그러나 철학에서의 외부 세계는 나의 마음을 제외한 모든 물질을 뜻합니다. 심지어 내 몸도 내 마음 밖에 있으니까 외부 세계입니다. 쉽게 말해서 나의 마음 또는 정신 또는 관념을 제외한 모든 물질이 외부 세계입니다.

　마음과 물질이 정말로 구분이 되는가, 구분된다면 서로 어떤 관계인가는 철학에서 오래도록 중요하게 다뤄진 문제지만, 우선은 구분된다고 가정해봅시다. 이제 외부 세계에 있는 물질들을 본다고 해봐요. 가령 돌멩이를 본다고 할 때 돌멩이에 비친 빛이 반사되어 우리 눈에 비치고 그 빛이 시신경을 타고 뇌로 전달되어 우리는 그 물질이 돌멩이라고 인식합니다. 로크가 살던 시대에는 뇌에서 일어나는 복잡한 과정이 알려지지 않았는데, 그는 밖에 있는 물질이 뇌를 자극하는 과정은 물리적이고(이 부분은 이따가 설명할게요), 그 자극을 받아 일어나는 감각 현상은 마음속에서 일어나는 비물리적인 과정이라고 생각했습니다. 그래서 저 돌멩이를 감각하고서 머릿속에 생긴 하얀색이라거나 딱딱하다는 생각 같은 것을 **감각 관념**이라고 불렀습니다. 머릿속에서 일어나는 일은 물리적인 것이 아니니 마음속에서 어떤 관념이 생긴다고 생각한 거죠.

　무엇을 감각할 때 머릿속에 떠오르는 것을 관념이라고 부를 수 있느냐는 논란거리입니다. 로크의 뒤를 잇는 경험론 철학자인 흄은 인상과 관념을 구분하여, 돌멩이를 볼 때 감각한 하양은 인상이라고 하고, 그 하양에 대해 생각할 때 떠오르는 것을 관념이라고 구분합니다. 로크는 흄에 견줄 때 관념을 약간 넓은 의미로 사용한 거죠. 또 현대 신경과학의 세례를 받은 사람들은 감각은 신경을 타고 전달되는 물리적인 것이라고 생각하는 사람도 있을 겁니다. 그러나 신경과학이 발달한 현대에도 뇌 속에서 신경 전달 물질이 움직이고 발화해서 생기는 물리적 과정이 외부 세계를 아는 과정인지는 철학자들 사이에서 논란이 많습니다. 로크 시대나 지금이나 철학자들은 신경과학을 잘 모르니까 그렇게 생각하는 거겠지 하고 말하면 안 되는 게, 그 철학자들은 우리가 하얀색을 볼 때 생기는 어떤 느낌은 신경에서 일어나는 물리적 일과는 별개의 사건이라고 생각한 것이고, 그런 생각은 상식적으로도 일리가 있기 때문입니다. 어쨌든 여기서는 꽤 복잡한 철학적 논쟁과 얽혀 있다는 정도만 말해두고, 로크처럼 감각할 때 마음속에 어떤 관념이 생긴다고 일단 받아들입시다. 참, 현대 철학에서는 이 관념을 '표상'이나 '감각 자료'라는 전문용어로도 부릅니다.

마음속에 어떤 관념을 가진다고 했는데, 핵심적인 것은 우리가 아는 것은 이 감각 관념이 전부라는 겁니다. 우리가 알 수 있는 것은 오로지 마음속에 생기는 관념뿐이고, 관념 이외의 것은 전혀 생각할 수 없습니다. 그렇지 않겠어요? 돌멩이가 있다고 할 때 우리 정신속에 있는 것은 그것을 봄으로써 생기는 관념, 만지면서 생기는 관념, 두드려서 생기는 관념뿐입니다. 오직 그 관념만을 알 뿐입니다. 그러면 돌멩이는요? 돌멩이가 있기에 그런 감각이 생기겠죠? 그러나 물질인 돌멩이가 있으리라고 오로지 추측할 뿐입니다. 쉽게 말해서 우리는 머릿속에 있는 것만 알 수 있고 머릿속에는 관념만 있을 뿐이지 돌멩이가 들어올 수는 없습니다. 머릿속을 아무리 파헤쳐 봐요. 돌멩이가 나오나요? 그렇다고 해서 머릿속에서 관념을 찾을 수 있는 것도 아니죠. 사실 관념이야 애초에 안 보이는 거니까 못 찾아도 상관이 없고요. 바로 그런 관념들이 있는 것은 분명하니 그것으로부터 물질인 돌멩이가 있으리라 추론하는 것입니다.

## 로크와 그의 시대

"감각에서 오지 않은 것은 어떤 것도 마음에 없다."라는 경험론의 원칙에 따르면 우리가 확실히 아는 것은 우리 마음속에 있는 관념뿐입니다. 그런데 바로 이 원칙을 내세운 로크는 그 원칙을 스스로 어기고 외부 세계가 있다고 주장합니다. 이 주장을 이해하기 위해서는 로크 시대의 과학을 이해할 필요가 있습니다. 로크는 뉴턴과 보일과 같은 시대에 살았고, 특히나 보일은 로크의 과학 분야 멘토였습니다. 보일의 법칙으로 유명한 그 로버트 보일입니다. 로크는 보일의 입자 가설을 받아들였습니다. 이 세상의 물질들은 미세한 입자들이 모여 만들어졌고, 그 물질들의 기계적인 운동으로 이 세계가 움직인다는 생각입니다. 감각 관념이 생기는 것도 외부 세계의 물질들에서 나오는 미세한 입자들이 물리적인 자극을 하여 그 자극이 두뇌로 전달되어 생기는 것이라고 보았습니다. 로크는 철학자이지만 의학 연구도 한 과학자이기도 했습니다. 그러니까 그는 당시의 최신 과학 이론을 받아들였으며, 그에 따라 물질로 이루어진 세계가 있다는 것을 믿어 의심치 않았던 겁니다.

존재론 중에서도 외부 세계가 존재한다는 주장을 **실재론**이라고 부릅니다. 그런 점에서 로크도 실재론자입니다. 대부분의 상식적인 사람은 실재론자입니다. 사실 상식인은 외부 세계가 존재하느냐 안 하느냐 고민도 해보지 않았고 존재한다는 걸 의심도 해보지 않았기 때문에 거창하게 실재론자라고 부르기도 민망합니다. 상식인의 실재론과 로크의 실재론은 뭐가 다를까요? 특별한 철학적 반성 없이 외부 세계는 당연히 있다고 생각하는 실재론을 **상식 실재론** 또는 **소박한 실재론**이라고 부릅니다. '소박하다'고 하니까 좋은 말처럼 들리지만 소박하다는 뜻의 영어인 'naive'에는 '세상 물정 모른다'는 경멸의 뜻도 있습니다. 철학자 로크의 실재론이 그런 실재론일 리는 없죠. 로크는 우리가 직접 아는 것은 관념뿐이라는 전제에서 출발했습니다. 그리고 그 관념을 불러일으키는 외부 세계가 있어야 한다고 추론하고, 그 외부 세계는 관념에 의해 표상된다고 주장합니

**카메오 로크**

영국의 작가 이언 피어스Iain Pears가 쓴 《핑거포스트 1663》이라는 장르소설은 17세기의 옥스퍼드가 배경입니다. 이 소설에 보일과 로크가 일종의 카메오처럼 나오니 지적인 배경에 관심이 있는 분들은 꼭 읽어보세요. 이 소설에서 로크는 의사 보조로 등장합니다. 로크 시대에는 아직 철학자라는 직업은 없었습니다. 18세기에 활동한 칸트가 서양 철학사에서 최초의 철학 교수입니다.

위험한 철학책

다. 로크의 실재론은 표상을 통해 외부 세계를 가정한다는 점에서 **표상적 실재론**이라고도 부릅니다.

## 표상적 실재론

로크의 표상적 실재론을 더 쉽게 이해하기 위해 폐쇄회로 텔레비전CCTV으로 비유해봅시다. 방 안에 있는 CCTV에 어떤 영상이 찍힙니다. 이 영상이 표상에 해당하고 방 밖에서 카메라가 잡아내고 있는 실제 사건이 외부 세계에 해당합니다. 방 안에 있는 우리는 비록 CCTV 화면에 비친 영상만을 볼 수밖에 없지만, 그 영상은 방 밖에서 무슨 일이 일어나고 있으니까 카메라가 그것을 잡아내고 선을 타고 전달된 것이라고 믿어 의심치 않습니다. 표상적 실재론도 딱 그런 식으로 생각합니다. 우리는 표상 또는 관념밖에 볼 수 없지만, 그 표상은 외부 세계가 있기 때문에 생겼다고요. 그러나 CCTV와 우리의 인식은 결정적인 차이점이 있습니다. 우리는 방 밖에 나가 본 적이 있어서 CCTV가 바깥에서 일어난 일의 영상이라는 걸 압니다. 그러나 우리는 우리 관념 밖으로 나가본 적이 한 번도 없습니다. 우리가 직접 알 수 있는 것은 오로지 관념밖에 없기 때문입니다. 그런데 어떻게 외부 세계의 물질이 있으리라고 결론지을 수 있나요? 물론 아무것도 없이 관념이 생긴다고 생각하면 이상하므로 그렇게 추론했습니다만, 추론은 어디까지나 추론입니다. 그 추론이 확실히 맞으리라고 보장할 수는 없지요. 그러니 외부 세계를 가정하는 표상적 실재론은 문제가 있어 보입니다.

나 말고 다른 사람들에게도 똑같은 관념이 생기는 걸 보면 그 관념을 일으키는 무엇인가가 우리 밖에 있다고 주장하는 사람도 있습니다. 관념은 나에게만 생기는 것입니다. 다른 사람에게는 그 사람의 관념이 생길 겁니다. 그런데 나의 관념과 다른 사람의 관념이 모두 똑같다면 똑같게 만드는 뭔가가 있지 않을까요? 그렇지 않고서 우리에게 모두 똑같은 관념이 생긴다는 것은 기적 아니겠습니까? CCTV를 나만 봤다고 하면 의심할 수 있지만, 여러 사람이 똑같은 것을 봤다면 영상에 비친 사건이 정말로 일어났다는 것을 아무도 의심하지 않겠죠? 그럴듯한 생각입니다. 그러나 표상적 실재론을 의심하는 사람에게는 여전히 만족스러운 대답이 아닙니다. 다른 사람들이 나와 똑같은 관념을 가지고 있다고 증언한 것을 듣고 그렇게 생각하겠지만, 그 증언 역시 나에게 감각 관념으로 전달됩니다. 심지어 다른 사람들이 있다는 것 역시 감각 관념으로 알고 있습니다. 외부 세계가 있다고 추론하게 만드는 근거들이 모두 또 다른 관념일 뿐인데, 그것이 적절한 근거가 될 수는 없는 것입니다. 우리 주변에는 온통 관념뿐입니다.

## "존재하는 것은 지각되는 것이다"

버클리는 아일랜드 출신의 성공회 신부였습니다. 나중에 주교가 되어서, 철학자 버클리를 흔히 버클리 주교라고 부릅니다. 미국의

## 표상, 재현, 대의

표상에 해당하는 영어인 represent는 무엇인가를 대신한다는 뜻인데, 외부 세계가 우리 머릿속으로 직접 들어올 수 없기에 관념이 대신하므로 관념이 외부 세계를 표상한다고 말합니다. CCTV의 영상이 밖에서 일어나는 사건을 대신하므로 CCTV를 비유하여 표상을 설명하는 것입니다. represent 또는 그 명사형인 representation은 맥락에 따라 다양한 말로 번역하는데, 모두 '대신한다'는 뜻에서는 같습니다. 인식론에서는 '표상'으로 번역하지만, 예술 분야에서는 '재현'으로 번역합니다. 그림 또는 사진이 모델이 되는 대상을 재현한다는 것은 그림 또는 사진이 대상을 대신하는 것입니다. 또 정치 분야에서는 '대의代議' 또는 '대표'라고 번역합니다. 국민의 대표가 국민을 대신하는 것입니다. 재현이나 대표를 생각하면 표상이 쉽게 이해될 것입니다.

명문 대학교인 버클리 대학교(정확하게는 캘리포니아 대학교 버클리 캠퍼스)가 있는 버클리 시는 미국이 영국의 식민지 시대일 때 버클리 주교를 기념하여 붙인 이름입니다. 버클리가 보기에 표상적 실재론이 문제에 빠진 이유는 관념 외에 외부 세계에 물질이 있다고 가정했기 때문입니다. 앞에서 말했듯이 무슨 원인이 있어서 표상이 생긴다고 가정하는 것이 그럴듯해 보이지만, 반드시 그렇다는 보장은 없습니다.

더 나아가 그런 원인을 가정하면 안 되는 적극적인 이유도 있습니다. 첫째는 관념과 그 관념의 원인이 되는 외부 세계의 물질이 있다고 한다면, 관념이 물질을 제대로 표상했는지 확인해야 합니다.

그러나 외부 세계를 직접 알 수가 없는데 어떻게 확인할 수 있겠어요? CCTV의 영상이 밖의 사건을 보여준다고 믿는 이유는 CCTV의 영상과 밖에서 일어나는 사건을 비교할 수 있기 때문인데, 우리는 관념과 물질을 비교할 방법이 없습니다. 표상적 실재론이 틀린 둘째 이유는 물질과 관념 사이에는 원인과 결과 관계가 성립할 수 없기 때문입니다. 물질은 물리적인 것이지만 관념은 정신적인 것입니다. 물질과 달리 정신은 공간을 차지하지 못합니다. 공간을 차지하고 있는 것이 어떻게 해서 공간도 차지하지 못하는 것의 원인이 될 수 있겠습니까? 물론 표상이 관념이 아니라 뇌 속에서 일어나는 물리적인 신경 작용이라고 주장하면 이 문제는 해결되지만, 로크는 표상과 물질은 구분되는 관념이라고 생각했습니다.

결국 있는 것은 관념뿐입니다. 이런 입장이 **관념론**이고, 관념론은 외부 세계가 있다는 것을 부정하므로 **반실재론**입니다. 사실 이런 주장도 놀라운데, 더 놀라운 것은 버클리는 자신의 이론이 관념론도 아니고 반실재론도 아니라고 주장한다는 점입니다. 그는 자신의 이론을 **비물질론**이라고 부릅니다. 그리고 자신의 이론은 반실재론이 아니라 오히려 **실재론**이라고 주장합니다. 비물질론이면서(관념론이라는 말만 안 썼지 사실은 관념론이면서) 어떻게 실재론일 수 있을까요? 그 답은 그의 다음과 같은 유명한 말에 담겨 있습니다.

"존재하는 것은 지각되는 것이다Esse is percipi."

'지각'은 물론 '감각'을 말합니다. 존재하는 것은 지각되는 것이라는 말은 세상은 감각되는 한에서 존재한다는 뜻입니다. 우리는 감각하는 것만을 알 수 있다는 말은 이미 했지만, 버클리는 그 정도가 아니라 감각하는 것이 곧 존재라는 주장까지 하는 겁니다. 돌멩이가 외부 세계에 따로 존재하는 것이 아니라 돌멩이에 대한 감각, 그러니까 내가 지각하는 시각 경험, 촉각 경험 등으로만 존재합니다. 그래서 그것을 '지각의 다발'이라고 부릅니다. 돌멩이는 내가 지각하는 한에서만 존재하고, 그 지각들을 모아놓은 것이 곧 돌멩이의 존재가 됩니다.

이러니 버클리의 이론은 반실재론이 아니라 오히려 실재론이라고

### 철학 한 개피

"존재하는 것은 지각되는 것이다."를 라틴어로 하면 "Esse est percipi." 가 되어야 하는데, 버클리는 특이하게 esse와 percipi만 라틴어로 썼습니다. KT&G의 담배 이름 '에쎄'도 영문 표기가 esse입니다. 이 사실을 아는 사람은 이 담배 이름이 철학 용어에서 가지고 온 건가 싶겠지만 실은 이탈리아어의 3인칭 여성형 복수 대명사라고 합니다. 여성층을 겨냥한 담배라나요. KT&G에서 나온 담배는 철학 개념을 연상케 하는 이름이 많긴 합니다. 레종(이성), 더원(일자, 중세 철학자 플로티누스의 개념), 디스(중세 철학자 스코투스의 개념인 haecceitas), 타임(하이데거와 베르그송이 주제적으로 탐구한 개념) 따위가 그것입니다. 1장에서 매트 로렌스는 철학 이야기 하나와 맥주 한 가지씩을 연결한 《철학 한 잔》을 썼다고 말했는데, 철학과 담배 한 가지씩을 연결해서 써도 될 것 같네요.

말할 수 있습니다. 돌맹이가 존재합니다. 단 지각(감각)으로서 존재합니다. 존재하기는 존재하는데 '물질'로서 존재한다는 것을 부정하는 것입니다. 그래서 비물질론입니다. 버클리의 말을 직접 들어보죠.

> 내가 나의 눈으로 보는 것이나 나의 손으로 만지는 것들은 존재하며, 나는 그것들이 정말로 존재한다는 점을 추호도 의심하지 않는다. 단 한 가지, 내가 그 존재를 부인하는 것은 철학자들이 물질 또는 물질적 실체라고 부르는 것이다.

자기가 진짜 실재론자라고 주장하는 버클리에 대해 '실재'라는 말을 자기 마음대로 쓰고 있다고 비판할 수 있습니다. 보통은 우리 관념과 독립해 존재하는 것을 실재라고 하는데, 관념이 곧 실재라고 말하는 것은 실재에 대한 부당한 정의라는 거죠. 그러나 실재라는 말을 누가 특허 냈나요? 외부 세계에 존재하는 건만 꼭 실재여야 하는 법이 있나요? 그쪽이 상식에 가깝기는 하지만, 상식이 꼭 옳은 것도 아니고 이것은 그리 간단한 문제가 아닙니다.

더구나 버클리의 주장은 표상적 실재론과 비교하여 장점도 있습니다. 표상적 실재론에서는 물질과 관념을 구분하는데, 경험론의 원칙에 따르면 우리가 아는 것은 정신밖에 없으므로 관념 바깥에 있는 물질은 결국 알 수 없다는 결론에 이릅니다. 실재한다고 생각되는 물질이 정말로 있는지 없는지 알 수 없다, 이것은 곧 **회의론**입니

다. 우리 상식에 가깝다고 생각되는 실재론이 오히려 회의론에 빠
지고 마는 거죠. 이에 비해 버클리식의 실재론에서는 관념이 곧 존
재하는 것이므로 있는지 없는지 알 수 없는 것은 없고, 따라서 회의
론의 고민을 해결할 수 있습니다. 정확히 말하면 해결은 아니고 해
소이긴 하지만요. 고민스러운 점을 없애버렸으니까요.

## 존슨 박사의 반박은 성공했을까?

"감각에서 오지 않은 것은 어떤 것도 마음에 없다."라는 경험론의 원칙은 상식인이라면 누구나 받아들일 수 있습니다. 그 원칙에서 출발하다 보면 버클리처럼 존재하는 것은 지각되는 것이라는 결론에 이르게 됩니다. 돌멩이는 지각, 곧 관념일 뿐입니다. 이런 결론은 선뜻 받아들이기 힘들지만 그렇게 생각하는 데는 어떤 모순도 없어 보입니다.

미술 유파 중에 인상파라고 있습니다. 마네, 모네 등이 인상파 화가지요. 인상파는 빛의 변화에 따라 달라 보이는 자연을 시시각각 다르게 보이는 그대로 묘사하려고 했습니다. 그들의 작품을 보면 빛에 따라서, 보는 거리나 각도에 따라서 달라지는 바로 그 순간을 포착하여 화폭에 담으려고 합니다. 인상파의 이런 그림들이 버클리의 철학을 잘 드러내는 듯합니다. 우리가 네모 반듯한 갈색의 책상을 볼 때 우리가 지각하는 책상은 사람마다 다르고, 같은 사람이라도 시점과 장소마다 다 다릅니다. 위에서 보면 정사각형이지만 옆에서 보면 평행사변형인 것처럼 보는 각도에 따라 다르게 보입니다. 갈색도 빛이 얼마나 밝으냐에 따라 다르게 보이는 것처럼 같은 책상이라도 갈색의 진하기 정도가 다릅니다. 표상적 실재론자라면 그럼에도 그렇게 다르게 지각되게 하는 물질이 있으리라 생각하겠지만, 버클리는 다르게 지각되는 것이 곧 존재하는 것이라고 주장했습니다. 인상파 화가들도 바로 그 다르게 지각되는 것을 포착하

위험한 철학책

여 그림으로 그렸습니다. 표상적 실재론자인 화가라면 사람마다 시점마다 다르게 지각되는 것을 넘어서 존재하는 '실재'를 그리려고 노력할 테지만, 그들은 달라 보이는 바로 그것이 존재라고 생각한 거죠.

버클리의 철학은 서양 근세의 철학에서 그치지 않고 현대에도 꿋꿋이 이어집니다. 현대 철학에서 그 실재성이 논란이 되는 것은 전자나 블랙홀 같은 이론적인 대상입니다. 과학자들은 전자나 블랙홀을 대상으로 여러 가지 이론을 세우고, 그 이론 중 상당 부분은 참으로 드러나고 있으므로, 그것들이 실제로 존재한다는 것을 의심치 않습니다.

철학자 중에서 그렇게 생각하는 이가 많은데, 그런 이론을 **과학적 실재론**이라고 부릅니다. 실재론은 실재론인데 과학에서 다루는 대상에 대한 실재론인 거죠. 그러나 그런 이론적 대상들은 직접 관찰할 수 없습니다. 전자의 경우 구름 상자 안에서 수증기의 자취를 통해 전자가 있다고 간접적으로 추측할 뿐입니다. 그런 관찰과 실험을 하기 위해서 전자가 있다고 도구적으로 가정할 뿐이지, 정말로 전자가 있는지는 알 수 없습니다. 이런 주장들을 **반실재론** 또는 **도구론**이라고 합니다. 이 주장들을 펼치는 사람들은 버클리처럼 자신들이 실재론자라고 주장하지도 않고 모든 물질이 존재하지 않는다고 주장하지도 않습니다. 다만 이론적 대상에 한해서만 존재하지 않는다는 주장을 펼칠 뿐이죠. 하지만 버클리의 정신을 잇고 있다고 볼 수 있습니다. 그러고 보면 로크도 그 당시의 과학적 실재론자라고 말할 수 있습니다. 그 당시의 최신 과학적 연구 성과에 근거해서 물질의 존재를 주장했으니까요.

그러면 맨 처음에 이야기했던 존슨 박사의 반박은 성공했을까요? 돌멩이를 발로 참으로써 돌멩이가 물질로서 존재한다는 것을 증명했을까요? 그렇지 못하죠? 그가 돌멩이를 참으로써 알게 되는 것은 여전히 발에 느껴지는 촉각, 날아가는 돌멩이를 바라보는 시각, 날아가면서 내는 소리를 듣는 청각밖에 없습니다. 돌멩이는 여전히 관념으로서만 존재합니다. 참, 돌멩이가 있기는 있네요. 관념으로서만요.

위험한 철학책

"존재하는 것은 지각되는 것이다."라는 말이 맞는다면 심각한 문제가 생깁니다. 내 앞에 있는 연필을 내가 눈으로 보고 있을 때는 지각되므로 존재했다가 눈을 감으면 지각되지 않으므로 존재하지 않게 되는 셈이니까요. 그럼 내가 눈을 깜빡깜빡하면 연필이 있다가 없어졌다가 하게 되는 이상한 일이 생깁니다. 아무도 살지 않는 숲의 나무도 지각되지 않으므로 존재하지 않게 됩니다. 아, 그런 숲이라고 하더라도 사람은 안 살지만 동물들은 살 테니 나무는 동물들에 의해 지각되므로 존재한다고 말할 수 있겠네요. 그러면 어떤 생물도 살지 못한다는 데스밸리의 돌과 모래는 존재하지 않는다고 말해야겠네요?

버클리는 자신의 철학에 이런 문제점이 있다는 것을 알고 있었습니다. 주교였던 그는 그래서 신을 끌어들입니다. 우리가 지각하지 않는 순간에는 신이 항상 지각하고 있으므로 존재 여부를 걱정할 필요가 없다고요. 그러나 감각에서 오지 않은 것은 어떤 것도 마음에 없다고 주장하는 버클리가 감각할 수 없는 신을 끌어들인다는 것은 그를 믿었던 사람에게 실망감을 줄 뿐입니다.

그런데 이 실망감은 버클리 철학이 마지막에 가서 일관적이지 못하다는 것을 보여줄 뿐이므로 버클리의 관념론은 여전히 유효한 것 아닐까요? 그러나 내가 눈을 깜빡깜빡하면 연필이 있다가 없어졌다가 하게 되는 현상을 어떻게든 설명할 수 있어야 합니다. 버클리는 우리가 무엇인가를 안다고 말하기 위해서 너무 강한 조건을 요구하는 듯합니다. 물론 우리가 지각하지 못할 때도 무엇인가가 존재한다고 확실하게 말할 수는 없습니다. 그러나 우리는 땅이 젖어 있는 것을 보고 비가 왔다고 추론하는 것처럼, 직접 감각하지 않아도 간접적으로 추론하는 경우가 많습니다. 땅의 일부만 젖어 있다면 누군가가 물을 뿌려놓은 것일 수 있으므로 비가 왔다는 추론이 틀릴 수 있지만, 온 땅이 흥건히 젖어 있고 물이 고여 있다면 비가 왔다는 추론은 틀릴 일이 없지 않을까요? 내가 눈을 감은 사이에 연필이 존재한다고 추론하는 것도 마찬가지 아닐까요?

위험한 철학책

## 더 깊이 읽기 ─────────────────

버클리의 철학은 그의 《인간 지식의 원리론》(문정복 옮김, 울산대학교출
판부, 1999)와 《하일라스와 필로누스가 나눈 대화 세 마당》(개역판, 한
석환 옮김, 숭실대학교 출판부, 2001)을 보면 됩니다. 러셀의 《철학의 문
제들》(박영태 옮김, 서광사, 1989)의 1~3장에서도 그의 관념론을 따라가
볼 수 있고, 제가 쓴 《세상에 믿을 놈 하나 없다: 데카르트&버클리》(김
영사, 2006)에서도 버클리의 철학을 자세하게 소개했습니다. 영국 경험
론의 주장에 관해서는 김효명의 《영국경험론》(아카넷, 2001)을 보세요.
'Percipi est esse'는 줄리언 바지니의 《가짜 논리: 세상의 헛소리를 간
파하는 77가지 방법》(강수정 옮김, 한겨레출판, 2011)의 15장에 나옵니다.

# 5

## 내일도 해가 뜰지는
## 아무도 모른다

## 내일은 내일의 태양이 뜨니까

비비언 리와 클라크 게이블이 나온 〈바람과 함께 사라지다〉(1939)는 오래된 영화이지만 영화사에 길이 남는 명작이라 지금도 많은 사람이 알고 있습니다. 혹시 젊은 사람들은 2012년에 나온 똑같은 제목의 우리나라 영화를 먼저 떠올릴지도 모르겠네요. 우리나라 영화는 조선 시대의 서빙고 얼음 도둑 이야기입니다. 미국 영화에서 〈바람과 함께 사라지다〉라는 제목은 남북전쟁의 거대한 바람에 모든 것을 빼앗긴다는 뜻이라는데, 이 제목은 감쪽같은 도둑 영화인 한국 영화에 더 어울리는 것도 같습니다. 그런데 이런 말을 하면 올드 영화 팬들은 어디 감히 〈바람과 함께 사라지다〉를 코미디 영화에 비교하느냐고 화낼 정도로 〈바람과 함께 사라지다〉는 유명한 영화입니다.

이 영화는 "내일은 내일의 태양이 뜨니까."라는 비비언 리의 마지막 대사로도 유명합니다. 원래 영화 대사는 "내일은 또 다른 내일이니까Tomorrow is another day."라네요. 이 대사는 영화의 원작인 마거릿 미첼Margaret Mitchell의 소설에서 나오는데, 그 소설을 우리말로 번역하면서 번역자가 "내일은 내일의 태양이 뜨니까."로 더 멋있게 번역했다고 합니다. "내일은 또 다른 내일이니까."가 강렬하지 않다고 생각한 모양입니다. 그런 생각은 원작 소설을 출간한 출판사에서도 마찬가지로 했나 봅니다. 본디는 '내일은 또 다른 내일이니까'가 제목이었는데, 너무 밋밋하다고 생각했는지 '바람과 함께 사라지다'가 제목이 되었다고 합니다. 우리나라 번역자처럼 "내일은 내일의 태양이 뜨니까."를 알았다면 그게 소설 제목도 되고 영화 제목도 되었을 것 같네요.

"내일은 내일의 태양이 뜨니까."는 절망에 빠진 여자 주인공이 새로운 다짐을 하는 대사입니다. 힘든 일이 있어도 내일은 오늘과 다를 거라는, 내일은 새로운 태양이 뜰 거라는 인생에 대한 낙관이지요. 그런데 말입니다. 정말로 내일은 내일의 태양이 뜰까요? 군대에서 고참은 새로 온 신참에게 제대가 얼마나 남았느냐고 물어본 다음에 이렇게 말합니다. "그날이 오겠냐?" 제대 날은 고사하고 당장 내일이 오긴 올까요? 내일은 내일의 태양이 뜰까요?

**개연성과 규칙성**

우리는 살아가면서 어떤 판단을 근거로 삼아 새로운 판단을 끌어

위험한 철학책

냅니다. 그런 것을 **추론**이라고도 하고 **논증**이라고도 합니다. 추론이나 논증은 심리학자나 논리학자의 연구 대상인데, 추론은 주로 심리학에서 많이 쓰는 말이므로 여기서는 논증이라는 말을 쓰도록 하죠. 논증에는 두 가지 종류가 있습니다. 연역 논증과 귀납 논증이 그것인데, 먼저 **연역 논증**은 전제(주어진 판단)가 옳으면 결론(새로운 판단)도 반드시 옳은 논증을 말합니다. 예를 들어, "이 비행기 사고로 탑승객 전원이 사망했는데, 김씨도 그 비행기를 탔으므로 사망했을 것이다."가 연역 논증입니다. 이 비행기 사고로 탑승객 전원이 사망했다는 판단도 옳고 김씨가 그 비행기를 탔다는 판단도 옳다면, 김씨도 사망했으리라는 판단도 안타깝지만 옳을 수밖에 없다는 거죠.

반면에 **귀납 논증**은 전제가 옳다고 하더라도 결론이 반드시 옳지는 않은 논증을 말합니다. 다양한 종류의 귀납 논증이 있지만, 과거의 경험을 근거로 해서 비슷한 일이 반복되리라는 판단을 내리는 것이 대표적인 귀납 논증입니다. "내일은 내일의 태양이 뜨니까."가 바로 그런 종류의 귀납 논증입니다. 어, 이게 귀납 논증이라고요? 그러니까 내일은 내일의 태양이 떠오른다는 판단은 반드시 옳지는 않다는 말인가요? 지금까지 지구가 생긴 이후로 얼마나 많이 해가 떠올랐겠습니까? 내일은 내일의 태양이 떠오른다는 것만큼 확실한 것은 없는데 어떻게 그 판단이 반드시 옳지 않을 수도 있나요? 이 의문에 대한 대답은 좀 있다 말하도록 합시다.

연역 논증은 그 전제가 옳다면 결론이 반드시 옳지만, 귀납 논증은 그렇지 않으므로 개연성이 높거나 낮을 수 있다고 말합니다. 그러니까 연역 논증은 어떤 논증이든 결론이 확실하게 옳지만, 귀납 논증은 논증마다 개연성이 다 다릅니다. 어떤 운동선수가 수염을 깎지 않고 시합에 나갔는데 이겼습니다. 그래서 다음 시합 때도 수염을 깎지 않고 나가면 이긴다고 생각합니다. 이 선수는 과거의 경험에 기대어 귀납 논증을 하고 있습니다. 개연성이 높을까요? 형편없이 낮습니다. 수염을 깎고 안 깎고는 시합에 이기고 지는 것과 상관없는 미신일 뿐입니다. 물론 그런 징크스가 심리적인 위안을 줘서 경기력 향상에 도움이 전혀 안 되는 건 아니겠지만 아주 미비합니다. 로또 판매점 앞에 보면 '1등 당첨 판매점'이라는 펼침막이 붙어 있습니다. 여기서 1등 로또가 판매되었으니 많이 사라는 뜻일 테고, 실제로 많이 삽니다. 1등에 당첨된 로또를 판매한 곳에서 로또를 사면 1등에 당첨될까요? 꼭 그렇지는 않아도 그럴 개연성이 높을까요? 전혀 그렇지 않습니다. 이것은 미신은 아니고 간단한 통계 법칙을 이해 못 하는 데서 생기는 잘못입니다. 모든 로또 추첨은 독립적이므로 어느 판매점에서 샀느냐는 다음 추첨 때 전혀 영향을 미치지 않습니다. 주사위를 던졌을 때 6이 나왔다고 해서 다음번 던질 때도 6이 나오는 게 아닌 것이나 마찬가지니까요. 그러니 이 판매점에서 1등 당첨이 나왔다는 판단에 근거해 이 판매점에서 또 1등 당첨이 나오리라고 판단하는 논증은 전혀 개연성이 없습니다.

위험한 철학책

## 노름꾼의 오류

1등에 당첨된 로또를 판매한 곳에서 로또를 사면 1등에 당첨된다고 믿는 것처럼, 사실은 독립적으로 일어나는 사건인데 서로 영향을 주는 사건이라고 오해할 때 노름꾼의 오류를 저지른다고 말합니다. 로또꾼도 일종의 노름꾼이니까 로또의 예는 대표적인 노름꾼의 오류의 예가 되겠네요. 룰렛이라는 도박 게임이 있습니다. 원판의 끝에 0부터 36까지의 숫자가 쓰여 있고 한가운데에 구슬을 떨어뜨리면 그 구슬이 어떤 숫자가 새겨진 칸으로 갈지 알아맞히는 게임입니다. 노련한 노름꾼도 이번 판에 구슬이 1로 갔으니 다음 판에는 1로 갈 일은 없다고 생각하는 경향이 있습니다. 그러나 이전 판의 시행은 새로운 판의 시행에 전혀 영향을 미치지 않으니 그 노름꾼은 오류를 저지른 것입니다. 딸을 여러 명 낳았으니 다음에는 아들일 거라고 생각하는 사람도 많습니다. 아들인가 딸인가는 완전히 독립된 사건이니 역시 노름꾼의 오류입니다.

　　지금 예로 든 귀납 논증은 과거의 경험이 턱없이 부족하므로 개연성이 낮은 것 아닐까요? 수염을 안 깎았을 때 경기에 이긴 경험이 수염을 깎았을 때 경기에 진 경험보다 월등하게 많아야 하는데, 그런 통계는 없습니다. 특정 판매점에서 1등 당첨이 나온 사례는 좀 전에 말했듯이, 아무리 많아도 독립적인 사건이므로 다음 추첨 결과와 관련이 없습니다. 물론 그런 사례가 여러 번 계속되면 아주 놀랄 일이 되겠지만, 주사위를 던질 때 6이 여러 번 연속으로 나오는 일처럼 아주 낮은 확률의 사건이 일어날 운일 뿐입니다. 귀납 논증의 개연성이 높으려면 규칙성이 발견되어야 합니다. 운이 아닌 규칙성이요. 수염을 안 깎으면 규칙적으로 이겨야 하고, 특정 판매점에서는 행운이 아니라 당연할 정도로 규칙적이게 1등 당첨이 나와야 하는데, 그런 규칙성은 발견된 적 없습니다.

그러면 그런 규칙성이 발견되면 개연성이 높아지겠네요? 어떤 일들이 규칙적으로 반복되면 앞으로도 변함없이 계속되리라고 기대해도 되겠네요? 정말 그런가 봅시다. 장티푸스라는 병이 있습니다. '장腸'이라는 한자어에 '티푸스typhus'라는 서구어가 합해진 말로, 티푸스균이 창자에 들어가 생기는 병입니다. 옛날에는 '티푸스'까지 한자로 음차하여 '장질부사'라고도 불렀고 '염병'이라고도 불렀습니다. 염병은 전염병(돌림병)을 가리키기도 하는데, 장티푸스가 대표적인 전염병이라 그렇게 부른 모양입니다. 잘 알다시피 염병은 욕이기도 합니다. 장티푸스는 치사율이 아주 높고 전염성이 강해서 한 명이 이 병에 걸리면 그 마을 사람 전체가 죽을 정도였다고 합니다. 그런 무시무시한 병이기에 '염병할 놈'이라는 욕까지 생겼을 겁니다. 장티푸스와 사망 사이에는 이렇게 규칙성이 있습니다. 장티푸스에 걸린다고 해서 반드시 죽는 것은 아니지만, 앞에서 본 운동선수 징크스 사례나 로또 사례와 비교할 수 없을 정도로 높은 규칙성을 보입니다. 그러니 어떤 사람이 장티푸스에 걸리면 죽는다고 판단해야 할까요? 예전에는 그랬지만 지금은 그렇지 않습니다. 이제는 항생제가 있어서 치사율이 낮습니다. 예전에 있던 규칙성이 언제까지 계속되는 건 아닙니다.

위험한 철학책

## 자연법칙을 찾아서

지금 관찰되는 규칙성이 언제나 반복되지 않는다는 것을 말해주는 유명한 이야기가 있습니다. 3장에서도 나왔던 철학자 러셀은 귀납 논증을 하는 칠면조를 예로 듭니다. 칠면조가 사는 우리에 아침 6시에 주인이 들어와 모이를 주고 갑니다. 그 다음 날도 아침 9시에 들어와 모이를 주고 갑니다. 이런 날이 며칠 반복됩니다. 매일 아침 6시와 모이 주는 것 사이에 규칙성이 있다는 것을 발견한 칠면조는 거기에 근거해 "내일 아침 6시에 주인이 들어오면 모이를 줄 것이다."라고 귀납 논증을 합니다. 이 귀납 논증은 개연성이 상당히 높아 보입니다. 그 규칙성이 1년 내내 발견되었으니까요. 칠면조는 12월 24일 아침에도 그 규칙성이 성립할 것이라고 생각합니다. 그러나 주인은 그날 칠면조에게 모이를 주는 대신 칠면조를 자신의 모이(음식)로 만들었습니다. 그 다음 날이 크리스마스니까요.

러셀의 칠면조 이야기는 귀납 논증의 결론이 언제든 틀릴 수 있다는 것을 보여줍니다. 크리스마스 전에 360번 이상이나 발견된 규칙성의 사례가 적다고 말할 수는 없잖아요? 그 규칙성이 더 높다고 해서 변함없이 성립하는 것은 아닙니다. 우리는 매일 밤 잠자리에 들어 다음 날 아침에 잠에서 깨어나는 경험을 360번만 하는 것이 아니라 평균적으로 365번 곱하기 70번 이상씩 합니다(평균 수명이 70세가 넘으니까요). 규칙성이 2,500번 넘게 관찰되지만 그렇다고 해서 잠에서 깨어나는 규칙성이 언제까지 계속되는 것은 아닙니다. 사람은 언젠가는 죽으니까요.

어, 그러면 사람은 언젠가는 죽는다는 것은 변함없이 규칙적이지 않을까요? 내일 아침 잠자리에서 일어날 것이라는 규칙성은 언젠가 깨지지만, 사람은 언젠가는 죽는다는 규칙성은 깨진 적이 없으니까요. 예수는 죽었지만 다시 태어났으므로 사람은 언젠가는 죽는다는 진술에도 예외가 있는 것 아니냐고요? 그거야 예수는 사람이 아니라 신이라고 말하면 여전히 규칙성이 성립합니다. 이런 식으로 예외가 있는 것 같아도 제한 조건을 붙여서 진술을 명확히 하면 규칙성이 계속 유지되는 사례는 많습니다. 물은 100도씨에서 끓습니다. 다들 규칙적이라고 생각하죠. 그러나 높은 산에 올라가면 100도씨가 안 되어도 끓습니다. 기압이 낮아서 그렇죠. 또 물에 소금을 조금 넣으면 100도씨가 되어도 안 끓습니다. 순수한 물이 아니어서 그러는 거죠. 그래서 제한 조건을 붙입니다. "순수한 물은 해수면 높이에서 100도씨에서 끓는다."라고요. 이러면 변함없는 규칙성을 보입니다. 어떤 규칙성에 생길 수 있는 예외 조건을 이렇게 제한 조건으로 일일이 붙이기 어려우므로 학자들은 '다른 조건이 같다면'이라는 말을 즐겨 사용합니다. 라틴어로 'ceteris paribus'라고 하는데, 현실에서 생기는 예외적인 변수를 모두 고려할 수 없으므로 그런 말을 붙이는 겁니다. 예컨대 성냥갑에 성냥을 그으면 불이 붙습니다. 그런데 성냥이나 성냥갑이 젖어 있거나 근처에 산소가 부족하면 불이

위험한 철학책

붙지 않습니다. 그런 예외 조건을 하나하나 붙일 수가 없으니 "(다른 조건이 같다면) 성냥갑에 성냥을 그으면 불이 붙는다."는 예외 없이 규칙성을 보인다고 이해해야 합니다.

규칙성을 이런 식으로 이해하면 우리 주변에는 규칙성이 계속 나타나는 사례가 아주 많지 않겠어요? 맞습니다. 물은 100도씨에서 끓고, 성냥갑에 성냥을 그으면 불이 붙고, 독버섯을 먹으면 죽고, 꽃은 물을 주지 않으면 죽습니다. 물은 위에서 아래로 흐르고 연필을 손에서 놓치면 땅으로 떨어집니다. 이런 일은 언제나 규칙적으로 일어납니다. 그리고 이런 규칙성을 **자연법칙**이라고 합니다. 수염을 안 깎았을 때 경기에 이긴다든가 1등에 당첨된 로또를 판 곳에서 로또를 사면 1등에 당첨된다든가 주인은 아침 6시에 모이를 준다든가 하는 것은 전혀 자연법칙이 아닙니다. 자연법칙이라고 해서 과학자들만 연구하는 대단한 것이 아니라 어떤 사람이든 살아가는 데 꼭 필요한 것입니다. 추운 겨울날 철봉에 혀를 갖다 대면 달라붙습니다. 우리는 이런 경험을 통해 연약하고 따뜻한 피부가 차가운 금속에 닿으면 쩍 달라붙는다는 것을 자연법칙으로 압니다. 그런 법칙에 근거하여 똑같은 짓을 반복하지 않습니다. 가끔 정말로 그런지 확인해보려고 하기도 하지만, 그러다가 개고생만 합니다. 독버섯을 먹으면 죽는다는 것이 규칙적으로 일어나는 법칙이라는 것을 모르면 독버섯을 볼 때마다 매번 먹어보고 괜찮나 확인해야 합니다. 물은 위에서 아래로 흐른다는 것이 자연법칙인데, 그것을 모르면 물

길을 만들면서 위로 만들지 아래로 만들지 매번 실험해봐야 합니다. 꼭 경험 안 해보고도 이미 알고 있는 지식을 종합하여 알기도 합니다. 독일의 비스마르크 수상은 "어리석은 자는 경험에서 배우고, 지혜로운 자는 역사에서 배운다."라는 말을 했다고 합니다. 어리석은 자는 일일이 경험해보고 나서야 배우지만 지혜로운 사람은 다른 사람의 경험이나 역사에서 배운다는 뜻입니다. 스스로 했든 남의 경험에서 배우든 경험에 의한 귀납 논증은 소중합니다. 현대 문명의 총아인 과학은 귀납 논증으로 자연법칙을 발견했기 때문에 가능한 결과입니다. 미래에 대한 예측이 성공적이기에 우리는 컴퓨터를 사용할 수 있게 되고, 우주선을 띄울 수 있으며, 인류를 괴롭히던 질병들을 하나씩 정복할 수 있는 것입니다. 귀납 논증은 우리에게 없어서는 안 되는 소중한 것입니다.

## 탄탈로스의 저주

자연법칙처럼 규칙성에서 예외가 없다면 앞으로 무슨 일이 일어날지 확실히 알 수 있습니다. 물의 온도를 100도씨까지 높이면 확실히 끓을 것이고 꽃에 물을 안 주면 확실히 죽을 것입니다. 내일 해도 확실히 떠오를 것입니다. 그런 예측이 틀리면 제한 조건을 붙여서 법칙을 다시 만들면 됩니다. 그러면 자연법칙에 의한 논증은 더는 귀납 논증이 아니라 연역 논증 아닐까요? 전제가 옳다고 할 때 결론이 반드시 옳은 논증이 연역 논증이라고 했으니 내일

해도 떠오를 것이라고 추론하는 논증도 연역 논증 아니겠어요? 문제는 내일 해가 떠오른다는 것을 확실히든 개연적이든 어떻게 아느냐는 겁니다. "이 비행기 사고로 탑승객 전원이 사망했는데, 김씨도 그 비행기를 탔으므로 사망했을 것이다."라는 연역 논증을 다시 봅시다. 이 논증에서 김씨도 사망했으리라는 결론을 확실히 추론할 수 있는데, 그럴 수 있는 이유가 설명됩니다. 이 비행기 사고로 탑승객 전원이 사망했다는 전제와 김씨도 그 비행기를 탔다는 전제에 이미 그 결론이 포함되어 있기 때문입니다. 탑승객 전원이 사망했고, 김씨가 그 탑승객 중 한 명이라면 김씨도 사망했다는 것은 명시적으로 표현되지는 않았지만, 그 안에 이미 들어 있는 지식이니까요. 사실은 "이 비행기 사고로 탑승객 전원이 사망했는데, 김씨도 그 비행기를 탔다."까지만 말해도 충분합니다. 김씨도 사망했다는 것은 하나 마나 한 이야기지요.

그런데 내일도 해가 떠오른다고 어떻게 확신할 수 있을까요? 우리한테 주어진 정보는 지금까지 매일 해가 떠올랐다는 사실뿐입니다. 물론 하루 이틀이 아니라 지구가 생긴 이후로 수십억 년 곱하기 365일 떠올랐다는 지식을 전제로 가지고 있습니다. 그 전제에서 내일 해도 떠오를 것이라는 결론을 확실히 내릴 수 있을까요? 우리가 아무리 여러 지식을 가지고 있다 하더라도, 그것은 과거에서 현재까지의 지식일 뿐이고 미래에 대한 지식이 전혀 아닙니다. 미래의 일은 일어나기 전에는 전혀 확신할 수 없습니다. 물론 내일 아침이 되면 아마 해가 떠오를 테고 우리는 새로운 지식을 습득하겠지만, 그렇게 되면 그것은 이제 미래의 지식이 아닙니다. 이미 과거의 지식인 거죠. 우리는 내일도 해가 떠오를 것이라는 지식을 죽었다 깨어나도 알 수 없습니다. 그리스 신화에서 탄탈로스는 신들의 노여움을 사서 목까지 차오르는 물속에 영원히 서 있어야 하는 벌을 받습니다. 그런데 목이 말라 물을 마시려고 몸을 숙이면 물이 빠져버립니다. 그리고 머리 위에는 과일이 주렁주렁 매달려 있지만 배가 고파 손을 내밀면 바람이 불어 과일이 멀찌감치 가버립니다. 탄탈로스는 결국 목마름과 굶주림에 시달려야만 합니다. 미래의 지식을 아는 것도 탄탈로스의 벌과 같습니다. 내일이 되어 해가 떠오르는 것을 알게 되면 그것은 더는 미래의 지식이 아니고 미래는 저만치 가버립니다. 또 내일이 되어 해가 떠오르는 것을 알아도 미래는 또 저만치 가버립니다. 우리는 결코 미래의 지식을 알 수 없습니다.

탄탈로스야 먹지 못하고 마시지 못하면 고통스럽고 언젠가 죽겠지만(신화에 나오는 왕이니까 안 죽나요?), 미래의 지식을 알지 못하면 어떻게 되나요? 탄탈로스의 형벌 못지않게 큰 고통입니다. 앞에서 말했듯이 우리는 자연법칙에 기대서 미래를 예측하고 똑같은 잘못을 반복하지 않는데, 자연법칙이 바로 미래의 지식을 알게 하니까요. 미래의 지식을 모르는 게 탄탈로스의 형벌처럼 숙명이라면 질문을 바꿔야 합니다. 내일은 내일의 해가 뜰지 어떻게 아느냐고 묻지 말고(이 질문은 아무도 모른다고 했으니까요), 내일은 내일의 해가 뜬다고 믿을 근거가 있느냐고 묻는 것입니다. 내일은 내일의 해가 뜬다는 것은 귀납 논증으로 생긴 자연법칙에 의해서 압니다. 지금까지의 수많은 관찰을 통해 매일 해가 뜬다는 규칙성은 자연법칙이 되었습니다. 그 자연법칙에 기대서 내일도 해가 뜨리라고 믿는 예측은 한 번도 틀리지 않았고, 그래서 우리는 내일도 역시 해가 확실히 뜨리라 믿습니다. 지금까지 그런 규칙성이 있었다는 것을 아무도 부인하지 않습니다. 문제는 지금까지의 규칙성이 과연 미래에 일어날 사건과 어떻게 관련 있느냐는 것입니다. 무슨 근거로 과거의 규칙성이 미래에 비슷한 사건이 일어나리라 믿을 근거가 되느냐는 것입니다.

## 의심 많은 흄

우리는 미치지 않고서야 내일 해가 뜬다는 것을 알 수 없다는 게 말도 안 된다고 생각합니다. 듣고 보니 그것은 알 수 없다고 하더라도, 지금까지 확립된 자연법칙이 앞으로의 예측에 대한 확실한 근거는 된다고 생각합니다. 그러지 않고서야 어떻게 내일의 계획을 세우고 물을 끓여서 음식을 해먹고 독버섯 같은 것은 먹지 않겠습니까? 그러나 스코틀랜드 철학자인 흄은 귀납 논증의 정당성을 의심합니다. 지금까지 항상 그런 일이 일어났다는 사실이 앞으로도 그럴 일이 일어나리라는 확실한 근거가 정말로 되느냐고 묻고, 안타깝게도 그런 근거는 없다고 주장합니다. 흄도 지금까지의 규칙성에서 미래가 정당하게 추론된다고 믿고 싶어 합니다. 그러나 믿고 싶어도 믿을 근거가 없다고 합니다. 왜 그럴까요?

지금까지 자연이 규칙적이었다는 말은 변함없이 한결같다는 뜻입니다. 이것을 **자연의 한결같음의 원리**the principle of uniformity of nature라고 불러보죠. (철학자들은 '한결같음' 대신 '제일성第一性'이라는 어려운 말을 즐겨 쓰는데, 일상생활에서는 잘 안 쓰는 말이고 무슨 말인지도 잘 안 들어오니 '한결같음'이라고 말하겠습니다.) 자연법칙이 성립할 수 있는 것은 바로 이 자연의 한결같음의 원리 때문입니다. 거창하게 자연법칙이 아니더라도 자연의 한결같음이 있어야 과거의 경험에 비추어 안정된 삶을 꾸려나갈 수 있습니다. 자연의 한결같음은 지금까지 일어난 일에만 적용되는 것이 아니라 앞으로 일어날 일에도 적용됩니다. 자연은 지금까지 한결같았으므로 앞으로도 한결같을 거라고요. 이것을 이해하기 쉽게 논증의 형태로 정리해보죠.

[ 논증 1 ]

전제: 지금까지 자연은 한결같았다.

결론: 앞으로도 한결같을 것이다.


우리는 바로 이 논증에 기대어 미래를 예측합니다. 어떤 논증을 할 때는 그 논증이 정당하다는 것을 입증해야 합니다. 논증 1은 연역 논증이 아니므로 결론이 확실하게 도출되지 않습니다. 그러면 결론의 확실함을 어떻게 알 수 있나요? 자연의 한결같음의 원리에 의존할 수밖에 없습니다. 그러니까 논증 1에 자연의 한결같음의 원리를 전제로 추가하는 것입니다.

[ 논증 2 ]

전제: 지금까지 자연은 한결같았음이 성립했으니까 앞으로도 한결 같을 것이다.

전제: 지금까지 자연은 한결같았다.

결론: 앞으로도 한결같을 것이다.

그러면 논증 2는 논증 1과 달리 연역 논증이 되므로(논리학의 전문 용어로 '전건 긍정식'입니다) 결론은 확실하게 도출됩니다. 문제는 첫 번째 전제, 곧 자연의 한결같음의 원리입니다. 그것이 옳다는 것이 밝혀져야 결론을 받아들일 수 있겠죠? 그런데 첫 번째 전제를 잘 보세요. 어디서 많이 본 것 같지 않습니까? 바로 논증 1입니다. 우리가 입증하려고 애쓰는 바로 그 논증을 전제로 삼아서 그 논증을 입증하려는 것입니다. 이것은 올바른 입증 방법이 아닙니다. 어떤 사람이 자신은 믿을 만한 사람이라고 주장하는데, 그 사람에게 근거를 대라고 했습니다. 그랬더니 나는 믿을 만한 사람이니 내가 하는 말은 모두 믿을 만하다고 말한다고 해봐요. 그 사람을 신뢰할 수 있나요? 아니죠. 입증해야 하는 바로 그 말을 근거로 해서 자신의 말을 입증하니 정당한 방법이 아닙니다. 물에 빠지면 다른 누군가가 나를 끌어내 줘야 합니다. 그런데 내가 내 머리를 잡고 물 밖으로 끌어낼 수는 없잖아요? 논증 2처럼, 입증해야 할 바로 그 원리를 전제로 해서 원리를 증명하려고 하는 건 내 머리를 잡고 물 밖으로 끌어내려는 어리석은 일이나 마찬가지입니다. (이런 잘못은 선결 문제 요구의 오류라고 부르는데, 10장에서 자세하게 나옵니다.)

흄이 내일 해가 떠오르지 않을 것이라고 믿는 건 아닙니다. 이 독버섯을 먹으면 죽지 않을 것이라고 믿는 것도 아닙니다. 다만 그렇게 믿을 합리적인 근거가 없다고 주장합니다. 그런 근거는 앞에서 말한 잘못에 빠지게 되니까요. 그도 예전에 일어났던 일이 앞으로도 일어나리라 기대합니다. 그러나 그 기대는 합리적이지 않으니 결국에는 우리 정신의 무의식적인 습관에 따른 것일 뿐이라는 겁니다. 지금까지 해가 떠올랐으니까 앞으로도 떠오를 것이라고 습관적으로 기대하는 거죠. 지금까지 밥을 먹으면 배고픔이 해소되었으므로 이번에도 밥을 먹으면 배고픔이 해소될 것이라고 습관적으로 기대하는 거고요. 우리 무릎을 뿅망치로 때리면 자신의 의지와 상관없이 무릎이 올라가는 것처럼, 우리는 무의식적으로 미래에 같은 일이 일어나리라고 기대합니다. 이것은 동물도 똑같이 하는 습관일 뿐입니다. 동물들도 지금까지 먹이를 먹으면 배고픔이 해소되었으니 이번에도 먹이를 찾을 것이고, 전에 천적한테 잡아먹힐 뻔한 적이 있으니 이번에도 조심합니다. 동물이 그런 추론을 하면서(추론이

위험한 철학책

## 앙팡 테리블, 흄

흄은 귀납의 합리적 근거만 의심한 것이 아닙니다. 합리적인 근거를 제시할 수 없는 것이라면 어떤 것이든 의심했고, 그 의심은 모두 철학사에서 중요한 업적으로 남아 있습니다. 4장에서 보았던 버클리처럼 흄도 외부 세계의 존재를 의심했습니다. 버클리처럼 마지막에 신을 끌어들이지도 않고요. 자아self가 실재한다고 믿는 사람이 많은데, 흄은 그것은 우리가 순간순간 느끼는 지각의 묶음일 뿐이며 시간을 초월한 자아란 허구라고 말합니다. 또 사람들은 인과 관계, 곧 원인과 결과 사이에는 필연적인 관련이 있다고 생각하는데, 그는 그것은 원인에 해당하는 사건이 일어나면 결과에 해당하는 사건이 으레 일어나리라는 우리의 습관적인 생각일 뿐이라고 주장합니다. 그리고 기적을 믿을 수 없으니 기적에 근거한 종교를 거부해야 한다고 말하고요. 흄은 가히 철학사의 무서운 아이, 앙팡 테리블이라고 말할 수 있네요. 회의론자인 흄은 까칠했을 것 같지만, 초상화를 보면 후덕한 인상입니다. 실제로도 낙천적인 삶을 살았다고 하네요.

라고도 안 하지만) 무슨 합리적인 정당화를 하겠습니까? 흄이 보기에는 우리 인간은 동물과 다를 것 같지만, 이 점에서는 똑같습니다. 귀납 논증, 그리고 귀납 논증으로 쌓아 올린 과학에서 합리적인 정당화 같은 것은 아무리 찾으려고 해도 찾을 수 없고 그냥 습관적인 버릇만 있을 뿐입니다.

## 뒤집어 보기 ——————————————————————————

내일은 내일의 해가 뜬다고 믿을 근거가 없다는 흄의 주장에 대해 4장에서 버클리의 관념론을 반론한 것과 비슷한 방식으로 반론할 수 있을 것 같습니다. 버클리와 마찬가지로 흄도 우리가 무엇인가를 믿는다고 말하기 위해 너무 강한 조건을 요구하는 것 아니냐는 겁니다. 그러니까 지금까지 수많은 날 동안 해는 우리를 실망시키지 않고 한 번도 예외 없이 매일 떠올랐는데, 그 사실 말고 내일도 해가 뜬다고 믿을 무슨 근거를 더 제시할 수 있느냐는 겁니다. 도대체 그것 말고 어떤 근거가 가능할지 상상할 수조차 없는데 말이에요.

아마 그러면 흄은 내가 말하려고 하는 바가 바로 그거라고, 우리는 무슨 수를 써도 미래의 예측에 대한 합리적인 근거를 제시할 수 없다고 주장할 겁니다. 흄이 말하는 합리적 근거는 연역 논증에서처럼 전제가 옳을 때 결론이 확실히 옳은 근거를 제시하라는 겁니다. 그런데 애초에 귀납 논증인 것에 그런 연역적 정당화를 요구하는 것은 엉뚱하다고 말할 수 있습니다. 귀납 논증이 연역적 정당화가 안 된다는 말은 돼지에게 왜 말을 못 하느냐는 말이나, 거꾸로 사람에게 왜 날지 못하느냐는 말과 비슷하니까요.

귀납이 합리적으로 정당화되지 않는다면 다른 방식으로 정당화할 수밖에 없습니다. 고스톱을 쳐본 사람은 알겠지만, 게임이 벌어지는 판에 따라 새로운 규칙이 도입되곤 합니다. 게임 참여자들이 거기에 동의

하면 그 규칙이 채택되는데, 규칙을 세우는 이유는 그렇게 하면 게임이 더 재미있기 때문입니다. 무슨 합리적인 이유가 있어서가 아니라 실용적인 이유에서 입니다. 귀납은 상식이나 과학에서 많이 쓰인다고 했는데, 과거에 일어난 일이 미래에도 일어나리라고 믿는 까닭은 그렇게 했을 때 과학자들이 성공적으로 과학 활동을 할 수 있기 때문입니다. 우리도 일상생활에서 그렇게 믿을 때 안전하게 살아남을 수 있고요. 귀납은 이런 식으로 실용적으로 정당화될 수 있습니다.

그러나 이런 실용적 정당화도 문제가 있습니다. 지금까지는 1등에 당첨된 로또를 판매한 곳에서 로또를 사면 1등에 당첨된다고 믿어도 쓸모가 없었지만, 앞으로는 자연이 돌아가는 방식이 바뀌어서 그런 믿음이 성과가 있고 거꾸로 귀납은 성과가 없으면 어떻게 될까요? 미래에는 어떻게 될지 아무도 모르잖아요? 지금까지 그런 일 없었으니 앞으로도 없을 거라고 해야 하나요? 실용성은 여전히 믿을 수 없습니다.

## 더 깊이 읽기 ─────────────────

연역 논증과 귀납 논증의 차이는 제가 쓴《논리는 나의 힘》(우리학교, 2024), 12장에 자세히 설명되어 있습니다. 러셀의 칠면조 이야기는 그의《철학의 문제들》(박영태 옮김, 서광사, 1989)의 6장에서 볼 수 있습니다. 귀납이 합리적으로 정당화되지 않는다는 흄의 비판은 그의《인간 오성의 탐구》(김혜숙 옮김, 고려원, 1996)의 4장 29절에서 볼 수 있습니다.

6

# 동물은 고통을
# 못 느낀다

## 고통을 못 느끼면 좋겠다고?

영화 배우 소피 마르소가 본드 걸로 나오는 007 시리즈 영화 〈007 언리미티드〉(1999)에는 레나드라는 악당이 나옵니다. 머리에 총알이 박혔지만 살아남았는데, 그 부작용으로 고통을 느끼지 못합니다. 그러니 어머어마한 괴력을 발휘하지요. 스웨덴 작가 스티그 라르손Stieg Larsson의 세계적인 베스트셀러 소설 《밀레니엄》 시리즈(2005~2007)에도 고통을 느끼지 못하는 괴력의 소지자가 나옵니다. 살인기계 로날드 니더만이 그인데, 레나드와 달리 선천적으로 고통을 못 느낍니다. 꼭 이런 악당이 아니더라도 고통을 못 느끼는 무통증 환자는 영화나 드라마나 만화에 드물지 않게 나옵니다. 만취 작가의 인기 웹툰인 〈냄새를 보는 소녀〉(2013~2015)는 2015년에 드라마로도 나왔는데, 남자 주인공 최무각(박유천 분)은 통각 상실증으로 통증뿐만 아니라 어떤 감각도 느끼지 못합니다. 그래서 이름도 '무각無覺'입니다. 웹툰 남자 주인공인 김평안은 그런 질병이 없는데, 여자 주인공이 냄새 입자를 눈으로 볼 수 있는 초감각녀이기 때문에 드라마에서 의도적으로 그렇게 설정한 듯합니다. 그런데 무통증 환자가 그렇게 흔할까요? 그렇지는 않습니다. 〈신비한 TV 서프라이즈〉라는 텔레비전 프로그램에 따르면, 히틀러가 무통증 환자들로 군대를 만들려고 하다가 환자가 너무 적어 포기했다고 합니다. 〈고통 없는 삶〉(2005)이라는 다큐멘터리에는 선천적으로 고통을 느끼지 못하는 어린이들의 모습이 나오는데, 무통증 환자가 당시 전 세계에 100명밖에 없었다고 하더라고요.

고통을 느끼지 못하면 좋을까요? 맞아도 아프지 않고 다쳐도 병원 갈 일 없으니 편할까요? 잘 알다시피 고통은 우리 신체 조직이 손상되면 그 손상이 더 심해지는 것을 피하도록 인식하게 해주는 반응입니다. 뜨거운 것을 만지면 고통을 느끼고 손을 얼른 빼게 하고, 심하면 적절히 치료받게 함으로써 신체 조직이 더 상하는 것을 막아줍니다. 우리 인간이 고통을 느끼지 못하면 진화 과정에서 살아남지 못했을 것입니다. 〈고통 없는 삶〉을 보면 그것을 실감할 수 있습니다. 턱뼈가 부러졌는데도 감염이 심해질 때까지 모르거나 스스로 눈을 찌르는 행동을 하거나 주름 잡힌 살이 마음에 들지 않는다고 뜨거운 다리미로 다리는 아이들의 모습이 나옵니다. 어른들이야 알아서 조심하겠지만, 아이들은 그렇지 못하니 눈을 찌르지 못하게 장갑을 끼게 하고 안경을 씌워놓습니다. 고통은 우리를 살아

남게 하는 참 소중한 감각입니다.

## 동물은 고통을 못 느끼는 기계일까?

고통을 못 느끼는 환자가 아니라면 인간은 누구나 고통을 느낍니다. 동물도 예외는 아닙니다. 물론 달팽이나 송충이가 고통을 느끼는지는 잘 모르겠지만, 개나 돼지가 고통을 느끼는 건 분명합니다. 개를 발로 찼을 때 깨갱거리거나 올무에 걸린 멧돼지가 낑낑거리는 것은 고통을 느끼기 때문이겠죠. 개나 멧돼지가 고통을 느끼든 말든 발로 차고 올무를 놓는 사람들이 있지만, 그 사람들이라고 해서 동물이 고통을 느끼는 것을 부인하지는 않습니다. 다만 다른 존재의 고통에 공감을 못 할 뿐입니다. 하긴 같은 사람이라도 다른 사람이 고통을 느끼든 말든 신경 쓰지 않는 사람도 있지만요.

그런데 말입니다. 철학자 중에는 동물이 고통을 느끼지 못한다고 생각하는 사람이 있습니다. 동물의 고통에 무신경한 잔인한 철학자가 아니라 동물은 고통을 아예 못 느낀다고 생각하는 겁니다. 하긴 3장에서 보았듯이 다른 사람에게는 아예 마음이 없다고 생각하는 철학자들도 있었습니다. 동물의 고통을 의심하는 철학자는 다른 사람에게 마음이 있는지 의심하는 철학자와 달리 다른 사람에게 마음이 있고, 따라서 고통을 느낀다는 것을 전혀 의심하지 않습니다. 다만 동물들이 고통을 느낀다는 것을 의심할 뿐입니다. 서양 근세 철학의 시조이기도 하며, x축과 y축의 좌표계를 만든 위대한 수학자이기도 한 데카르트가 그런 대표적인 철학자입니다. 그는 동물이 기계에 불과하다고 말한 것으로도 유명합니다. 동물은 기계일 뿐이라고 말하기도 하고, 기계 중에서도 더 구체적으로는 '자동기계'라고도 말합니다. 영어로 '오토마타automata'라고 부르는 자동기계는 사람이 조종하지 않고도 스스로 움직이는 기계를 말하는데, 요즘 식으로 말하면 로봇입니다. 데카르트가 살았던 당시에도 그런 기계가 있었습니다. 태엽으로 움직이는 뻐꾸기시계나 동상, 물이나 바람으로 움직이는 방앗간 등이 그런 예입니다. 혼자서 알아서 움직이니 당시 사람들은 아주 신기하게 생각했겠죠. 사람이 조종하지 않아도 움직이는 기계라고 말했지만, 엄격하게 말하면 사람이 한 번은 조종해야 합니다. 태엽은 감아주고 물은 흐르도록 해줘야 하니까요.

태엽으로 움직이는 장난감 강아지가 있다고 해봐요. 누군가 발로 차서 장난감 강아지가 나뒹굽니다. 당연히 장난감 주인은 화가 나겠죠. 그러면 장난감 주인이 발로 찼다고 해봐요. 성질이 좀 고약하다고는 하겠지만 딱히 비난할 일은 없습니다. 자기 장난감이니까요. 이번에는 장난감이 아닌 진짜 강아지를 발로 찼다고 해봐요. 그럼 어떨까요? 설령 주인이 발로 찼다고 해도 비난받을 겁니다. 동물을 학대한다고요. 심하면 동물보호법에 의해 처벌도 받습니다. 진짜 강아지는 장난감 강아지와 달리 고통을 느낀다는 걸 의심하는 사람은 없으니까요. 그러나 동물이 자동기계와 다름없다면 사정은 달라

위험한 철학책

집니다. 진짜 강아지를 발로 차도, 장난감 강아지를 발로 차는 사람처럼 성질이 좀 고약할 뿐이지 학대한다고까지 말할 수는 없으니까요. 물론 진짜 강아지를 발로 차면 장난감 강아지와 달리 심하게 깨갱거릴 것입니다. 그러나 그것은 태엽으로 감은 장난감 강아지가 움직이면서 내는 소리나 발로 차면 부서지면서 내는 소리와 다를 바가 없습니다. 우리는 장난감 강아지가 소리 내는 것을 보고 "장난감 강아지가 운다."라고 말할 수는 있어도, 그렇게 말하면서 정말로 운다고 생각하는 사람은 없습니다. 그것은 어디까지나 비유적인 표현일 뿐입니다. 마찬가지로 동물이 자동기계일 뿐이라면, 발로 차인 강아지가 깨갱거리는 것을 보고 아프다고 생각하는 사람은 없을 겁니다. 혹시 "강아지가 아프다고 우네."라고 말하더라도 어디까지나 비유적인 표현일 것입니다.

강아지가 고통을 못 느낀다면 어디 발로만 차겠습니까? 성질이 고약한 사람은 장난감을 발로 차는 데서 그치지 않고 망치로 깨부수는 것처럼 살아 있는 강아지도 칼로 찌르고 뜨거운 쇠꼬챙이로 찌를 것입니다. 그리고 호기심 많은 사람은 장난감을 분해해보듯이 강아지도 해부해볼 겁니다. 만약 그러면 강아지는 깨갱거리는 정도가 아니라 발버둥을 치고 난리를 치겠지만, 고장 난 장난감 강아지에서 큰 소음이 나는 것이나 다름없다고 생각할 것입니다. 우리나라에서도 승용차로 개를 끌고 가거나 개를 굶겨 죽이는 따위의 동물 학대 사례가 심심찮게 보도되는데, 동물이 고통을 못 느낀다면 그런 행위를 한 사람은 양심의 가책을 느낄 까닭도, 비난받을 이유도 없을 겁니다. 실제로 데카르트가 살던 당시 프랑스의 포르 르와얄 수도원에서 데카르트의 신봉자들이 동물을 산 채로 해부했다고 합니다. 이른바 생체 해부를 한 거죠. 마취제 같은 것은 그때 당연히 없었고요. 그래서 현대의 많은 동물 보호 운동가는 동물에 대한 잔인한 행동의 정당화가 데카르트에서 시작되었다고 생각합니다. 데카르트 같은 위대한 철학자가 동물은 고통을 못 느낀다고 했으니, 사람들이 무자비한 행동을 하면서도 양심의 가책을 못 느낀다는 말입니다. 동물 보호 운동가들에게 데카르트는 그야말로 동물 학대의 원흉입니다.

## 영혼과 물질

데카르트는 왜 그렇게 잔인한 견해를 주장했을까요? 데카르트는 그라 씨Monsieur Grat라는 이름의 개를 키웠다고 합니다. '씨Monsieur, Mister'라고 부르고, 산책할 때 항상 데리고 다녔다고 하는 이야기를 들으면 애정을 가지고 개를 키운 듯합니다. 그런데 왜 그는 동물이 고통을 못 느낀다고 주장했을까요? 아니 데카르트가 정말로 동물이 고통을 못 느낀다고 믿기는 믿었을까요? 데카르트의 생각을 따라가 봅시다.

현대에도 영혼이니 넋이니 하는 것을 믿는 사람들이 있습니다. 크리스트교를 비롯한 종교계에서는 인간의 영혼을 중요하게 생각하고, 우리의 전통 사상 쪽에서도 초자연적인 영혼을 넋이라고 말합니다. 그런데 원시 시대 사람들은 인간뿐만 아니라 만물에 영혼이 깃들어 있다고 생각했습니다. 나무에도 돌멩이에도 동물에도 영혼이 있다고 생각한 거죠. 영혼은 모든 것을 설명해줄 수 있는 참 편한 생각입니다. 식물이나 동물이 살아 있는 것도 영혼이 있기 때문이고, 물이 흐르고 번개가 치는 것도 영혼이 있기 때문이라고 말하면 되니까요. 아리스토텔레스 같은 철학자는 무생물까지는 아니어도 식물의 생장하는 영혼, 동물의 감각하는 영혼, 인간의 이성적인 영혼 세 가지가 있다고 말하기도 했습니다. 그러나 영혼은 관찰할수 있는 것이 아니니 그 존재를 보여줄 수가 없습니다. 그래서 합리적이고 과학적인 지식이 늘어나면서 영혼은 점점 미신으로 치부되기 시작했는데, 적어도 자연 현상에서 영혼을 배제한 설명을 하기시작한 때가 데카르트가 활동하던 근세입니다. 자연은 영혼과 같은 초자연적인 현상에 의해서가 아니라 물질의 인과 관계로 작동한다고 생각하는 **기계론적 자연관**이 시작된 것입니다. 원시인이 움직이는 장난감 강아지를 보았다면 영혼이 깃들어 있어서 움직인다고 말했을 겁니다. 그러나 근세인들은 태엽이 풀리며 톱니바퀴들이 맞물려 돌아감으로써 움직인다는 원리를 알았으므로, 장난감 강아지의 움직임을 기계적으로 설명했겠지요. 그들은 세세한 데까지는 다 몰라도, 모든 자연 현상이 어떤 물질의 작용으로 일어난다고 생각했습니다. 이것이 기계론적 자연관입니다.

서양 근세에는 우리 몸의 조직이나 기능을 연구하는 학문인 생리학도 발전했습니다. 예컨대 좌심실에서 대동맥, 모세혈관, 대정맥을 거쳐 우심방에 이르는 피의 순환을 알았습니다. 인간뿐만 아니라 포유류의 심장은 모두 비슷하게 기능하지요. 데카르트보다 앞선 시대에도 피를 순환하게 하는 심장의 기능을 어느 정도는 알았지만, 그런 움직임의 동력이 영혼에 있다고 설명했습니다. 어떤 영적인 것이 심장이 피를 순환하게 한다고요. 그러나 데카르트의 기계론은 영적인 실체 없이 순전히 심장이나 핏줄과 같은 기관, 피와 같은 물질로만 신체 기능을 설명합니다. 주전자에 든 물을 끓이면 수증기가 주전자 뚜껑을 움직이게 하고 수증기가 식으면 물로 바뀌어 뚜껑에 맺히는 것처럼, 심장의 수축으로 피가 순환하는 것을 철저히 기계적인 과정으로 설명하는 것입니다.

물론 데카르트가 동물에 대해 영혼이라는 말을 쓰기는 합니다. 그는 그것을 '동물 정기'라고 부릅니다. 아까 말했듯이 데카르트 이전에는 영혼과 같은 신비스러운 힘이 있어서 동물이 살아 움직인다고 생각했습니다. 그러나 기계론적 세계관을 받아들인 데카르트는 피의 미세한 부분을 동물 정기라고 부르는데, 정기라고 부르기는 하지만 사실은 물질을 그렇게 부른 것일 뿐입니다. 데카르트에 따르면 동물 정기는 심장에서 피가 열에 의해 팽창할 때 생기는데, 이것이 신경을 타고 온몸을 빠르게 움직입니다. 인간이든 동물이든 근육에 의해서 몸이 움직이는 까닭은 이 동물 정기가 신경을 통해 움

위험한 철학책

직이기 때문입니다. 그래서 동물은 자동기계인 셈입니다. 이것이 바로 데카르트가 동물은 기계에 불과하다고 말한 의미입니다. 영혼과 같은 외부의 힘이 개입하지 않고, 순전히 내부의 기계적인 구조에 의해서 움직이는 것, 그것이 기계이고, 동물도 그런 점에서 기계입니다. 데카르트의 설명은 현대 생리학의 관점에서 보면 세세한 지점에서는 정확하지는 않지만 현대적인 접근인 건 분명합니다.

이제 데카르트가 살아 있는 강아지가 고통을 못 느낀다고 말한 이유를 알 것 같습니다. 태엽과 톱니바퀴에 의해 기계적으로 움직이는 장난감 강아지가 고통을 못 느끼듯이, 피와 근육에 의해 기계적으로 움직이는 진짜 강아지도 고통을 못 느끼는 것입니다. 그런데 말이죠. 동물이 기계에 불과하다면 인간도 기계 아닌가요? 심장으로 피가 순환하고 근육으로 신체가 움직이는 것은 인간도 다른 포유류와 마찬가지 아닌가요? 동물이 고통을 못 느낀다면 인간도 못 느껴야 하는 것 아닌가요?

## 생각할 수 있다는 것

공상과학 영화를 보면 정교하게 만들어진 로봇, 곧 인조인간이 자주 나옵니다. 안드로이드나 사이보그라고 부르기도 하지요. 그런데 사람들은 인조인간이라고 하더라도 기계음으로 말하면 여전히 기계라고 생각하지만, 사람처럼 말을 능수능란하게 하면 사람과 구분도 되지 않고 사람이 아니라고 의심하지도 않습니다. 영화

〈바이센테니얼 맨〉(1999)에서는 로빈 윌리엄스가 로봇 앤드루를 연기하는데, 이 로봇은 인간과 같은, 아니 더 뛰어난 창의성과 감성을 가지고 있지만 기계음으로 말하기 때문에 아무리 봐도 인간이라기보다는 로봇 같아 보입니다. 반면에 만화 영화 〈우주소년 아톰〉의 주인공인 아톰은 생긴 것은 로봇 같아도 인간과 다를 바없이 말하기 때문에 로봇이라는 생각이 잘 안 듭니다.

그래서 말하는 능력은 인간과 로봇을 구분하는 합당한 기준으로 제시됩니다. 로봇이 아주 발달하면 결국 인간과 똑같아지지 않을까 생각하는 사람도 있고, 로봇은 아무리 똑똑해도 인간과 같아질 수 없다고 생각하는 사람도 있습니다. 그런 주장을 할 때는 로봇을 인간으로 판정할 수 있는 어떤 명확한 기준을 제시해야 합니다. 영국의 수학자인 앨런 튜링Alan Turing이 그런 기준을 제시했습니다. 2014년에 개봉한 영화 〈이미테이션 게임〉의 주인공 바로 그 튜링이요. 이미테이션 게임은 우리말로 '모방 게임'이라고 부르는데, 상대방이 남자인지 여자인지 알아맞히는 게임입니다. 인터넷 채팅을 생각하면 쉽습니다. 상대방 얼굴도 볼 수 없고 목소리도 들을 수 없고 오직 채팅으로만 대화한다고 할 때, 게임 상대방은 최대한 남자이면 여자인 척, 여자이면 남자인 척해서 상대방을 속이면 이기는 게임입니다. 남자는 여자를, 여자는 남자를 잘 모방하면 이기는 거죠. 아무리 남자라도 여자인지 아닌지 검증하는 질문에 완벽하게 대답하면 자신이 남자라는 것을 숨길 수 있겠지요. 이 모방 게임을 사람과 로봇에도 똑같이 적용합니다. 로봇은 굳이 얼굴이나 목소리를 감출 필요가 없습니다. 인간과 얼굴이나 목소리가 똑같게 만들 수 있으니까요. 그럼 우리는 피부 속을 보지 않고서는 게임 상대방이 사람인지 로봇인지 모릅니다. 상대방이 로봇인데 최대한 사람인 척하여 우리가 사람인지 로봇인지 맞힐 수 없다면, 로봇은 인간과 똑같다고 판정해도 된다는 것이 튜링의 기준입니다. 아무리 로봇이라고 해도 인간인지 아닌지 검증하는 질문에 완벽하게 대답할 수 있다면, 그 로봇은 인간이라고 말해도 되지 않느냐는 것이 튜링의 생각입니다. 이것을 **튜링 테스트**라고 부릅니다. 다시 말해, 튜링 테스트는 로봇이 인간인지 아닌지 판정할 수 있는 테스트로, 로봇이 인간인 척하는 모방 게임을 통과한다면 인간이라고 판정해야 한다는 말입니다.

튜링 테스트에서도 인간인지 아닌지 구분하는 기준은 바로 말하는 능력입니다. 말할 수 있다는 것은 생각할 수 있다는 것이고, 생각할 수 있다는 것은 이성을 가지고 있다는 뜻입니다. 데카르트의 **실체 이원론**도 이 기준에 근거합니다(3장에서 이 이원론자가 잠깐 나온 적 있습니다). 데카르트는 세상은 정신과 물질 두 가지 실체로 이루어져 있는데, 정신의 본성은 사유이고 물질의 본성은 연장延長이라고 말합니다. 쉽게 말해서 정신은 생각한다는 특징이 있고, 물질은 공간을 차지하고 있다는 특징이 있습니다. 그런데 정신과 물질두 가지 실체를 모두 가지고 있는 존재는 인간밖에 없습니다. 인간

## 튜링 테스트와 기능주의

남자인지 여자인지 알아맞히는 모방 게임이든 사람인지 로봇인지 알아맞히는 모방 게임이든 신체적인 특징보다는 남자(여자)로서 해야 할 역할이나 사람으로서 해야 할 역할을 제대로 하는지가 중요합니다. 어떤 입력이 들어올 때 어떤 출력을 내보낸다는 인과적 역할로서 정신 상태를 정의하는 심신 이론을 '기능주의'라고 하는데, 튜링 테스트는 바로 이 기능주의를 전제하고 있습니다. 설령 신체적인 구조가 우리 사람처럼 피와 살로 되어 있지 않고 전자회로로 되어 있다고 하더라도 사람과 구분이 안 되게 똑같은 일을 한다면, 곧 인과적 역할이 같다면 사람으로 인정해야 한다는 것입니다. 〈터미네이터〉에는 외모는 사람처럼 생겼고 사람과 똑같이 말과 행동을 하는데, 팔에 상처가 날 때 피가 나는 대신 복잡한 전자회로가 보이는 장면이 나옵니다. 만약 그런 상황에서 너는 인간이 아니니 우리와 똑같은 대우를 받을 수 없다고 한다면, 백인과 똑같이 말하고 행동하는데도 피부색이 다르다고 해서 흑인을 차별하는 것이나 다름없는 차별이라고 기능주의자들은 주장할 것입니다. 이런 차별은 3장의 뒤집어 보기에서도 언급한 적이 있습니다. 사람과 구분 안 되는 로봇에 대한 차별은 여성에서 남성으로 전환한 트랜스젠더나 남성에서 여성으로 전환한 트랜스젠더에 대해서도 똑같이 말할 수 있습니다. 생물학적으로는 남성이지만 말이나 행동이나 외모가 여성과 전혀 구분이 안 되는데도 성염색체만을 근거로 남성으로 취급받거나 정체성을 의심한다면 이것도 역시 기능주의에서는 차별이라고 주장할 것입니다.

만이 물질, 곧 육체로 이루어져 있으며 동시에 정신을 가지고 있는 존재인 셈입니다. 반면에 동물은 물질로만 이루어져 있습니다. 정신과 물질은 서로 독립적인 실체라서, 정신은 물질의 특징이 전혀 없고 물질은 정신의 특징이 전혀 없습니다. 다시 말해서 정신은 공간

위험한 철학책

을 전혀 차지하지 못하고 물질은 생각과 전혀 관계가 없습니다. 그러니 정신 실체까지 있는 인간은 생각할 수 있지만, 정신 실체가 없는 동물은 전혀 생각할 수 없는 것입니다.

## 고통을 의식하지 못하는 존재들

인간은 생각할 수 있지만 동물은 생각할 수 없다는 주장을 지금 왜 하고 있나요? 기계론적 자연관을 받아들인 데카르트는 동물이나 인간이나 모두 기계 아니냐는 의문이 생겨서 거기에 대답하려고 했습니다. 동물이 피를 순환시켜 움직이는 기계에 불과하다면 인간도 마찬가지인데, 왜 동물만 고통을 못 느끼느냐는 거죠. 데카르트는 그것을 생각하고 못 하고의 차이로 본 듯합니다. 동물이나 우리 인간이나 무언가를 감각하는 것은 똑같습니다. 감각은 외부에서 자극이 주어지면 그것이 신경을 타고 뇌로 전달되는 물질적인 과정을 통해 이루어지니까요. 문제는 내가 감각하고 있다는 사실을 생각하느냐는 겁니다. 데카르트는 감각하고 있음을 생각한다는 것, 그것이 바로 느끼는 것이라고 주장합니다. 그러니까 단순히 감각한다고 해서 느낀다고 말할 수는 없고, 그것에 대해 생각해야 느낀다고 말할 수 있습니다. 이럴 때는 생각 중에서도 **의식**이라는 표현이 더 적절합니다. 인간은 자신이 감각하고 있다고 의식하지만, 동물은 의식하지 못한다는 차이점이 있습니다.

시각이 대표적인 감각이니 시각을 예로 들어 생각해봅시다. 아주 열등한 동물이든 인간과 같은 고등 동물이든 무언가를 보는 능력이 있습니다. 그러나 하등 동물이 스스로 보고 있다고 생각하고 의식할 수 있는 능력이 있을까요? 그렇게 생각하는 사람은 없을 겁니다. 시각 자극이 안구를 통해 시신경을 타고 뇌로 전달되는 기계적인 작용이 일어날 뿐입니다. 그냥 '보는' 것일 뿐이죠. 시각 작용은 하면서도 의식은 하지 못하는 사람이 있다는 보고가 있습니다. 맹시blindsight 환자가 그렇답니다. 뇌의 일차 시각 수용 영역인 줄무늬 피질에 손상을 입은 맹시 환자는 눈으로 아무것도 보지 못한다고 말합니다. 그런데 무엇이 있는지 추측해보라고 하면 물체의 모양을 잘 설명하고 그 물체를 잡아보라고 하면 잘 잡는답니다. 예컨대 공을 던지니 잡아보라고 하면 안 보인다고 하면서도 잘 잡는다고 하네요. 맹시 환자는 무엇인가를 보기는 하지만 본다는 의식적인 경험만 못 하는 겁니다.

이제 감각은 하지만 의식은 못 한다는 말이 이해가 되나요? 고통도 마찬가지입니다. 고통이 있어도 그것을 느끼지는 못할 수 있습니다. 누군가에게 맞으면 그 자극이 신경을 타고 뇌로 전달되는 기계적인 과정이 일어납니다. 그러나 동물은 그런 감각이 일어나고 있다고 의식하지 못합니다. 그렇다고 해서 동물이 누군가에게 맞으면 가만히 있다는 뜻은 아닙니다. 자극의 기계적인 과정에 뒤이어 그 자극을 피하려는 기계적인 과정이 뒤따르겠죠. 소리도 지르고요. 다만 그런 과정을 의식하지 못한다는 말입니다. 지렁이도 밟으면

위험한 철학책

> ### 맹시와 좀비
>
> 시각 작용은 하면서도 의식은 하지 못하는 맹시 환자는 3장에서 말한 철학적 좀비를 떠올리게 합니다. 물론 맹시 환자는 특정 시각에 대해서만 의식하지 못하므로 완전한 의미에서 철학적 좀비는 아니지만, 그래도 철학적 좀비가 실제로 가능하다는 것을 보여주는 사례라고 말할 수 있습니다. 피터 와츠Peter Watts가 쓴 SF 소설인 《블라인드 사이트》(김창규 옮김, 이지북, 2011)은 제목에서 암시하듯이 그런 좀비가 가능함을 보여줍니다. 우리 인간보다 지능도 뛰어나고 기술도 앞서 있지만, 의식하지 못하는 외계인이 등장합니다. 작가는 유기체의 삶에 의식이 꼭 필요하지도 않고, 없을 때 오히려 더 월등한 삶을 살 수도 있음을 말하려는 듯합니다.

꿈틀한다는 속담이 있고, 정말로 그렇습니다. 그러나 고통을 느껴서 꿈틀하는 것이 아닙니다. 앞에서 말한 무통증 환자도 마찬가지일 겁니다. 누군가에게 맞으면 가만히 있지는 않고 무슨 반응을 보일 겁니다. 몸에 타격이 가해지니 움찔하지 않겠어요? 그러나 고통의 느낌을 의식하지는 못합니다.

### 반성적 의식이 인간과 다른 동물을 구별 짓는다

'의식', 이 말이 생각 또는 사유의 특성을 잘 말해줍니다. 이것을 좀 어려운 말로 '반성적 의식'이라고 말하기도 하는데, 내가 무엇을 하고 있는지 의식하고 있다는 말입니다. 사실 무통증 환자가 아닌 인간도 무의식적인 행동을 많이 합니다. 무릎 반사가 대표적인 무의식적 행동이죠. 무릎을 뽕망치 같은 것으로 가볍게 치면 나도 모르게 발이 올라갑니다. 발을 올려야겠다고 의식하지 않았는데도 올라가는 겁니다. 눈앞에 주먹이 날라오면 나도 모르게 눈을 감는 것도 비슷한 일입니다. 싱크대에서 그릇을 물로 부시면서 라디오를 들을 때 라디오의 노래에 집중하느라 설거지를 하고 있다는 것을 의식하지 않고도 설거지한 그릇을 선조대의 제자리에 척척 놓은 경험과 비슷한 경험을 해본 사람도 많을 겁니다. 그러다가 좀 아끼는 그릇을 부실 때는 조심해야 하니 설거지로 의식이 돌아옵니다. 아주 극단적으로는 몽유병 환자를 떠올리면 됩니다. 반사적으로 행동은 하겠지만, 그 행동을 하면서도, 또 깨어나서도 자신이 무슨 일을 하고 있는지 전혀 의식하지 못하니까요.

이에 비해 생각한다는 것은 자신에게 일어난 일을 반성적으로 의식한다는 말입니다. 우리는 보통 '반성'이라고 하면 스스로 잘못한 행동이 있는지 되돌아본다는 의미로 쓰지만, 여기서는 자신에게 무슨 일이 일어나고 있는지 음미할 수 있다는 뜻입니다. 가령 내가 거울을 보고 있다고 해봅시다. 나는 거울 속에 있는 사람이 나라는 것을 압니다. 내가 나를 보고 있다고 생각하는 거죠. 이 정도가 반성의 최소한의 의미입니다. 그러나 동물들은 이런 능력이 없다고 알려져 있습니다. 영장류 정도는 거울에 비친 모습이 자기 자신이라고 안다고 알려져 있지만, 소수의 동물을 제외하고는 그런 의식을 못 한다고 합니다. 거울에서 무엇인가를 보기는 할 것입니다. 그러나 그

것이 자신이라는 것을 의식하지 못하는 것입니다. 마찬가지로 동물
은 감각 기관을 통해 무언가를 감각합니다. 그러나 그것을 의식하
지 못합니다. 동물도 당연히 물을 마시고 싶은 욕구가 있고, 그래서
물을 마십니다. 그러나 지금 물을 마시고 있지 못하다는 생각도, 마
시고 싶은 욕구가 있다는 생각도 못 합니다. 그냥 그런 욕구만 있을
뿐입니다. 고통도 마찬가지입니다. 고통의 물질적인 반응은 일어나
지만 고통을 느끼는 건 아닙니다.

동물과 달리 인간이 생각할 수 있는 능력이 있다는 데카르트의 주장은 생각이 물질 실체와 구분되는 정신 실체의 특성이라는 주장에 기대고 있습니다. 그러나 그의 실체 이원론은 이제 통하지 않습니다. 과학의 시대에 물질과 구분되는 정신이 실체로서 따로 있다고 믿는 것은 귀신을 믿는 것이나 다름없기 때문입니다. 설령 그런 정신 실체가 따로 있다고 하더라도 정말로 인간만이 정신 실체를 따로 갖는지, 그리고 모든 인간이 정신 실체를 갖는지 단언할 수 없습니다. 영장류를 비롯한 동물은 생각할 수도 있고 반성 능력도 있다는 연구 결과도 많이 있고, 거꾸로 인간 중에 그런 능력이 없는 갓난아이나 식물인간도 있기 때문입니다. 그렇다면 데카르트의 주장이 참이라고 하더라도 고통을 느낄 수 있는 동물이 있으며, 고통을 느끼지 못하는 인간도 있게 됩니다.

만약 모든 동물이 고통을 못 느낀다고 하더라도 동물에게 고통을 줘도 될까요? 기분 나쁘면 개를 발로 차고 산 채로 해부해도 될까요? 그렇지는 않습니다. 그런 행동들은 동물이 고통을 의식 못 하게 한다고 해도 해악은 끼칩니다. 식물을 생각해보세요. 데카르트가 아니어도 식물은 고통을 느끼지 못함을 대부분 인정할 겁니다. 식물에게 물을 안 주고 햇볕을 쬐지 못하게 해도 고통을 느끼는 건 아닙니다. 그러나 그러면 식물은 말라 비틀어져 죽게 되고, 그것은 식물에게 크나큰 해악입니다. 우리도 음악을 들으면서 설거지를 할 때처럼 무의식적으로 행동한다고 했는데, 의식을 못 한다고 해서 설거지를 못 하게 하면 이건 분명 해악입니다. 설거지를 방해했으니까요. 동물도 마찬가지입니다. 비록 고통을 못 느낀다고 해도, 때리거나 해부를 하면 동물의 신체에 큰 해악을 끼칩니다. 총알이 빗발치는 전쟁터에서는 전투에 전념하느라 몸에서 피가 철철 나는데도 모르는 경우가 많다고 합니다. 고통을 느끼지 못한다고 해서 그 상처를 내버려 두어도 될까요? 당연히 그렇지 않죠. 지혈하고 상처를 치료하지 않으면 죽고 맙니다. 그건 동물도 마찬가지입니다.

이렇게 보면, 아무리 데카르트라도 동물을 함부로 다루어서는 안 된다고 생각했을 겁니다. 그러니 애완견 그라 씨를 반려견으로 삼았겠죠. 다만 개가 고통받더라도 인간과 같은 동정심을 보일 필요는 없다고 생각했을 겁니다. 영화 〈토이 스토리〉(1995)의 주인공 앤디는 장난감을 끔찍이 아끼는 데 반해 이웃집 시드는 장난감을 난폭하게 다룹니다. 시드가 장난감 인형의 머리를 자르는 만행을 보고 "아이고 불쌍하네." 하고 동정할 수 있지만 그런 표현이 비유적인 의미일 뿐인 것처럼, 데카르트는 고통에 몸부림치는 동물을 보고 "아이고 불쌍하네." 하고 동정해도 그것은 비유적인 의미일 뿐이라고 생각하지 않았을까요? 그래도 식물에 물을 주고 동물을 함부로 대해서는 안 되죠. 그러면 데카르트가 잔인하다고, 동물 학대의 원흉이라고 비난받는 것은 억울하지 않을까요?

## 더 깊이 읽기 ———————————————————————

동물의 고통에 대한 데카르트의 견해는 그의 《방법서설》(이현복 옮김, 문예
출판사, 1997)과 《성찰론》(김선영 옮김, 문예출판사, 2013)에서 주로 펼쳐
집니다. 데카르트의 애완견 이야기는 Jack Vrooman, *René Descartes:
a Biography*(G. P. Putnam's Sons, 1970), p.194에 나옵니다. 데카르트
의 동물관에 대한 현대의 연구로는 김성환, 〈데카르트의 동물론: 동물의 감
각과 감정〉, 《과학철학》 12-2(2009), 37~61쪽과 John Cottingham, "A
Brute to the Brutes?: Descartes' Treatment of Animals", *Philosophy*
53(1978), pp.551~559가 있습니다. 데카르트처럼 동물이 고통을 못 느
낀다고 주장하는 현대의 학자로는 피터 캐루더스가 유명합니다. Peter
Carruthers, *Phenomenal Consciousness*(Cambridge University Press,
2004)를 보세요. 동물의 고통에 대해서는 제가 쓴 《동물을 위한 윤리학》
(사월의책, 2015)에서 자세히 다루고 있습니다.

# 7

## 사람을 구하기 위한
## 거짓말도 나쁘다

| **사례 1** | 엘리베이터에 젊은 엄마와 아이가 탑니다. 엘리베이터에 타고 있던 다른 아주머니가 아이를 보고 말합니다. "참 예쁘게 생겼네." 그러면서 같이 타고 있던 나에게 동의를 구합니다. "그렇죠?" 거짓말을 할 수 없는 나는 솔직히 말합니다. "아닌 것 같은데요."

| **사례 2** | 기원전 3세기에 로마의 최고 사령관이었던 마르쿠스 아틸리우스 레굴루스Marcus Atilius Regulus는 카르타고를 공격하다가 포로로 붙잡혔습니다. 로마와 평화 협상을 맺고 싶었던 카르타고 우두머리는 레굴루스를 로마 원로원에 보내 휴전하자고 설득하라고 시켰습니다. 레굴루스는 임무를 마친 후 카르타고로 돌아오겠다고 약속했습니다. 그런데 로마로 온 레굴루스는 원로원에 휴전을 설득하기는커녕 오히려 카르타고를 강하게 밀어붙이라고 선동합니다. 카르타고가 약점이 있기 때문에 휴전하길 원할 거라면서요. 결국 원

로원은 휴전을 거부했습니다. 그런데 레굴루스는 약속대로 카르타고로 돌아갔습니다. 레굴루스는 사방에 못이 박힌 둥근 통 속에 갇힌 채 밖에 있는 코끼리에게 발로 차여 죽었습니다.

| 사례 3 | 살인자에게 쫓기던 친구가 우리 집에 찾아왔습니다. 나는 그를 집에 숨겨주었습니다. 얼마 후 살인자가 우리 집에 와서 그 친구가 이 집에 있느냐고 물었습니다. 거짓말을 못 하는 나는 사실대로 대답했습니다.

## 거짓말은 어디까지 용인될 수 있을까

거짓말은 나쁘다고들 합니다. 아이들에게도 거짓말은 나쁘다고 가르칩니다. 거짓말을 하다 결국 늑대에게 잡아먹히는 양치기 소년 이야기나 거짓말을 하면 코가 길어지는 피노키오 이야기를 들려주며 거짓말이 나쁘다고 알려줍니다. 나라마다 거짓말을 대하는 태도가 조금씩 다르기는 합니다. 신용을 중요하게 생각하는 미국에서는 거짓말을 엄청나게 싫어합니다. 미국 초대 대통령인 조지 워싱턴이 어린 시절에 겪었다는 유명한 일화가 있습니다. 어린 워싱턴은 아버지에게 도끼를 선물 받았는데 그 도끼를 가지고 놀다가 아버지가 아끼던 벚나무를 베고 말았다고 합니다. 넘어진 벚나무를 본 아버지는 노발대발 누구 짓이냐고 화를 냈겠죠. 그런데 워싱턴이 솔직하게 "제가 그랬습니다."라고 말하자 아버지는 "너의 정직함이 수

천 그루 벚나무보다 더 소중하다."며 용서해주었다고 합니다. 우리에게는 별로 대단한 이야기가 아닌 것 같은데, 정직을 중요하게 생각하는 미국에서는 어린이들에게 이 예화를 가르칩니다. (이 일화를 패러디한 우스개 얘기도 있습니다. 워싱턴의 아버지가 워싱턴을 용서한 이유는 워싱턴이 용서를 빌 때 도끼를 아직 손에 들고 있었기 때문이라나요.) 미국은 대통령이 거짓말했다고 쫓아내기도 한 나라입니다. 미국 37대 대통령인 리처드 닉슨은 워터게이트 사건을 모른다고 했다가 거짓말이 들통 나자 탄핵 위기에 몰렸고, 스스로 사임했습니다. 우리나라 같으면 상상도 할 수 없는 일입니다. 우리나라에서 거짓말을 해도 된다는 뜻은 아닙니다. 거짓말은 잘못이라고 생각하지만, 그 정도까지 비난받을 일은 아니라고 생각한다는 뜻이죠.

거짓말이긴 하지만 용서되는 거짓말이 있습니다. 먼저 3대 거짓말이 있습니다. 결혼 안 하겠다는 처녀의 말, 빨리 죽고 싶다는 노인의 말, 밑지고 판다는 장사꾼의 말이 그렇답니다. 이런 말을 듣는 사람들은 그 말이 애초부터 참말이라고 생각하지도 않기 때문에 그리고 비혼을 선언하는 여성이 많아져서 첫 번째는 더는 거짓말도 아니고도 거짓말이라고 말하기도 어렵겠네요. 어쨌든 거짓말이라고 해도 이런 말을 비난하는 사람은 별로 없습니다.

용서되는 또 다른 거짓말은 선의의 거짓말입니다. 상대방의 기분을 상하지 않게 하려고 하는 거짓말이나 상대방을 도우려고 하는 거짓말이 선의의 거짓말인데, 분명히 거짓말은 거짓말이지만 비난하는 사람은 별로 없습니다. 사례 1 같은 경우에 설령 아이가 예쁘지 않더라도 "참 예쁘게 생겼네."라고 말하는 것이 선의의 거짓말입니다. 물론 누가 봐도 예쁘지 않은 사람을 보고 그렇게 말하면 그것은 선의가 아니라 조롱이 되겠지요. 그러나 아이의 엄마에게는 누구나 아이가 예뻐 보이므로 엄마의 기분을 상하지 않게 하려고 거짓말했다고 해서 거짓말쟁이라고 비난하지는 않습니다. 누군가가 사례 1에서처럼 "아닌 것 같은데요."라고 말했다고 해봐요. 진실을 말하긴 했지만 상당히 눈치 없는 사람으로 손가락질받겠죠?

이번에는 사례 2의 레굴루스를 봅시다. 레굴루스가 카르타고에 포로로 잡혀간 것까지는 역사에 기록으로 남아 있지만, 로마에 돌려보내지고 다시 카르타고로 돌아가서 고문 끝에 죽은 이야기는 후대에 지어낸 이야기입니다. 조지 워싱턴의 벚나무 일화도 워싱턴의 전기 작가가 지어낸 이야기라는 견해가 있는데, 어찌 된 일인지 거짓말을 경계하는 유명한 이야기가 온통 거짓말투성이네요. 어쨌거나 지금 우리에게 역사적 사실 여부가 중요하진 않습니다. 설령 지어낸 이야기라고 해도 그 이야기가 담고 있는 교훈에 주목하고 있으니까요. 다시 사례 2로 돌아가서, 레굴루스가 카르타고에서 한 약속, 즉 원로원을 설득한 후 돌아오기로 한 약속을 지키지 않는다고 해서 그를 거짓말쟁이라고 비난할 사람이 있을까요? 적군과 한 약속인데 지키지 않았다고 해서 비난하는 사람은 없을 겁니다. 심지어 목숨까지 걸린 일이니까요. 그런데도 레굴루스가 카르타고로 돌아간 까닭은 로마 장군은 적군과 한 약속이라도 잘 지키고 명예를 소중하게 여긴다는 것을 보여주기 위해서일 겁니다. 후대 사람들이 그렇게 이야기를 꾸민 까닭도 로마인의 그런 점을 부각하기 위해서겠죠.

사례 1이나 사례 2와 같이 거짓말을 하지 못하는 사람이 가끔 있습니다. 그래 봤자 사례 1의 경우는 눈치 없는 사람으로 치부되는 정도이고, 사례 2는 희생이 따르지만 그것은 명예를 위해 개인이 선택한 행동입니다. 다시 말해서 그런 상황에서 거짓말을 안 한다면 좀 유별나거나 특이한 사람으로 생각하면 그만입니다. 그러나 사례 3은 경우가 완전히 다릅니다. 그런 상황에서 우리 집에 친구가 없다고 거짓말하지 않고 사실대로 말하면 친구를 죽게 할 수 있죠. 따라서 많은 사람은 이 경우에는 반드시 거짓말을 해야 한다고 생각합니다. 거짓말이 나쁜 짓이 아닐뿐더러 의무로 여기는 셈입니다. 사례 3은 가상의 상황이 아니라 현실에서 얼마든지 일어날 수 있습니다. 일제 강점기 때 우리 집에 독립군이 숨어 있는데 일제의 경찰이 찾아와서 물었을 수도 있고, 나치 점령기에 안네가 숨어 있는 집에 나치 경찰이 찾아와서 물었을 수도 있습니다. 그때 진실을 말하면 독립군이나 안네를 죽게 할 수 있으므로 단순히 특이한 행동이 아니라 악한 행동이 되고 맙니다.

**결과 때문에 선한 것이 아니다**

그런데 사례 1이나 사례 2는 물론이고 사례 3의 경우에도 거짓말을 해서는 안 된다고 주장하는 철학자가 있습니다. 독일의 철학자 칸트가 그런 주장을 합니다. 칸트는 지금은 러시아 땅이 되었고 이름도 칼리닌그라드로 바뀌었지만 당시는 프로이센 땅이었던 쾨니히스베르크에서 태어나고 평생 그 도시를 벗어나지 않았습니다. 칸트는 서양 철학사에서 가장 영향력이 큰 철학자를 꼽으라면 다섯 손가락 안에 드는 것을 물론이고, 첫 번째로 뽑혀도 손색없습니다. 그런데도 꽉 막힌 정도가 아니라 다른 사람의 목숨을 해칠 수 있는 행동을 의무라고 했다는 것은 이해하기 힘듭니다만, 거꾸로 칸트 정도의 철학자가 그런 주장을 했다면 뭔가 합리적인 이유가 있으리라 추측해볼 수 있지 않을까요?

칸트의 주장을 이해하려면 먼저 그가 도덕을 어떻게 생각했는지를 이해해야 합니다. 고전 소설의 주인공 심청을 생각해봅시다. 심청은 효녀의 대명사입니다. 눈먼 아버지를 극진히 모시며 살다가 결국에는 아버지의 눈을 뜨게 하려고 자기 몸을 인당수에 바치기까지 합니다. 정말 착한 사람이죠. 그런데 고전을 분석하기 좋아하는 사람들은 심청이 정말로 효녀인가 하는 의문을 던집니다. 부모보다 먼저 죽는 것은 불효이고, 장애인 구호 시설도 없는 시대에 하나밖에 없는 혈육이 죽으면 아버지를 보살필 사람이 없다는 이유 때문이죠. 실제로 심청의 아버지는 심청을 다시 만날 때까지 행복하게 살지 못합니다. 눈도 뜨지 못했고, 뺑덕어멈 같은 사람에게 고초를 겪고요. 그러나 다른 해석도 있습니다. 설령 나쁜 결과가 나왔을지

라도 심청은 좋은 의도로 몸을 던졌으므로 도덕적인 행동이라고 봐
야 한다는 겁니다. 칸트라면 심청의 행동을 어떻게 생각할까요?

칸트의 윤리학이 잘 드러난 저서는 《윤리 형이상학 정초》(1785)
인데, 그 책은 다음과 같은 말로 시작합니다.

이 세계에서 또는 도대체가 이 세계 밖에서까지라도 아무런 제한
없이 선하다고 생각될 수 있을 것은 오로지 선의지뿐이다.

이 세상에 선한 것이 많이 있겠지만 아무런 제한 없이 그 자체로
선한 것은 선의지밖에 없다는 것입니다. 얼핏 들으면 당연한 말인
듯하지만, 칸트가 선의지와 대비한 것이 무엇인지 알면 이 주장에
어떤 특별한 의미가 있는지 알 것입니다.

선의지는 그것이 생기게 하는 것이나 성취한 것으로 말미암아, 또
어떤 세워진 목적 달성에 쓸모 있음으로 말미암아 선한 것이 아니
라, 오로지 그 의욕함으로 말미암아, 다시 말해 그 자체로 선한 것
이다. 그것은 그 자체만으로 고찰할 때, 그것에 의해 어떤 경향성,
아니 그렇게 말하고 싶다면, 모든 경향성 전체를 위해 이루어낼 수
있을 모든 것보다도 비교할 수 없을 만큼 훨씬 더 높이 평가되어야
하는 것이다.

칸트가 선의지와 비교하는 것은 결과와 경향성입니다. 다시 말해서 결과를 고려하여 또는 경향성 때문에 어떤 행동을 했다면 그 행동은 도덕적이라고 말할 수 없다는 겁니다. 왜 그럴까요? 먼저 결과를 고려한 행동이 도덕적이지 않다는 것은 무슨 말인지도 이해하기 쉽고, 왜 그런지도 이해하기 쉽습니다. 앞서 든 심청의 예에서처럼 심청은 자신의 행동이 아버지에게 좋은 결과를 가져오리라 생각했지만 실제로는 그렇지 못했습니다. 심청도 그렇지만 신이 아닌 이상 어떤 일의 결과를 완벽하게 예측할 수 없습니다. 좋은 결과가 생기리라 생각하고 행동해도 안 좋은 결과가 생길 때가 많지요.

특히나 지적 수준이 떨어지거나 상식적이지 못한 사람들은 결과를 잘 예측하지 못합니다. 예컨대 고양이를 전자레인지에 넣고 돌리면 어떻게 될까요? 고양이는 당연히 죽을 테고, 동물보호법이 엄격한 나라에서는 동물 학대로 처벌받습니다. 해외 토픽에서는 가끔 그런 행동을 하는 망나니들이 보도됩니다. 그런데 그게 아니라 고양이를 아주 사랑해서 목욕을 시킨 다음에 뽀송뽀송하게 털을 말리려는 좋은 의도로 그랬다면 어떨까요? 아마 전자레인지로 돌리면 어떤 결과가 생길지 잘 모르는 어리숙한 사람이겠죠. 동물을 학대하는 망나니 말고 좋은 의도로 이런 일을 벌인 실제 사례는 없었던 듯합니다. 다만 커피에 덴 사람이 종업원이 커피가 뜨겁다는 말을 하지 않아 데었다고 소송을 걸어 배상금을 받아낸 사례처럼, 전자레인지에 동물을 넣고 작동하지 말라는 경고문이 없다는 이유로 소송을 걸 수 있지 않겠느냐고 물을 수는 있습니다. 만약 소송 목적으로 그렇게 하는 사람이 정말로 있다면 어리숙한 게 아니라 영악한 거니까 비난받아도 싸죠.

반면 어리석어서 고양이를 전자레인지에 넣고 돌렸다면 비난할 수 있을까요? 그럴 수는 없습니다. 어리석은 것은 그 사람 탓이 아니기 때문입니다. 우리는 누군가가 그런 행동을 안 할 수 있었는데 그렇게 행동할 때 그 사람을 비난할 수 있습니다. 지하철이 승강장에 들어오고 있는데 선로에 떨어져 있는 사람을 구하면 영웅으로 칭송받겠지만 구하지 않았다고 해서 비난하지는 않습니다. 평범한 사람은 할 수 없는 일이니까요. 마찬가지로 어리석은 사람은 자신이 하는 일이 어떤 결과를 가져올지 모르고 행동했으므로 그를 비난해서는 안 됩니다. 물론 사람들의 그러한 미개함을 막기 위해 대부분의 나라에서 국민의 상식적인 시민 의식을 키우려고 의무 교육을 합니다. 그러나 선천적으로 그런 의식을 기를 능력이 부족한 사람도 있습니다. 그런 사람들을 어리석다는 이유로 비난할 수는 없죠. 선로에 떨어진 사람을 슈퍼맨처럼 날아서 구하지 않았다고 비난할 수 없는 것처럼요.

고양이 예는 좀 극단적인 예이지만 우리는 자신의 행동이 어떤 결과를 가져올지 정확히 알지 못하는 경우가 많습니다. 따라서 결과 때문에 그 사람을 탓할 수는 없습니다. 정확한 결과를 아는 것은 그 사람의 깜냥을 넘어선 것이니까요. 바로 이런 이유로 칸트는 "선의지는 그것이 생기게 하는 것이나 성취한 것으로 말미암아, 또 어떤 세워진 목적 달성에 쓸모 있음으로 말미암아 선한 것이 아니라"고 말하는 겁니다.

## 마음이 끌리는 대로 한 일은 칭찬하거나 비난할 수 없다

그다음 칸트는 경향성 때문에 어떤 행동을 한다면 그 행동은 도덕적이지 않다고 주장합니다. 경향성은 마음의 자연스러운 끌림을 말합니다. 맛있는 음식을 보면 식욕이 돋고 신나는 음악을 들으면 마음이 끌리는 것이 경향성입니다. 불쌍한 사람을 보면 마음이 끌리는데, 우리는 그것을 동정심이라고 부르죠. 텔레비전 같은 매체에서 가여운 사람들의 사연을 보고 기꺼이 기부하는 것은 그런 동정심이 있기 때문입니다. 맹자가 사람의 본성 중 하나로 측은지심을 들며 사람에게는 다른 사람의 불행을 앉아서 차마 보지 못하는 마음이 있다고 말했습니다. 그러나 애석하게도 모든 사람에게 측은지심이 있는 것은 아니고, 있다고 해도 정도가 다 다릅니다. 맹자는 어린아이가 막 우물에 빠지는 것을 보면 모두 놀라고 불쌍한 마음을 가질 거라고 했지만, 그것을 보고 아무렇지도 않은 냉혈한도 있고 그 상황을 즐기는 사이코패스도 있습니다. 본디부터 그런 마음가짐이 없이 태어난 사람을 보고 그런 마음가짐이 끌리는 행동을 하지 않았다고 비난한다면 억울한 일이겠죠? 마치 슈퍼맨 같은 능력을 갖추고 태어나지 못한 사람에게 슈퍼맨 같은 행동을 하지 않았다고 비난하는

## "당위는 능력을 함축한다"

칸트는 "당위는 능력을 함축한다."라는 말을 했습니다. 우리에게 어떤 의무(당위)를 부과하려면 우리에게 그것을 할 수 있는 능력이 있어야 한다는 뜻입니다. 사람은 날 수 없는데도 날라고 말할 수 없으니 날아야 한다는 것은 의무가 될 수 없습니다. 도덕적인 의무 이상의 행위를 '영웅적 행위supererogatory acts' 또는 '성인의 윤리saint's ethics'라고 부릅니다. 예컨대 기차가 오고 있는데 기찻길에 떨어진 아이를 구하는 일은 슈퍼맨이나 할 수 있고, 내 재산을 모두 기부해서 가난한 사람을 구하는 일은 성인이나 할 수 있기에 그런 이름이 붙었습니다.

　일상적인 도덕적 의무는 당연한 의무이므로, 그 의무를 지켰다고 해서 칭찬받지는 않지만 하지 않으면 비난받습니다. 반면에 영웅적 행위는 아무나 할 수 없으므로 하면 칭찬받지만, 하지 않았다고 해서 비난받지도 않습니다. 그러나 어떤 행동이 당연한 의무인지 영웅적 행위인지 판단하기 어려울 때가 있습니다. 성서에는 예수가 착한 사마리아인의 비유를 드는 일례가 나옵니다. 어떤 사람이 여행을 가다가 강도를 만나 다쳤는데, 다른 사람들은 보고도 모르는 체하고 지나쳤지만, 당시 유대인들이 멸시하던 사마리아인은 그 사람을 구해주었습니다. 당연히 예수는 그 상황에서 구해야 하는 것이 의무라고 가르쳤지만, 그 의무는 예수를 따르는 신자에게만 해당할까요? 신자가 아닌 사람에게는 영웅적 행위일까요? 자신이 위험에 빠지지 않는다면 위험에 처한 사람을 구하는 것을 의무로 하는 법('착한 사마리아인의 법')을 제정해야 한다는 여론도 있습니다.

것처럼요. 원래부터 냉혈한으로, 또는 사이코패스로 태어난 걸 어떻게 합니까? 반면에 처음부터 측은지심을 잔뜩 지니고 태어난 사람은 그렇게 행동하는 것이 자연스러운 일이니 특별히 칭찬받을 일도 아닙니다. 그 사람은 일종의 본능대로 행동한 건데 본능대로 행동했다고 칭찬하는 것은 우습지요. 가령 배고프다고 밥 먹고, 졸려서 잤다고 칭찬하는 것이나 비슷합니다. 이러한 이유로 칸트는 행동의 도덕성을 경향성에 따라서 평가해서는 안 된다고 주장하는 겁니다.

또 사람들이 동정심 같은 경향성을 모두 갖고 있다고 하더라도 그 동정심은 가까운 사람에게 더 많이 발휘됩니다. 똑같이 불쌍한 상태라도 내 가족에게, 내 친척에게, 학연과 지연으로 얽힌 사람에게는 강하게 발휘되고, 나와 전혀 인연이 없거나 멀리 있는 사람에게는 감정이입을 덜 합니다. 그러나 우리는 자기 가족이 불행할 때 먼저 돌보는 행동을 특별히 도덕적이라고 말하지 않으며, 학연과 지연으로 얽힌 사람을 먼저 돌보면 연고주의라고 비난까지 합니다. 경향성은 이래저래 도덕과 거리가 멀어 보입니다.

그렇다면 인당수에 몸을 던진 심청의 행동은 칸트는 도덕적이라고 생각할까요? 어떤 의도를 가지고 했느냐에 따라 다릅니다. 만약 그 행동이 가져올 결과 때문에 그런 행동을 했다면 도덕적이라고 말할 수 없습니다. 어떤 결과가 나올지 알 수 없으니까요. 또 심청이 태어날 때부터 착하디착한 사람이어서 그런 행동을 했다면 역시 도덕적이라고 볼 수 없습니다. 착한 것은 그의 본능인데 본능대로 행동했다고 도덕적이라고 말할 수 없으니까요. 심청의 행동이 도덕적이라고 말할 수 있는 경우는 아버지를 위해서 희생해야 한다는 의무감에서 행동했을 때입니다. 비록 그 일이 좋은 결과를 가져올지

위험한 철학책

알 수 없지만, 또 자연적 경향성으로는 그 일을 하기 싫지만 그 일을 해야 한다는 의무감으로, 선의지로 행동할 때입니다.

칸트에서 도덕은 이렇게 강제와 당위의 형태를 띱니다. 그래서 앞에서 말한 냉혈한이나 사이코패스가 '생긴 대로' 행동했다고 해서 용서받을 수 있는 것은 아닙니다. 우리는 모두 먹고 싸는 자연적인 본능이 있지만 아무 데서나 먹고 싸는 것이 용서되지는 않는 것과 마찬가지입니다. 만약 용서된다면 본능대로 행동하는 동물과 다를 바가 없습니다. 역시 아무 데서나 먹고 싸도 칭찬받는 사람은 갓난

---

### 자율적인 도덕

마음의 자연스러운 끌림이 경향성이라고 했는데, 도덕적으로 보이지만 사실은 그런 경향성에 따라 한 행동은 동물에게서도 관찰할 수 있습니다. 펠리컨은 먹을 것이 없으면 자기 살을 쪼아서 새끼에게 먹인다고 합니다. 그래서 크리스트교에서는 스스로 희생 제물이 된 예수를 펠리컨에 비유합니다. (펠리컨의 자기희생적 행동은 펠리컨의 행동을 오해한 인간이 만든 신화라고 합니다.) 우리는 예수를 도덕의 전형으로 생각하지만 자기 살을 쪼아 새끼에게 먹이는 펠리컨의 행위를 도덕적이라고 생각하지 않습니다. 예수의 행위는 자율적이지만, 펠리컨의 행위는 선천적인 경향성에 의한 것으로 생각하기 때문입니다. 우리는 흔히 도덕이나 윤리는 우리가 따르기 싫어도 마지못해 복종해야 하는 의무라고 생각합니다. 그러나 칸트에 따르면 우리가 스스로 만든 도덕 법칙에 자율적으로 따르는 것이 선의지입니다. 그런 자유의지 없이 처벌이나 남의 시선이 두려워서 도덕적인 행위를 하는 것은 노예가 명령에 굴종하는 것과 다름없습니다.

아이밖에 없습니다. "아이고, 우리 아기 착하네." 하고요. 우리는 동물에게는 없는 이성이 있습니다. 도덕도 이 이성이 개입해서 성립합니다. 비록 자연적인 욕망과 충동이 일지만 이성에 의해서 생긴 선의지로 그것을 이겨내야만 도덕적이라고 칭찬받을 수 있습니다. 갓난아이는 아직 이성이 없다고 생각하니까 그런 평가에서 제외하는 겁니다.

### 선의의 거짓말까지 나쁜 이유는 뭘까?

들머리에 나왔던 사례 3은 칸트가 직접 논의했던 예입니다. 칸트가 살았던 당시에도 그의 주장을 이해할 수 없었던 사람들은 살인자가 물어보는 경우라도 거짓말을 해서는 안 되느냐고 물었고, 칸트는 그에 답하려고 〈인류애 때문에 거짓말할 왜곡된 권리〉라는 짧은 글을 썼습니다. 칸트의 주장을 이해하기 위해 살인자가 우리 집에 도망간 친구가 숨어 있느냐고 물었을 때 일어날 가능성을 네 가지로 나누어봅시다.

(1) 나는 사실대로 말했는데 친구가 내가 말하는 것을 듣고 우리 집에서 몰래 빠져나가 무사히 도망쳤다.

(2) 나는 사실대로 말했고 살인자가 친구를 찾아 죽였다.

(3) 나는 거짓말을 했고 친구는 집에 계속 숨어 있어서 무사했다.

(4) 내가 거짓말해서 살인자가 돌아가자 친구가 안심하고 집에 가다

가 살인자에게 들켜서 죽었다.

(1)은 칸트 입장에서는 가장 바라던 상황입니다. 나도 거짓말을 안 해서 도덕적 의무를 지켰고, 또 친구도 살게 되었으니까요. 나는 도덕적으로 행동한 것에 대해 칭찬받으니 기쁘고 친구는 무사히 살게 되었으니 기쁩니다. 그러나 그런 일이 일어난다는 보장이 없습니다. 사실은 많은 사람이 우려하는 대로 (2)와 같은 일이 일어날 가능성이 크기는 합니다. 참 안타깝습니다. 그러나 나에게는 책임이 없습니다. 왜냐고요? 나에게는 친구를 죽일 의도가 없었고, 친구를 죽인 사람은 내가 아니니까요.

(1)과 (2)는 내가 거짓말을 안 한 경우입니다. 이번에는 내가 거짓말을 한 경우인 (3)과 (4)를 봅시다. 많은 사람이 (3)과 같은 상황을 바랍니다. 친구에게는 (1) 못지않게 다행인 상황입니다. 그러나 내가 거짓말했다고 했을 때 항상 (3) 같은 결과가 생길까요? 그렇지 않다는 것이 칸트의 판단입니다. (4)와 같은 상황도 얼마든지 생길 수 있습니다. (3)은 친구에게는 다행이지만 나는 거짓말을 하지 말라는 의무를 어겼으므로 비난받아야 합니다. 그리고 (4)는 나도 당연히 비난받아야 하고, 친구에게도 비극입니다. 그런데 문제는 내가 거짓말을 했을 때 (3)과 같은 결과가 생길지 (4)와 같은 결과가 생길지 알 수가 없다는 것입니다.

물론 (3)과 같은 결과가 생기면 더할 나위 없이 좋겠죠. 그러나 그런 보장이 없다는 게 문제입니다. 결과는 내가 통제할 수 없으니 무슨 일이 생기든 내 책임이 아니지만, 거짓말한 것은 내 의지대로 한 것이므로 나는 비난받아야 합니다. 따라서 (3)과 (4)를 선택해서는 안 됩니다. 그러니 우리는 (1)과 (2)와 같은 상황을 선택해야 합니다. 다시 말해서 무조건 거짓말을 해서는 안 됩니다. (1)과 (2) 중 (1)과 같은 결과가 생기면 좋겠지만, 설령 (2)와 같은 결과가 생기더라도 그 결과는 내 통제를 벗어난 일이니 어쩔 수 없습니다. 또 (1)과 (2) 모두 내 의지대로 도덕적 의무를 다했으니 그 점은 칭찬받아야 합니다. 이것이 칸트는 거짓말을 하지 않았을 때 친구가 죽을 것 같은 상황에서도 거짓말을 해서는 안 된다는 주장을 했던 이유입니다.

우리가 따라야 하는 도덕적 의무는 어떠한 상황에서도 지켜야 하는 것이지, 무슨 무슨 사정이 허락하는 한에서 지켜야 하는 것은 아닙니다. 가령 "거짓말을 하지 마라."가 의무라면 무조건 지켜야지, "분명히 나쁜 결과가 생길 때가 아니라면 거짓말을 하지 마라."는 식으로 조건을 붙이면 안 됩니다. 칸트는 전자와 같은 명령을 **정언명령**이라고 부르고 후자와 같은 명령은 **가언명령**이라고 부르며, 도덕적 의무는 정언명령이 되어야 한다고 말합니다. 가언명령이 허용된다면 사람들은 갖가지 핑계를 갖다 붙여 자기에게 유리한 명령을 만들지 않을까요? 칸트가 걱정한 것은 사람들의 그런 합리화 아니었을까요?

위험한 철학책

## 뒤집어 보기

칸트는 결과를 고려한 행동이나 경향성에 따른 행동은 선하지 않다고 주장했습니다. 행동의 결과는 제대로 예측할 수 없으며 경향성은 사람마다 각기 다르게 가지고 태어나므로, 결과나 경향성에 따른 행동은 행위자의 책임이 아니기 때문입니다. 물론 결과를 예측하기 힘든 경우가 많습니다. 그러나 앞에서 살인자가 우리 집에 도망간 친구가 숨어 있느냐고 물었을 때 일어날 수 있는 네 가지 가능성을 보았는데, 내가 거짓말을 하지 않았을 경우에 (1)보다는 (2)가 일어날 가능성이 누가 봐도 높지 않나요? 또 내가 거짓말을 했을 경우에 (4)보다는 (3)이 일어날 가능성이 누가 봐도 높지 않나요? 우리의 상식으로 충분히 예측할 수 있는데도 어떤 결과가 생길 줄 모르므로 나는 진실을 말하겠다고 고집하는 것이 오히려 무책임하지 않을까요?

한편 경향성도 칸트 말대로 사람마다 다 다르게 가지고 태어납니다. 누구는 선천적으로 이기적인 마음이 강하고, 누구는 선천적으로 동정심이 강합니다. 그러나 우리는 가정에서, 학교에서 또 사회생활을 하면서 바람직한 경향성을 '자연스럽게' 체득하도록 교육을 받습니다. 물론 칸트 입장에서는 그런 교육을 받을 수 있는 환경에서 자란 사람과 그렇지 않은 사람이 있으므로 후천적인 경향성도 우연이고, 따라서 그것 때문에 행위자에게 책임을 지울 수 없다고 말할 것입니다. 그렇다고 해서 의무감에서 행동하는 것이 자연스럽게 올바른 행동을 하도록 습관을 들이는 것보다 더 낫다고 말하기는 힘듭니다. 다음과 같은 두 사람이 있다고 해봅시다. 한 명은 남의 물건을 훔치고 싶고 반항하면 때리고 싶고 심지어 죽이고 싶은 마음까지 듭니다. 그러나 굳은 의무감으로 그런 유혹을 이겨냅니다. 다른 한 명은 타고난 경향성으로든 교육받아 생긴 습관화된 경향성으로든 아예 그런 유혹이 생기지 않습니다. 우리는 누구와 살고 싶나요? 공자는 일흔이 되자 "마음이 하고자 하는 대로 해도 법도에 어긋남이 없다."라고 말했습니다. 도덕이 추구하는 최고의 경지는 그런 것 아닐까요?

# 더 깊이 읽기 ────────────

레굴루스에 관한 기록은 폴리비우스, 《역사》 1권, 35장에 있습니다. (충북대학교 사학과의 윤진 교수의 도움말에 감사드립니다.) 칸트의 인용문은 칸트, 《윤리 형이상학 정초》(백종현 옮김, 아카넷, 2005), 123~124쪽에서 가져왔습니다. 《윤리 형이상학 정초》는 '도덕 형이상학 서론'이라는 제목으로도 많이 번역됩니다. 칸트의 저술 중에서 이 책은 상대적으로 읽기 쉬운 편입니다. 〈인류애 때문에 거짓말할 왜곡된 권리〉는 칸트, 《비판기 저작 Ⅱ》(홍우람 옮김, 한길사, 2022)에 실려 있습니다. 칸트의 주장은 당시에도 비판을 받았는데, 이 글은 프랑스의 정치가였던 콩스탕의 비판에 대한 재반박으로 나온 것입니다. 칸트 윤리학에 대한 쉽고 명확한 해설로는 김상봉, 《호모 에티쿠스: 윤리적 인간의 탄생》(한길사, 1999), 9~11장을 보세요.

8

# 착한 것도
# 운이다

**나의 성공은 순전히 나의 노력 덕분일까?**

2012년 12월에서 2013년 1월 사이에 방송된 〈청담동 앨리스〉(SBS)라는 드라마가 있습니다. 국민 여동생(이었던) 문근영 씨가 여자 주인공을 맡은 드라마입니다. 세경은 가난해도 열심히 노력했지만 현실의 벽에 부딪힙니다. 그러자 남자를 잘 만나 신데렐라가 되어 신분 상승하겠다고 결심하고서 생기는 혼란을 그리고 있습니다. 총 16부작인 이 드라마에서 15회 차에 나오는 세경과 승조(박시후 분)의 대화를 잠깐 보죠. 많은 사람이 기억하는 인기 드라마는 아니지만, 이 대목은 이번 장에서 하려는 이야기와 관련이 있거든요. 승조는 재벌 2세이긴 하지만 아버지와의 관계를 끊고 자수성가하며 된장녀(노력하기보다는 신데렐라를 꿈꾸는 여자를 비하하는 말)를 극도로 싫어하는 남자입니다.

**승조** 가난! 벼슬 아니야! 나도 똑같이 겪었어. 잘 곳 없고 먹을 곳 없는 상황에서 견뎌냈어. 그리고 이 자리까지 왔어. 가난? 핑계 대지 마!

**세경** 승조 씨한텐 행운이 있었잖아요.

**승조** 행운?

**세경** 그럼이요. 그런 행운, 아무한테나 오는 거 아니에요.

**승조** 그게 행운이었다고? 어떤 미친놈이 가치도 없는 걸 3만 유로에 사. 3만 유로의 가치를 봤으니까 산 거야. 어떻게 그걸 행운으로 매도하지? 그래. 그래, 좋아. 설사 행운이라 해도 그 말도 안 되는 상황에서 열심히 살았으니까 그 대가로 세상이 준 거야.

**세경** 승조 씨. 우리한텐 그런 세상은 없었어요. 열심히 노력하면 엄청난 일이 벌어지는 세상 같은 거, 한 번도 살아본 적 없었다고요.

**승조** 그럼, 내가 운 좋게 얻어걸려서 운으로 여기까지 왔다는 거야?

**세경** 타고난 운을 이어간 거겠죠.

**승조** 타고나? 내가 혼자 힘으로 어떻게 여기까지 왔는지 알잖아!

**세경** 승조 씬 행운을 믿을 수 있는 사람이니까요. 근데 난 행운 같은 거 쉽게 믿을 수 없는 사람이에요.

**승조** 그런 루저들이 하는 소리 그만해!

**세경** 그럼 승조 씨도 아무리 열심히 노력해도 가난한 건 자기 잘못

이라고 생각해요? 아무리 노력해도 가난한 건, 그냥 어리석어
서라고 생각해요? 아무리 발버둥 쳐도 가난한 건, 내가 내 인
생을 잘못 살았기 때문이라는 거네요?

　이 드라마를 보지 않았더라도 이 대화를 통해 세경과 승조의 가
치관이 어떻게 다른지 짐작할 수 있을 겁니다. 세경이 보기에 운 좋
은 사람이나 성공하지, 자기처럼 가난한 집에 태어난 사람은 아무
리 발버둥 쳐도 거기서 벗어날 수 없습니다. 반면에 승조는 가난
은 핑계일 뿐이며 자신도 열심히 노력했기 때문에 그 대가로 자신
의 그림을 3만 유로에 팔 수 있었다고 생각합니다. 그러니 단지 운
이 좋아 그림을 팔았다는 말에 분노를 금치 못하죠. 여러분은 어떻
게 생각하세요? 승조의 성공은 그가 '열심히 산 대가'일까요, 아니
면 '타고난 운' 때문일까요? (참, '루저'는 이제 많은 사람이 알지만 패배
자, 실패자라는 뜻입니다.)

## 응분의 원리

왜 승조는 자신의 성공이 노력 때문이라고 그렇게 강조하고, 운
때문이라는 말에는 그렇게 분개할까요? 자신의 성공이 운 덕분이
라고 한다면 그 성공의 가치가 훼손되기 때문입니다. 우리는 열심
히 노력해서 성취한 성공에는 찬사를 보내지만, 운으로 얻은 성공
은 칭찬하지 않습니다. 누군가가 로또에 당첨되었다고 해봅시다.

그러면 주변 사람은 그 사람에게 축하한다고도 말하고, 그 사람을 부러워하기도 합니다. 그렇다고 해서 칭찬까지 하나요? 열심히 노력하더니 드디어 당첨되었다고요? 그렇지 않습니다. 로또는 순전히 운으로 당첨되기 때문이죠.

우리는 열심히 노력해서 기대한 성과를 거두면 '그럴만하다'고 말합니다. 거꾸로 노력하지 않고 빈둥빈둥하다가 성과를 거두지 못하면 역시 '그럴만하다'고 말합니다. 그때는 그래도 싸다고 말하기도 하고요. 그럴만하다는 것은 이렇게 칭찬이나 비난의 의미로 쓰입니다. 이 '그럴만하다'는 말은 영어에서도 'deserve'라는 동사로 잘 쓰입니다. 열심히 공부한 친구가 좋은 점수를 받았을 때 "You deserve it." 하면 "너는 그럴만한 자격이 있어."라는 칭찬이 되고, 만날 술만 마시고 팡팡 놀던 친구가 나쁜 점수를 받았을 때도 "You deserve it." 하면 "너는 그래도 싸." 또는 "자업자득이야." 식으로 비난하는 말이 됩니다. 반면에 우연히, 다시 말해서 운에 의해서 무엇인가를 얻게 되면 그럴만하다는 말은 안 합니다. 그럴 만하다는 것은 그런 일을 할 가치나 이유가 있다는 뜻인데, 운은 요행히 생기지 자신이 어찌할 수 있는 것이 전혀 아니므로 그런 가치나 이유를 인정하는 건 말이 안 된다고 생각하는 거죠. 그래서 로또에 당첨되어도 칭찬하지 않으며, 거꾸로 로또에 당첨되지 않아도 비난하지 않습니다.

'그럴 만하다'는 한자어로 '응분應分'입니다. 노력한 사람에게 주는

위험한 철학책

## 칭찬받을 만한 로또 당첨이 있을까?

로또도 열심히 노력하면 당첨된다고요? 30년 동안 열심히 로또를 사다가 결국 당첨된 사람이 있다면 노력했다고 칭찬받을 자격이 있는 것 아니냐고요? 지난주에 로또를 샀다고 해서 이번 주에 당첨될 확률이 높아지는 건 아닙니다. 매회의 로또 추첨은 전혀 별개의 사건이므로, 한 번을 샀든 꾸준히 30년을 샀든 당첨 확률은 똑같습니다. 그런데도 여러 번 샀으니 이번에는 당첨될 거라는 생각은 5장에서 말한 노름꾼의 오류입니다. 결국 매주 로또를 산 것은 헛짓하는 셈이니 노력했다고 말하기도 어렵고, 당첨되었더라도 순전히 운으로 당첨된 겁니다. 따라서 설령 매주 로또를 사서 30년 만에 당첨되었다고 하더라도 칭찬받을 자격이 있는 건 아닙니다. 참고로 로또 당첨 확률을 높이는 방법은 매주 사는 것보다 한 주에 여러 번호를 사는 겁니다. 로또 당첨 확률이 8백만 분의 1이니 서로 다른 번호로 8백만 장을 사면 틀림없이 당첨될 것입니다. 그러나 로또 한 장에 천 원이므로 8백만 장은 80억 원이고, 로또 1등의 상금은 평균 20억 원 정도라고 하니 8백만 장 사는 것도 헛짓입니다. 복권은 세금도 어마어마하게 떼고요.

상이나 잘못한 사람에게 주는 벌은 바로 응분의 대가이지요. 응분의 원리를 말해봅시다. 원리라고 하니까 뭔가 대단해 보이지만, 이번 주제의 논의를 편하게 하려고 원리라는 말을 붙인 것뿐이고, 이미 지금까지 말한 것을 정리한 것입니다.

**응분의 원리**: 그럴만할 때 칭찬하고 비난한다.

열심히 노력해서 좋은 점수를 받은 친구를 칭찬하고 만날 술만 마시고 팡팡 놀다가 나쁜 점수를 받은 친구를 비난할 때 응분의 원리가 작용합니다. 반면에 운에 의해 생긴 일은 칭찬하거나 비난할 수 없습니다. 우연히 생겨서 자신도 어찌할 수 없는 일을 책임질 수는 없으므로, 그에 대해 칭찬이나 비난을 할 수 없는 거죠. 여기에는 자신이 어찌할 수 있는 일, 다시 말해서 자신이 통제할 수 있는 일만 칭찬이나 비난을 할 수 있다는 생각이 깔려 있습니다. 자신이 통제할 수 없는 일로 칭찬받으면 얼마나 머쓱할 것이며, 비난받으면 얼마나 억울하겠습니까? 그래서 로또에 당첨되거나 안 된 일에 대해서는 응분의 원리를 적용할 수 없고, 그런 사람을 칭찬도 비난도 안 합니다.

## 외모는 운

응분의 원리가 적용 안 되는 곳은 어디까지일까요? 로또는 통계학적으로 볼 때 완전히 운이므로 응분의 원리를 적용 안 하는 것이 맞습니다. 무엇이 또 그럴까요?

외모 지상주의라는 말이 있습니다. 외모를 최고의 가치로 치는 생각을 말하는데, 속으로는 그렇게 생각하면서도 당당하게 내세우는 사람들은 많지 않습니다. 공개적인 석상에서 외모를 중요하게 생각한다고 말했다가는 가루가 되도록 혼쭐납니다. 기업에서 채용할 때도 은근히 외모를 본다고들 하지만, 역시 이를 당당하게 내세우는 기업은 없습니다. 한때는 채용 공고를 낼 때 '용모가 단정한 자'라는

위험한 철학책

말로 두리뭉실하게 이를 표현한 적도 있었지만, 지금은 남녀고용평등법에 의해 신체적 조건에 따른 차별은 명시적으로 금지하고 있습니다.

그러면 외모가 아니라 무엇을 봐야 할까요? 사람들은 외모보다는 내면을 보고 사람을 평가해야 하고, 실력을 보고 채용해야 한다고 생각합니다. 왜 내면이나 실력보다 외모를 깎아내리는 걸까요? 바로 응분의 원리 때문입니다. 내면이나 실력은 갈고닦아서 얻었다고 생각되지만, 외모는 순전히 운이라고 생각되는 거죠. 맞습니다. 누구나 잘생기고 싶겠지요. 그러나 태어날 때부터 못생긴 것을 어떻게 합니까? 예전에 대학가에서 많이 부르던 노래 중에 〈못생긴 내 얼굴〉(한돌 작사, 작곡)이라는 노래가 있었습니다. 그 노래는 이렇게 시작합니다. "열 사람 중에서 아홉 사람이 내 모습을 보더니 손가락질해. 그놈의 손가락질받기 싫지만 위선은 싫다, 거짓은 싫어. 못생긴 내 얼굴 맨 처음부터 못생긴 걸 어떡해." 열 사람 중에서 아홉 사람이 손가락질하는 것을 보면 참 못생긴 모양입니다. 그러나 맨 처음부터 못생긴 것을 어떻게 합니까? 자신이 전혀 통제할 수 없는 것을 가지고 손가락질받는 건 억울합니다.

그러나 현실은 시궁창입니다. 외모가 잘난 사람들은 손가락질을 안 받는 정도가 아니라, 인간관계에서도, 취업할 때도 우대받습니다. 태어날 때부터 로또에 당첨된 셈입니다. 외모라고 해서 꼭 얼굴만 가리키는 것은 아닙니다. 몸매와 키까지 포함합니다. 몇 년 전,

어느 여대생이 텔레비전 토크 프로그램에서 키가 180센티미터 이하는 루저(패배자)라고 말했다가 엄청난 비난을 받았습니다. 키도 본인의 노력으로 클 수 있는 게 아니잖아요? 물론 어릴 때 우유를 많이 마시거나 운동을 하면 클지 모르지만, 설령 그렇다고 하더라도 그것은 본인의 노력보다는 부모의 노력이 더 큽니다. 그런 부모를 만난 것도 운이잖아요.

아닌 게 아니라, 어떤 부모를 만나느냐도 대표적인 운입니다. 우리가 지금 양반의 자식으로 태어나면 양반이고 상놈의 자식으로 태어나면 상놈이 되는 세상에 사는 것은 아니지만, 어떤 집에서 태어나느냐에 따라 인생이 많이 달라진다는 것을 부인할 사람은 거의 없을 겁니다. 개천에서 용 난다는 속담이 있기는 하지만 그것은 아주 특별한 경우이기 때문에 널리 알려질 뿐이고, 대체로는 금숟가락 물고 태어난 사람과 그렇지 못한 사람의 삶은 크게 차이 나기 마련입니다. 〈청담동 앨리스〉의 승조도 실력으로 그림을 팔았다고 생각하지만, 마지막 회에서 진실이 밝혀집니다. 사실은 재벌인 아버지가 그 그림을 샀던 겁니다. 승조가 그런 아버지에게 강력하게 항의하자 아버지는 이렇게 말합니다.

이런 아비 타고난 게 네 능력이야! 다 타고난 네 능력이라고! 남들은 못 가져서 난리인데, 너는 가졌다고 이 난리냐!

네, 그것도 능력이라면 능력입니다. 그러나 승조 아버지 말마따나 '타고난' 능력이지요. 따라서 운일 뿐입니다.

우리 현실은 분명히 외모나 집안 같은 운이 작용합니다. 오죽하면 머리 좋은 사람은 노력하는 사람을 이길 수 없고, 노력하는 사람은 즐기는 사람을 이길 수 없고, 즐기는 사람은 운 좋은 사람을 이길 수 없다는 말도 있을까요? 현실이 그렇다고 해서 그런 세상이 올바르다고 인정하는 건 당연히 아닙니다. 비록 세상이 운에 의해 좌우된다고 하더라도, 그런 세상은 바로잡아야 한다고 많은 사람이 생각합니다. 그래서 앞에서 말했듯이 채용에서 외모에 의한 차별은 법으로 금지되어 있고, 출신 집안에 의한 불평등을 바로잡기 위해 미비하기는 해도 과세, 저소득층 지원, 입시에서의 우대 정책(예컨대 지역균형할당제) 등이 시행되고 있는 겁니다.

## 실력도 운?

외모나 집안과 항상 비교되는 것은 실력입니다. 외모가 뛰어나지 않더라도, 출신 집안이 좋지 않더라도, 실력이 뛰어나면 그 사람의 가치를 인정해줘야 한다고 생각합니다. 외모나 집안은 노력으로 바꿀 수 없지만, 실력은 노력으로 쌓을 수 있다고 생각하기 때문입니다. 노력은 자신이 통제할 수 있으니 노력해서 생긴 실력으로 칭찬하고 비난하는 것은 공정하다고 보는 거죠. 그런데 다시 한 번 진지하게 생각해봅시다. 과연 실력은 노력으로 쌓을 수 있는 걸까요? 실력은 정말로 운이 아닐까요?

기자 출신으로서 수필과 소설을 쓰는 작가 고종석의 단편 소설 중에 〈전녀총의 이여성 회장님께 드리는 공개서한〉이라는 작품이 있습니다. 전녀총이라는 여성 단체의 회장에게 보내는 편지글 형식이라서 소설인가 아닌가 긴가민가했는데, 고종석 작가의 소설집 《제망매》에 실려 있으니 소설 맞겠지요. 이 작품의 화자는 용모에 따른 채용을 했다고 전녀총으로부터 고발당한 회사의 인사 담당자인데, 용모에 따른 채용이 그렇게 비난받을 일인지 물으려고 편지를 썼습니다. 그는 딸이 둘 있는데, 큰아이는 좀 귀염성 있게 생겼지만 머리는 아둔하고, 작은아이는 언니와 반대로 외모는 수수한데 머리는 꽤 민첩하다고 합니다. 그런데 아이 엄마는 늘 큰아이를 구박한다고 하네요. 화자는 못난 용모를 두고 구박하는 것이 잔인한 일이라면, 지성을 두고 구박하는 것도 마찬가지로 잔인한 일 아니냐고 묻습니다. 용모가 타고날 때 결정되듯이 지적 능력도 부모의 유전자에 의해 꽤 좌우되기 때문입니다. 그런데 왜 유독 외모에 따른 차별만 문제 삼느냐는 것이겠죠.

어때요? 이 말에 동의하나요? 우리가 실력이라고 부르는 것은 곧 외모를 제외한 지적 능력을 말하는데, 태어날 때부터 머리가 좋은 사람이 있고 머리가 나쁜 사람이 있지 않나요? 대놓고 말은 못 하지만, 여러분 자신이나 혹은 주변을 살펴보면 그런 것 같지 않나요? 또 타고난 지적 능력이 크게 다르지 않더라도 어떤 집에서 자랐느

위험한 철학책

나에 따라 그 능력이 크게 향상되기도 하고 사장되기도 합니다. 그런데 어떤 집에서 자라느냐는 내가 선택할 수 없는 요소이지요. 머리가 좀 나쁘게 태어나고 환경이 좋지 않은 집에서 태어났더라도 노력하면 된다고요? 그러나 노력도 선천적인 요소가 상당히 강합니다. 태어날 때부터 부지런하게 태어난 사람도 있고, 게으르게 태어난 사람도 있습니다. 동물을 보세요. 나무늘보처럼 1미터 움직이는 데 몇 분씩 걸리는 게으른 동물도 있고, 너무 바빠서 슬퍼할 틈조차 없는 벌꿀, 아니 꿀벌 같은 동물도 있는데 부지런하거나 게으르거나 하는 것도 천성 아닌가요? 사람도 그렇게 부지런하고 게으른 정도가 태어날 때부터 다 다릅니다. 그리고 비슷비슷하게 태어났다고 하더라도 역시 어떤 집안에서 태어났느냐에 따라 노력하는 정도도 강화되기도 하고 약화되기도 합니다. 노력의 모범을 보이면서 자꾸 북돋워 주는 집도 있지만 만사에 태평한 집도 있으니까요. 결국 운이 아닌 게 뭐가 있나요? 로또도, 외모도, 출신 집안도, 실력도, 노력도 모두 운에 좌우되는 것 아닌가요?

## 착한 것도 운!

모든 게 운에 좌우되더라도 여전히 운에 따르지 않는 것이 있다고 사람들은 생각합니다. 그것은 바로 도덕입니다. 착한 것은 타고난 것이 아니라 착하게 살려는 의지로 결정된다고 생각하는 거죠. 이런 생각을 가장 역설한 철학자가 7장에서 살펴봤던 칸트입니다. 그는 착하게 살려고 하는 의지를 선의지라고 불렀습니다. 그리고 어떤 행위가 선한 것은 그 행위의 결과나 경향성 때문이 아니라 선하려는 의지 때문이라고 말했습니다. 칸트가 이렇게 주장한 까닭은 바로 운을 배제하기 위해서였습니다.

7장에서도 설명했지만, 먼저 어떤 행동의 결과가 어떻게 나올지는 운이 많이 결정합니다. 엄마가 설거지하는 것을 도우려고 접시를 옮기다가 깨뜨린 아이가 엄마한테 혼나면 얼마나 억울하겠어요? 우연히 생긴 결과가 아니라 동기(의지)를 보고 아이를 판단해야 공정한 엄마라는 말을 듣겠죠? 경향성은 마음이 자연스럽게 끌리는 성향을 말하는데, 불쌍한 사람을 봤을 때 드는 동정심이 대표적인 경향성입니다. 그런데 태어날 때부터 그런 동정심이 강한 사람도 있고 약한 사람도 있습니다. 그런 우연적인 성향에 따라 행동을 평가해서는 안 된다는 것이 칸트의 생각입니다. 천사 같은 마음씨를 타고난 사람이야 칭찬받겠지만, 본인의 의사와 상관없이 거친 마음을 가지고 태어난 사람은 얼마나 억울하겠어요? 그래서 칸트는 결과나 경향성을 가지고 행동을 판단하면 안 되고, 결과가 어찌 되든, 또 어떤 경향성을 가지고 태어나든 선하려는 의지대로 한 행동을 선하다고 주장한 겁니다.

이런 칸트의 생각은 우리의 상식에도 반영되어 있습니다. 다른 것은 몰라도 도덕은 나의 의지에 따르는 것이므로 운과 상관없다고 생각합니다. 이건희 씨가 나보다 부자인 것은 맞지만, 그렇다고 해

위험한 철학책

서 그가 나보다 착한 사람인 건 아니라고 위안합니다. 물론 그가 착한 사람이 아니라는 건 아닙니다. 착한 사람일 수도 있지만 그게 부자이기 때문이라서는 아니죠. 그래서 운이 판치는 세상에서 도덕성은 그나마 우리에게 위로가 됩니다. "부자면 뭐하느냐? 못돼먹었는데."라거나 "똑똑하면 뭐하냐? 그 머리 가지고 못된 짓만 골라서 하는데." 하고 말할 수 있으니까요. 그리고 이런 자부심을 보일 수 있는 까닭은 돈이 많거나 똑똑한 것은 우리의 통제를 벗어난 사안이기 때문에 그런 것들을 칭찬할 수는 없지만, 도덕성은 칭찬할 수 있다고 생각하기 때문입니다. 도덕성이야말로 모든 가치 중에서 최상의 가치가 됩니다. 그나마 우리의 의지로 통제할 수 있으니까요.

그런데 정말 그럴까요? 도덕은 우리가 통제할 수 있을까요? 운에서 벗어나 있을까요? 철학자 몇 명은 단언컨대 도덕도 운에 좌우된다고 주장합니다. 영국의 현대 철학자인 버나드 윌리엄스Bernard Williams와 미국의 현대 철학자인 토머스 네이글Thomas Nagle이 그런 주장을 합니다. 칸트와 같은 생각의 가장 큰 문제점은 그 의지가 뭔지 파악하기가 힘들다는 것입니다. 결과는 겉으로 드러나지만, 의지나 동기는 속마음인데 그것이 정확히 무엇인지 알 수가 없는 거죠. 윌리엄스는 고갱의 예를 듭니다. 스팸 전화를 받으면 수화기 너머에서 들리는 '고갱님'이 아니라 인상파 화가 폴 고갱Paul Gauguin이요. 프랑스 사람인 고갱은 남태평양의 섬 타히티로 떠납니다. 자신의 예술적인 이상을 달성하기 위해서였죠. 문제는 처자식을 내팽

개치고 갔다는 점입니다. 그러나 고갱의 이런 이기적인 행동을 비난하는 사람이 있다는 말은 들어본 적이 없습니다. 왜일까요? 바로 고갱이 화가로서 크게 성공했기 때문이죠. 만약 고갱이 타히티에 가서도 실패했다고 해봐요. 그러면 우리는 고갱이 누군지도 모를 테고, 고갱은 주변 사람들에게는 처자식을 버린 이기적인 놈으로 욕을 처먹었을 겁니다. 고갱이 타히티로 떠날 때 했던 그 결심, 곧 선한 의지가 도덕적으로 옳은지 그른지 판단할 수 있나요? 그 판단은 그의 선의지로 하는 것이 아니라 그가 화가로서 성공했느냐 실패했느냐에 따라 달라집니다. 그는 '다행히도' 성공했기에 그의 이기심은 묻혀버렸지만, 만약 실패했다면 천하의 몹쓸 놈이 돼버립니다. 그가 타히티로 떠날 당시 성공할지 실패할지는 아무도 몰랐습니다. 그는 도박을 한 셈이죠. 화가로서만 도박한 것이 아니라 도덕성 면에서도 도박한 겁니다. 결국 도덕도 로또인 거죠.

　네이글도 비슷한 예를 듭니다. 똑같이 술 마시고 운전한 두 사람이 있다고 해봅시다. 한 명은 아무 일 없이 목적지까지 갔는데 다른 한 명은 건널목에서 어린아이를 치어 죽였습니다. 두 명 다 부주의하고 무모하게 운전한 것은 똑같습니다. 그러나 첫 번째 사람은 그저 부주의한 운전자일 뿐이지만, 두 번째 사람은 살인자가 되었습니다. 법적으로 그렇습니다. 그러나 우리는 지금 법적인 것을 따지고 있는 건 아니니 둘 중 누가 더 도덕적으로 비난받아야 하는지 생각해봐야 합니다. 아마 사람들은 법적인 처벌의 경우처럼 두 번째 사람을 훨씬 더 비난할 겁니다. 첫 번째 사람도 도덕적 비난은 받겠지만, 두 번째 사람이 받아야 하는 비난에 비하면 새 발의 피겠죠. 두 번째 사람은 억울하지 않을까요? 첫 번째 사람과의 차이는 마침 그때 건널목에 어린아이가 있었다는 것밖에 없고, 그것은 그가 통제할 수 없는 영역인데 그것에 따라 도덕적인 비난이 하늘과 땅 차이로 달라지니까요. 도덕 역시 운 아닌가요?

우리가 어떤 시대에 살고 어떤 자리에 있느냐도 운으로 작용해 도덕에 영향을 미칩니다. 일제 강점기 당시의 친일파는 매국노이며 역적놈이라고 오늘날 맹비난받습니다. 그러나 우리가 그 시대에 살았고 권력을 행사할 만한 위치에 있었다면 과연 친일하지 않았으리라고 딱 잘라 말할 수 있을까요? 물론 그런 자리에서도 친일하지 않은 분들도 있었고 그런 점에서 지금도 칭송받지만, 그런 분들은 소수입니다. 우리가 친일파나 역적이라는 도덕적 비난을 받지 않는 것은 다행히도 나라를 배신할 만한 시대 상황이나 위치에 있지 않기 때문은 아닐까요? 이런 식으로 생각해보면 착하다고 칭찬받는 사람도 사실은 우연히도 착하지 않은 일을 할 만한 시대에 태어나지 않았고, 우연히도 그런 위치에 있지 않았기 때문일지 모릅니다.

이쯤 되니 마지막으로 믿었던 도덕마저도 운이 됩니다. 로또도 외모도 집안도 운이고, 실력도 노력도 운인데 도덕마저도 운이라면 세상에 운이 아닌 것은 뭘까요? 앞서 로또에 당첨되면 부러워하기도 하고 축하 인사도 받는다고 했습니다. 그러나 칭찬받을 일은 아

## 시대를 잘못 만난 죄

《나의 문화유산 답사기》로 유명한 유홍준 교수가 어느 팟캐스트 방송에서 한 이야기가 있습니다. 유 교수가 1974년에 시국 사건으로 감옥에 갔는데 거기서 무기수를 한 명 만났답니다. 한국 전쟁 때 군무 이탈을 했다는 죄목이랍니다. 전쟁이 무서워서 도망치다 잡혔다고 하네요. 유 교수는 그 무기수의 죄는 전쟁 당시 19살인 것밖에 없다고 말했습니다. 도덕적 운이 없었던 것뿐이지, 무기징역을 살만큼 잘못한 사람이라고 말하기 어렵다는 거죠. 1950~1960년대에 한창 활동하셨던 어르신 중에는 그때보다 지금이 경제적으로도 풍요롭지만 도덕의식도 훨씬 높아졌다고 말하는 분들이 많습니다. 그 당시에는 뇌물, 좀도둑, 횡령 따위가 비일비재했는데, 지금은 많이 줄었다고요. 그 말이 맞는다고 하더라도 그것은 기본적인 의식주가 해결되었기 때문에 그런 범죄를 저지를 이유가 줄어든 탓이 크겠지요. 예컨대 먹을 것이 부족했던 그 당시에는 직장에서 밀가루 한 포대를 슬쩍 집으로 가져갔지만, 지금은 그럴 이유가 없는데 굳이 저지를 필요가 없는 죄를 안 저질렀다고 해서 잘난 척할 필요는 없습니다. 밀가루를 슬쩍한 가장은 가난한 시대에 태어난 죄밖에 없습니다.

니라고 했습니다. 그러니 로또에 당첨되었다고 해서 잘난 척할 필요도 없고 떨어졌다고 해서 창피해할 필요는 없습니다. 그냥 운이 나쁜 것뿐이니까요. 그럼 실력이나 도덕 면에서도 똑같은 자세가 필요하지 않을까요? 남들보다 실력이 뛰어나도 잘난 척할 필요 없고, 실력이 없다고 창피해할 필요도 없지요. 그냥 운이 없었던 거죠. 남들보다 착하거나 못됐다고 해도 마찬가지 아닐까요? 너무 잘난 척할 필요도 창피해 할 필요도 없어요.

## 뒤집어 보기 ────────────────────

도덕마저 운이라면 우리가 상식적으로 비난하는 사람들을 더는 비난할 수 없게 되는 문제가 생깁니다. 술 마시고 운전하다가 아이를 친 사람은 똑같이 술 마시고 운전했지만 아무 일 없었던 사람보다 단순히 운이 없었을 뿐이고, 친일파는 시대를 잘못 만난 것뿐인데 더 비난받는 것은 불합리하다는 겁니다. 그래서 도덕적 운에 대해서는 한편에서는 도덕적 운을 인정하고 대신에 우리의 상식을 바꿔야 한다고 주장하고, 다른 한편에서는 도덕적 운이 있다는 것 자체를 부인합니다.

먼저 재수 없는 운전자가 더 비난받아야 한다는 우리의 상식이 잘못이었는지도 모릅니다. 어떤 일이 일어난 결과를 보고 칭찬이나 비난을 하는 전통에서야 재수 없는 운전자가 더 비난받아야겠지만, 행위자의 성품이나 인간성을 보고 칭찬이나 비난을 하는 전통에서는 결과적인 사건이 일어났든 일어나지 않았든 두 운전자가 똑같이 비난받아야 하기 때문입니다.

물론 그런 전통에서도 재수 없는 운전자만 처벌받습니다. 순전히 운이 없었을 뿐이므로 억울하겠지만, 그래도 처벌하는 이유는 2장에서 말했습니다. 그러나 도덕적인 칭찬과 비난은 그런 법적인 처벌과는 별개라고 생각할 수 있습니다. 운이 좋아 처벌받지 않은 운전자도 도덕적인 비난은 똑같이 받아야 합니다. 어떤 면에서는 운 좋은 운전자가 운 나쁜 운전자보다 도덕적인 비난을 더 받아야 할 수도 있습니다. 운 나쁜 운전자는 자신의 행동을 후회하고 반성하겠지만, 운 좋은 운전자는 후회와 반성도 하지 않을 테고, 비슷한 행동을 또 할 수 있기 때문입니다.

이렇게 우리의 상식을 바꾸면 운 없는 사람이 운 좋은 사람보다 더 비난받는 불합리는 해소할 수 있지만, 시대를 잘못 만나 더 비난받는 불합리는 여전히 해소되지 않습니다. 술을 마셨지만 운이 좋은 운전자야 비난받을 행동을 했지만, 일제 강점기에 태어나지 않은 사람은 아무 행동도 하지 않았는데 단순히 일제 강점기에 태어났으면 친일을 했으리라는 추측만으로 친일파와 같은 비난을 받아야 하니까요.

네이글은 도덕적 운도 여러 가지로 구분했습니다. 운 나쁜 운전자의 사례처럼 일어난 결과와 관련된 운은 '결과적 운'이라고 하고, 친일 사례처럼 여러 상황과 관련된 운은 '상황적 운'이라고 부릅니다. 결과적 운의 경우와 달리 상황적 운에는 도덕적 운이 작용할 수 있다는 걸 부인해야 한다고 주장하는 철학자도 있습니다. 어떤 사람이 일제 강점기에 태어났다면 친일을 했을지 안 했을지 판단할 근거가 우리에게는 전혀 없습니다. 운 좋은 운전자는 술 마시고 운전했다는 판단 근거라도 있지만, 단순히 일제 강점기에 태어나지 않았다는 것만으로는 친일했으리라고 판단할 근거가 전혀 없으니까요. 따라서 친일파는 단순히 운이 없었다고 말할 수는 없고, 충분히 비난받아야 합니다. 설령 도덕적 운이 존재해서 모든 것이 운이라고 해도 막살아도 될까요? 로또에 당첨되면 칭찬받지는 않지만 부러움도 받고 축하도 받습니다. 그런 인생을 살아야겠죠?

위험한 철학책

## 더 깊이 읽기 ─────────────

응분의 원리는 제가 쓴《매사에 공평하라: 벤담&싱어》(김영사, 2007)
에도 나옵니다. 도덕적 운과 관련된 문헌에서는 우리가 통제할 수 있
는 것에 대해서만 도덕적인 평가를 받는다는 '통제 원리'가 많이 거론
되는데, 이것은 응분의 원리와 같은 내용입니다. 고종석의 〈전녀총의
이여성 회장님께 드리는 공개서한〉은 그의 소설집인《제망매》(문학동
네, 1997)에 실려 있습니다. 도덕적 운에 대한 윌리엄스의 견해는 그의
*Moral Luck*(Cambridge University Press, 1981)에 나와 있고, 네이글의 견
해는 그의 *Mortal Questions*(Cambridge University Press, 1979)에서 찾
아볼 수 있습니다.

9

# 갓난아이는
죽여도 상관없다

## 스위프트의 과감한 제안

《걸리버 여행기》로 유명한 조너선 스위프트Jonathan Swift는 아일랜드 더블린에서 태어났습니다. 영국에서도 오랫동안 활동했지만 아일랜드에서 대학도 다니고 성직자도 지냈습니다. 그는 당시 아일랜드의 대기근을 해결하는 방안으로 〈겸손한 제안〉이라는 짧은 글을 썼습니다. 다음은 그 글의 한 대목입니다.

따라서 국민이 다음과 같은 제안을 깊이 생각해보기를 겸손하게 제안하는 바이다. 앞서 계산한 12만 명의 아이들 중에서 2만 명은 번식용으로 따로 남겨두는데, 그중 남자아이는 4분의 1 정도면 된다. 이 수는 양, 검은 소, 돼지의 경우보다 더 못한 수다. 내가 볼 때, 이런 아이들은 결혼한 사람들 사이에서 태어난 경우가 거의 없고 우리 미개한 사람들은 그런 것에 별로 신경 쓰지 않는다. 그러니 남자 하나가 여자 넷을 충분히 응대할 수 있다. 남은 10만 명은 한 살이 됐을 때, 전국에서 신분이 높고 재력 있는 사람들에게 팔려고 내놓으면 된다. 아이 엄마한테는 팔기 전 마지막 달에 아기에게 젖을 충분히 먹이라고 늘 조언해야 한다. 그래야 아이가 포동포동하게 살쪄서 좋은 요리가 되기 때문이다. 친구들을 접대할 때 아기 하나로 요리 두 접시를 만들 수 있다. 가족끼리만 식사할 때는 앞다리나 뒷다리 하나면 꽤 괜찮은 음식을 만들 수 있다. 특히 겨울에는 후추나 소금을 약간 쳐서 나흘 뒤에 끓여 먹으면 아주 맛이 좋을 것이다.

어때요? 당황하셨어요? 갓난아이들을 통통하게 살쪄워 음식으로 내놓자니, 제정신으로 하는 이야기일까요? 그렇지는 않은 것 같습니다.《걸리버 여행기》가 단순히 어린이용 공상 소설이 아니라 당시의 영국 정치를 풍자한 문학인 만큼, 〈겸손한 제안〉도 액면 그대로 받아들여서는 안 되고 풍자로 읽어야 한다고들 합니다. 다음과 같은 구절을 보면 풍자임을 알 수 있습니다.

나는 이 아기 음식이 다소 비싸다는 점을 인정한다. 따라서 이것은 지주들에게 아주 적합한 음식이다. 아기 부모들을 이미 게걸스럽게 먹어치운 지주들이야말로 아기들을 먹을 자격이 가장 있는 사람들이다.

위험한 철학책

당시 아일랜드에서 아기들의 부모들을 정말로 '게걸스럽게 먹어치'우는 일이 일어났던 것은 아니니까요. 이게 비유적으로 한 말인 것처럼 갓난아이들을 먹자는 말도 비유라는 것을 어렵지 않게 알 수 있습니다.

스위프트는 이 풍자의 완성도를 높이기 위해 갓난아이를 귀족에게 요리해서 대접하면 좋은 이유를 여러 가지 제시합니다. 가령 가난한 소작 농부들이 자기 재산을 갖게 될 테고, 그러면 자연스럽게 결혼도 많이 할 테고, 남편이 임신한 부인을 잘 보살펴주게 되고, 아이를 팔기 전까지 육아도 정성껏 하리라는 이점이 있답니다. 무엇보다 가장 중요한 장점은 당시에 대기근으로 거리에 득실대던 엄청난 수의 어린 거지들을 없앨 수 있다는 점이라고 합니다. 스스로 먹고살 능력이 없는 부모에게서 태어난 아이들을 음식으로 삼으면 그런 거지들을 없앨 수 있고, 거지들은 살아 있으면 장차 도둑이나 될 것이 뻔하므로 국가를 평안하게 할 수 있을 거라는군요.

## 모든 생명은 소중한가?

생명은 소중하다고들 합니다. 그러나 이 말은 말짱 거짓말입니다. 우리는 전혀 생명을 소중하게 다루지 않으니까요. 소와 돼지를 잡아먹고 나무도 베어내는데, 생명을 소중하게 다룬다고 말할 수는 없잖아요? 소, 돼지나 나무도 엄연히 생명을 가지고 있는데요. 따라서 생명이 소중하다는 말은 정확하게 말하면 인간의 생명이 소중하다는 것입니다. 인간이 존엄하다는 뜻이죠.

적어도 현대 사회에서는 인간은 존엄하다고 이야기합니다. 스위프트가 살던 18~19세기에도 인간은 존엄하다고 말했습니다. 미국의 3대 대통령인 토머스 제퍼슨Thomas Jefferson은 독립선언서를 작성한 것으로 유명한데, 독립선언서는 다음과 같이 시작합니다.

우리는 다음과 같은 사실을 자명하다고 주장하는 바이다. 즉 모든 인간은 평등하게 창조되었으며, 어떤 불가분의 권리를 조물주로부터 부여받았으니, 거기에는 생명과 자유와 행복 추구의 권리가 포함된다.

그러나 이때 '인간'은 백인만을 가리킵니다. 그는 흑인 노예들을 거느린 대농장주였으니, 흑인 노예의 '생명과 자유와 행복 추구의 권리'는 안중에 없었습니다. 미국의 7대 대통령인 앤드루 잭슨 Andrew Jackson은 군인이었을 때 아메리카 원주민(인디언)들을 대량학살해서 유명해진 인물입니다. 남녀노소를 불문하고 잔인하게 죽였으며, 특히 아메리카 원주민 인구가 늘어나는 것을 막기 위해 여자를 최우선으로 죽였습니다. 여자아이라도요. 얼마나 잔인했느냐면, 죽은 원주민의 시체에서 가죽을 벗겨 말의 고삐로 사용했다더군요. 잭슨은 미국 영토를 확장한 공로로 국민에게 인기를 얻고 그덕에 대통령까지 되었지만, 지금 생각하면 천하의 나쁜 놈입니다.

오히려 스위프트의 〈겸손한 제안〉에 나온 영아 살해보다 더 잔인한 게, 스위프트의 경우에는 가난을 구제한다는 '인도적인' 명목이라도 있지만, 잭슨에게는 백인의 욕심을 채우겠다는 탐욕만 있었기 때문입니다.

특히 어린아이들을 죽인 것은 더 용서받지 못할 짓입니다. 우리는 인간의 생명은 모두 소중하지만, 아무 죄도 없고 저항할 수도 없는 어린아이의 생명을 빼앗는 것은 특히 더 나쁜 일이라고 생각하니까요. 그런데 우리가 아는 유명 철학자 중에서 영아 살해를 적극적으로 주장한 이들이 있습니다. 스위프트처럼 풍자한 게 아니라 진지하게 주장한 것입니다. 먼저 플라톤입니다.

이들 관리는 빼어난 자들의 자식들을 받아서는, 이 나라의 특정 지역에 떨어져 거주하는 양육자들 곁으로, 보호 구역 안으로 데리고 갈 것으로 생각하네. 반면에 열등한 부모의 자식들은, 그리고 다른 부류의 사람들의 자식으로서 불구 상태로 태어난 경우에는 그렇게 하는 것이 적절하듯, 밝힐 수 없는 은밀한 곳에 숨겨둘 걸세.

여기서 '은밀한 곳에 숨겨둔다'는 것은 영아를 유기遺棄한다는 뜻입니다. 한편 아리스토텔레스도 비슷한 주장을 합니다.

유아를 유기할 것이냐 양육할 것이냐는 문제에 관해 말하자면, 장애가 있는 아이의 양육은 법으로 금해야 한다. 그러나 자녀 수가 너무 많아서 행해지는 유기를 사회적 관습이 금한다면 산아제한을 실시해야 한다. 부부가 이런 규정을 어기고 교합하여 아이를 가지면, 태아가 감각과 생명을 갖기 전에 낙태해야 한다. 낙태가 합법이냐 불법이냐는 태아에게 감각과 생명이 있느냐 없느냐에 달려 있다.

플라톤이나 아리스토텔레스가 성인聖人은 아니지만 그래도 유명한 철학자들인데 장애가 있거나 열등한 영아는 죽여도 된다고 주장하다니요. 사실 그 당시 그리스는 꼭 장애가 없더라도 산아제한을 목적으로 영아를 살해하던 시대입니다. 고대 그리스가 그렇게 미개한 나라였나요? (1장에서 고대 그리스가 얼마나 문명이 발달한 나라였는지 그리스인이 느끼는 자부심을 보았습니다.) 플라톤이나 아리스토텔레스가 그렇게 잔인했나요? 서양의 근세에 공리주의를 주창한 벤담도 영아 살해를 "아주 소심하게 생각해보아도 눈곱만큼도 꺼림칙하지 않은 성질의 것"이라고 말했습니다. 그리고 현대에도 그렇게까지 단호하게 주장을 하지는 않지만, 영아 살해를 옹호하는 철학자들이 있습니다. 지금부터 무슨 근거로 태아는 물론이고, 갓 태어난 아이도 죽일 수 있다고 주장하는지 살펴봅시다.

## 인간을 죽이면 안 되는 이유

플라톤의 시대도 아니고 앤드루 잭슨의 시대도 아닌 현대에는 사람을 죽여도 된다고 공공연하게 주장하는 사람은 없습니다. 특히 갓 태어난 아이라면 더욱 말할 것도 없지요. 물론 현대에 살인이 안 일어난다는 뜻이 아닙니다. 아직도 무자비한 살육이 일어나며, 갓 태어난 아이를 죽이는 부모도 있습니다. 다만 과거 시대와 달리 그런 행동을 대놓고 정당화하지는 않는다는 뜻입니다.

우리는 사람을 죽이면 당연히 안 된다고 생각하지요. 자, 그러면 사람을 죽이면 왜 안 될까요? 얼른 나올 수 있는 대답은 사람이니까 죽이면 안 된다는 겁니다. 그러나 이 대답은 만족스럽지 못합니다. 왜 사람을 죽이면 안 되느냐고 물었는데 사람이니까 죽이면 안 된다고 대답하는 것은 같은 말을 되풀이하는 것이니까요. 약간 더 세련된 대답은 인간은 같은 종족이니까 죽이면 안 된다는 겁니다. 이 대답은 같은 말을 되풀이하지는 않지만, 만족스럽지 못하기는 마찬가지입니다. 같은 종족이니까 죽이면 안 된다는 대답은 다른 종족이라면 죽여도 된다는 뜻이니까요. 만약 이 대답이 타당하다면 잭슨처럼 아메리카 원주민 학살도 옹호할 수 있습니다. 잭슨은 같은 백인은 죽이면 안 되지만 아메리카 원주민은 자신과 다른 인종이므로 죽여도 된다고 생각했을 텐데, 종족이 다르다는 이유로 차별해도 괜찮다면 인종에 따라 차별을 하는 잭슨을 무슨 수로 비난할 수 있을까요? 인종이 다르면 죽어도 된다는 주장이나 종족이 다르면 죽어도 된다는 주장이나 자의적인 것은 똑같습니다.

이제 종족에 얽매이지 않는 대답을 찾아야 합니다. 그 한 가지는

**종차별주의**

인종에 따른 차별을 '인종차별주의', 성별에 따른 차별을 '성차별주의'라고 부르듯이, 종족에 따른 차별을 '종차별주의'라고 부릅니다. 인종차별주의와 성차별주의는 차별의 대표적인 사례로 많이 알려졌고 공개적으로 옹호하는 사람도 거의 없지만, 종차별주의는 용어도 낯설고 대부분 당당하게 옹호합니다. 인종과 성별을 구분하는 피부색이나 성염색체는 사람들을 다르게 내우하는 합리적 근거가 되는 경우가 거의 없지만, 사람과 사람이 아닌 동물을 구분하는 특징들―합리성, 언어 사용, 사회 형성 따위―은 인간과 인간이 아닌 동물을 다르게 대우하는 합리적 근거가 된다고 생각하기 때문입니다. 가령 인간은 피부색이나 성염색체에 따라 지능이 다르지 않기 때문에 유색 인종이라고 해서, 여성이라고 해서 학교에 다니지 못하게 하면 차별이지만, 인간이 아닌 동물은 인간에 견줘 지능이 한참 떨어지므로 학교에 다니지 못하게 한다고 해서 차별이라고 말할 수 없습니다. 그러나 종차별주의를 반대하는 사람들은 종차별의 관행이 지능과 관련 없는 분야에서 일어난다고 지적합니다. 예컨대 고통을 느끼는 능력은 인간이든 동물이든 차이가 없는데, 인간이 아니라고 해서 원하지 않는 고통을 주어도 상관없다고 생각하는 것이 대표적인 종차별적 관행이고, 그것은 윤리적으로 비난받아야 한다고 주장합니다. 종차별은 15장에서 본격적으로 다룹니다.

죽으면 아프므로 사람을 죽이면 안 된다는 대답입니다. 죽을 때는 상당한 고통이 따르므로 사람들은 죽음을 두려워합니다. 드디어 사람을 죽이면 안 되는 만족스러운 대답이 나온 것 같은가요? 만약 이 대답이 만족스럽다면 사람을 아프지 않게 죽인다면 죽여도 괜찮다는 결론이 나옵니다. 죽는 순간의 고통 때문에 죽이면 안 된다고 했으므로 고통을 주지 않는 죽음은 허용된다는 것이죠. 그러나 우리는 이런 결론을 받아들일 수 있을까요? 사람을 납치해서 마취해 고통 없이 죽인다면 문제가 안 된다는 이야기인데, 이런 세상이라면 무서워서 살 수가 없겠지요. 어, 방금 무섭다고 했네요? 비록 죽는 순간은 마취했기 때문에 고통은 없다고 해도 납치당하면 두렵습니다. 나에게 무슨 일이 생길지 모르니까요. 따라서 고통 없이 죽는다고 해도 죽음에 이르는 과정에서는 아픔과 공포를 주므로 나쁘다는 설명이 가능할 것 같네요. 그러면 다음과 같은 죽음은 괜찮지 않느냐는 반론이 다시 나올 수 있습니다. 납치당할 때의 두려움이 없도록 납치할 때부터 아예 마취해서 쥐도 새도 모르게 죽이면 납치의 두려움도 죽음의 고통도 없지 않겠느냐는 것이죠. 아프기 때문에 사람을 죽이면 안 된다고 대답하면 이와 같은 죽음은 허용되므로 우리의 직관과 어긋난다는 문제가 생기는 겁니다.

사람을 죽이면 아프기 때문에 죽이면 안 된다고 주장하면 또 다른 문제가 생깁니다. 죽을 때 아픈 존재는 사람뿐만이 아닙니다. 고통을 느낄 수 있는 존재는 모두 죽을 때 아픕니다. 시골에서 돼지 먹을 딸 때 나는 소리는 온 동네가 떠나갈 정도인데, 그 고통이 엄청나기 때문일 겁니다. 닭도 죽을 때 파닥파닥하는데, 역시 고통스럽기 때문입니다. 그러면 사람을 죽이면 안 되는 똑같은 이유로 돼지나 닭도 죽이면 안 됩니다. 죽을 때 아프다는 이유를 사람에게만 적용하고 다른 동물에게는 적용하지 않는 건 종족을 기준으로 차별하는 셈이므로 일관적이지 못합니다. 일관성을 지키기 위해서는 다른 동물도 역시 죽여서는 안 된다고 하거나 고통 없이 죽이면 괜찮지 않겠냐고 주장해야 합니다. 첫 번째 선택지를 받아들여 채식주의자가 되는 사람도 있지만, 그렇게 일관성 있게 사는 사람은 그리 많지 않습니다. 두 번째 선택지를 받아들이면 앞 단락에서 말한 것처럼 인간의 경우에도 고통 없이 죽이면 상관이 없다고 해야 하는데, 이것은 우리의 직관과 맞지 않다고 했습니다. 물론 6장에서 살펴본 것처럼 동물이 고통을 느끼지 못한다고 한다면 이런 고민을 할 필요가 없습니다. 그러나 거기서도 말했지만, 동물이 고통을 느끼지 못한다면 인간 중에서도 식물인간처럼 고통을 느끼지 못하는 존재가 있게 되는데, 그런 인간도 동물과 똑같이 대우해야 한다는 또 다른 고민이 생깁니다.

앞에서 납치당할 때의 두려움이 없도록 납치할 때부터 아예 마취해서 죽이면 납치의 두려움도, 죽음의 고통도 없다고 했습니다. 이점은 소나 돼지도 마찬가지입니다. 잡히면서 발버둥 치지 않을 테니까요. 그렇다고 해도 인간과 인간 아닌 동물의 결정적인 차이점이 있습니다. 그런 일이 우리 주변에서 일어난다는 것을 알면 우리 인간은 공포를 느낍니다. 아무리 고통이 없이 잡혀가고 죽는다 하더라도, 그런 납치와 희생의 주인공이 된다고 생각하면 무시무시합니다. 그러나 인간 아닌 동물도 그런 공포를 느낄까요? 일부 유인원을 제외하고는 그럴 것 같지 않습니다. 소, 돼지, 닭은 옆에서 같이 놀던 동료가 갑자기 없어져도 눈치채지 못합니다. 자신도 그런 희

위험한 철학책

생양이 된다는 것을 감지할 능력이 없는 겁니다. 인간과 인간 아닌 동물의 이 차이점은 무엇을 의미할까요? 사람은 단순히 납치당하는 순간, 또 죽는 순간의 고통만 느끼는 것이 아니라 미래를 예측할 능력이 있다는 뜻입니다.

사람을 죽이면 안 되는 이유는 이제 이렇게 말할 수 있습니다. 인간에게는 미래를 예측하고 기대할 능력이 있습니다. 그리고 자신이 순간순간만을 살아가는 존재가 아니라 과거와 현재를 거쳐 존재해왔고, 미래에도 같은 사람으로 존재하리라는 것을 알고 있는 존재입니다. 다시 말해서 일정 기간 개별적으로 존재하는 존재라고 스스로 인식할 수 있다는 말입니다. 이것을 어려운 말로 인간은 **자기동일성**(정체성)을 지각할 수 있다고 말합니다. 인간은 이렇게 미래의 나와 지금의 내가 동일한 존재라는 것을 알기 때문에, 미래를 기대하고 그 기대가 꺾이면 실망합니다. 내 기대를 성취하는 존재는 미래의 나인데, 기대했던 것을 그 미래의 '나'가 갖지 못할 것 같으니 실망하는 거죠. 이런 이유로 설령 인간에게는 공포나 두려움 없이 살해되더라도 죽음은 나쁩니다. 미래의 내가 얻으리라고 기대했던 많은 것이 그 죽음으로 사라져버리니까요. 미래에 대한 기대라고 해서 꼭 거창한 것이 아니어도 됩니다. 피곤하니 집에 가서 편히 쉬어야겠다거나 배고프니 밥을 먹어야겠다는 기대가 꺾이는 것만으로도 죽음은 우리에게 중요한 기대를 빼앗아가는 겁니다. 그냥 잠시 후에 내가 살아 있으리라는 잠재적인 기대를 빼앗아가는 것만으로도 죽음은 나쁩니다. 반면 인간 아닌 동물은 어떤가요? 일정 기간 개별적으로 존재한다고 인식하지 못하는 동물은 그런 기대를 할 수 없습니다. 오직 지금 이 순간만을 고통 없이 즐겁게 살면 됩니다. 그러니 인간 아닌 동물에게 고통을 주면서 죽이면 그 즐거움을 해치므로 나쁜 일이지만, 고통 없이 죽이면 나쁘다고 말할 수 없습니다. 동물에게는 빼앗길 미래에 대한 기대가 없으니까요.

## 갓난아이나 식물인간도 인격체라고 부를 수 있을까?

사람을 죽이면 안 되는 이유로서 지금 도달한 결론은 이것입니다. 인간은 과거부터 현재를 거쳐 미래까지 일정 기간 개별적으로 존재한다고 인식할 수 있는 존재인데, 인간을 죽이는 일은 미래에도 존재하리라는 희망을 꺾는 일이므로 옳지 않다고요. 설령 고통 없이 죽이더라도 미래를 빼앗는 일이므로 잘못이고, 자신도 모르는 사이에 마취 상태로 납치되어 죽는 일이 생긴다면 나도 그런 피해자가 되어 나의 미래를 빼앗기게 된다는 공포 속에 살게 되므로 이 역시 옳지 않습니다. 이 이유는 그럴듯해 보이네요. 사람을 죽이면 안 되는 이유를 종족에 기대지 않고 가장 잘 설명했으니까요.

그런데 이 이유는 새로운 논란거리를 낳습니다. 종족에 기대지 않는다는 점 때문입니다. 지금 사람을 죽이면 안 되는 이유로 사람은 일정 기간 개별적인 존재로 인식할 수 있는 능력이 있다고 가정했

위험한 철학책

는데, 모든 인간이 이런 능력을 갖춘 건 아닙니다. 사람은 대부분 그런 능력을 갖추고 있지만, 일부 인간에게는 없습니다. 갓 태어난 어린아이나 지속적으로 식물인간 상태에 있는 사람이 그렇습니다. 갓난아이는 쾌락과 고통을 느끼는 의식 기능은 가지고 있지만, 자기동일성을 인지하지는 못합니다. 자기 인식은 돌 무렵에도 할 수 있지만, 자신이 과거와 미래를 거쳐 동일하게 존재한다고 인식하려면 적어도 서너 살은 되어야 할 겁니다. 태아가 사람인지 아닌지는 논란거리이지만 사람이라고 하더라도 발달 단계가 갓난아이보다 앞서므로 그런 능력은 당연히 없습니다. 식물인간은 자기동일성은커녕 의식도 없고, 호흡이나 소화, 순환 기능만 남아 있습니다. 갓난아이나 식물인간은 인간은 인간이지만, 인간을 죽이면 안 되는 이유를 설명할 때 인간을 규정하는 특징을 가지고 있지 못합니다.

갓난아이나 식물인간을 인간이라고 해야 할까요, 말아야 할까요? 철학자들은 이런 혼란을 정리하기 위해서 '호모 사피엔스'와 '인격체person'라는 용어를 사용합니다. 그러니까 생물학적으로 인간 종족에 속하면 **호모 사피엔스**라고 부르고 일정 기간 개별적인 존재로 인식할 수 있는 존재는 **인격체**라고 부르는 겁니다. 표준국어대사전에 따르면 생물학적으로 사람을 다른 동물과 구별하는 말이 '인류'이므로 '호모 사피엔스' 대신에 '인류'라는 말을 써도 될 것 같습니다. 재미있는 건 표준국어대사전에는 '사람'을 생각하고 언어를 사용하며 도구를 만들어 쓰고 사회를 이루어 사는 동물이라고 정의

했다는 겁니다. 이 '사람'의 정의가 인격체와 거의 비슷합니다. 일정 기간 개별적인 존재로 인식할 수 있는 존재여야 생각도 하고 언어도 사용하고 도구도 만들어 쓰고 사회를 이루어 사니까요. 그리고 그 반대도 성립하고요. 그러니까 적어도 국어사전에 따르면 사람이라고 말할 때는 생물학적인 의미의 사람(호모 사피엔스 또는 인류)을 가리키는 것이 아니라 인격체를 가리킵니다.

문제는 이 호모 사피엔스의 외연과 인격체의 외연이 일치하지 않는다는 점입니다. 전형적인 사람은 대부분 호모 사피엔스이면서 동시에 인격체이지만 갓난아이나 식물인간은 호모 사피엔스이긴 하지만 인격체는 아닙니다. 갓난아이나 식물인간은 생물학적으로는 분명히 인간이지만, 앞에서 말했듯이 인격체로서 갖추어야 할 특성들을 가지고 있지 않으니까요. 그리고 혹시 인간이 아닌 동물 중에서 일정 기간 개별적인 존재로 인식할 수 있는 동물이 있다면 그 동물들은 호모 사피엔스는 아니지만 인격체가 될 수 있습니다. 침팬지나 오랑우탄이나 고릴라 같은 고등한 유인원이 그럴 가능성이 있죠. 갓난아이나 식물인간처럼 인격체가 아닌 호모 사피엔스를 **가장자리 인간**이라고 부르기도 합니다. 호모 사피엔스의 집합에서 중심부에는 전형적인 인간들이 있고 사람으로 구분되는 특성을 갖지 못하는 인간들은 가장자리에 있다고 생각해서 그런 이름이 붙었습니다. 여기서도 갓난아이나 식물인간을 가장자리 인간이라고 불러보죠.

## 가장자리 인간의 운명

앞에서 일정 기간 개별적으로 존재한다고 인식하는 존재를 죽이는 건 미래에도 존재하리라는 희망을 꺾는 일이므로 사람을 죽이는 일은 옳지 않다고 말했습니다. 자, 이런 이유가 가장자리 인간에게도 적용될까요? 아쉽게도 적용되지 않습니다. 가장자리 인간은 미래에 대한 기대감이 없으므로 미래를 꺾을 일도 없습니다. 그렇다고 해서 가장자리 인간을 마음대로 죽여도 된다는 말은 아닙니다. 의식이 없는 식물인간은 몰라도 갓난아이는 쾌락과 고통을 느낄 수 있으니 고통을 주면서 죽이는 일은 당연히 옳지 못하지요.

사람을 죽이면 안 되는 이유를 '권리'로 설명할 수 있습니다. 무언가를 더는 갖고 싶지 않다고 하면 그것에 대한 권리를 포기하겠다는 말이 되지 않나요? 만약 그렇다면 거꾸로 무언가를 계속해서 가지고 싶다면 그것에 대해 권리가 있다고 말할 수 있지 않나요? 예컨대 나는 내 휴대전화를 계속해서 가지고 싶으므로 권리를 가지고 있지만, 만약 그것을 이제 갖고 싶지 않아 버렸다면 권리를 포기한 겁니다. 죽지 않을 권리도 마찬가지입니다. 우리는 동일한 신체와 심리 상태를 가지고 미래에도 계속해서 살고 싶은 바람을 가지고 있으므로 그것을 존중하여 죽지 않을 권리를 부여받습니다. 물론 미래에 대한 기대감이 없는 가장자리 인간이라고 해서 살고자 하는 욕망이 없는 건 아닙니다. 울어대는 갓난아이도, 파닥거리는 닭도,

꿈틀거리는 지렁이도 그런 욕망은 분명히 있습니다. 그러나 그런 욕망은 미래에 대한 기대감을 충족하려는 바람이 아니라, 순간순간 숨을 쉬고 싶고 아픔을 피하고 싶고 배고픔과 목마름을 해소하려는 바람입니다. 그런 바람만 충족된다면 그들의 권리를 전혀 침해하지 않습니다. 따라서 갓난아이는 고통받지 않을 권리가 있으므로 고통을 주어서는 안 되지만, 미래에 대한 기대감을 권리로 갖지는 않으므로 그 권리를 꺾는 것은, 곧 죽이는 것은 문제가 안 됩니다.

그렇다고 해서 갓난아이를 고통을 주지 않는다는 전제에서 마음대로 죽여도 될까요? 역시 말이 안 됩니다. 아무리 편안하게 죽는다 하더라도 그 죽음은 갓난아이의 부모를 비롯한 가족에게 이루 말할 수 없이 큰 고통을 가져다주니까요. 인간이 아닌 동물 중 고등하지 않은 동물은 동료가 주변에서 죽어도, 심지어 많은 동물은 새끼가 죽어도 알아차리지 못하기 때문에 그러한 고통이 없지만, 인간의 경우에는 그렇지 않습니다. 비록 갓난아이에게는 미래의 삶에 대한 바람이 없지만, 부모에게는 갓난아이와 함께 하고 싶은 바람이 있으므로 그 권리를 침해해서는 안 됩니다. 그러나 부모에게 그런 바람이 없다면 경우가 달라집니다. 모르는 사람들이 아니라 바로 부모가 자신의 갓난아이를 고통 없이 죽인다면, 또는 부모의 동의를 받고 다른 사람이 그들의 갓난아이들을 편안하게 죽인다면 윤리적으로 그른 것이 없습니다. 부모가 원한다면 태아를 죽이는 것, 곧 임신 중절이 그르지 않은 것은 두말할 필요도 없고요.

위험한 철학책

아무리 그런 가장자리 인간이라고 해도 죽이면 안 된다고 주장할 수 있는 근거가 있을까요? 언뜻 생각하면 실정법에 어긋나기 때문이라거나, 어떻게 감히 인간을 죽일 수 있느냐는 직관 두 가지 정도를 찾을 수 있겠네요. 그러나 우리는 지금 법적인 논의를 하는 것이 아니라 윤리적인 논의를 하고 있으므로 실정법에 어긋나기 때문에 잘못이라는 근거는 번지수를 잘못 짚은 근거입니다. 윤리적으로 문제가 없다면 법은 언제든지 고칠 수 있죠. 여전히 확고한 근거는 인간 생명의 존엄함 또는 신성함입니다. 아무리 가장자리 인간이고 현재도 그렇고 미래에도 행복보다는 고통을 더 많이 느끼는 존재라고 해도, 그래도 인간인데 그 신성한 생명을 어떻게 함부로 빼앗을 수 있느냐는 거죠. 그러나 인간이 인격체가 아니라 호모 사피엔스를 가리킬 때의 인간 생명의 신성함은 합리적인 반성에서 나온 결과가 아니라 크리스트교와 같은 특정 종교에서 비롯된 것입니다. 크리스트교에서는 그 종교에서 믿는 신이 인간이라는 특정 생물학적 종족을 만들 때 신의 형상을 따라서 만들었고 신성한 영혼을 불어넣어 주었으므로, 우리의 뜻에 따라 죽이는 행동은 어떤 것이든 신의 권리를 침해하는 일이라고 생각합니다. 신이 생명을 가져가는 자연사自然死만이 용납할 수 있는 죽음입니다. 그러나 이런 특정 종교의 생사관은 그 종교를 믿지 않는 사람에게까지 보편화할 수 없습니다. 어떤 종교에서 떠받드는 신이 백인에게만 특별한 영혼을 불어넣어 주었으므로 백인의 생명만 신성하다고 주장한다고 해서

## 미끄러운 비탈길

갓난아이나 식물인간을 죽이는 것은 윤리적으로 그르지 않다는 주장에 대해 미끄러운 비탈길 논증에 의한 비판을 할 수 있습니다. 아돌프 히틀러는 삶의 가치가 없다는 이유로 장애인을 죽이는 프로그램을 시행했고, 이 프로그램은 유대인이나 집시나 동성연애자 학살로 이어졌습니다. 갓난아이나 식물인간을 죽여도 괜찮다고 하는 순간, 그 주장의 근거는 미끄러운 비탈길을 타고 쭉 내려가 결국에는 자신의 마음에 들지 않는 반대자들을 대량 학살하는 수단으로 이용될 수 있다는 것이 비판의 요지입니다. 비탈길의 맨 위에 있는 주장은 혹시 받아들일 수 있을지 모르지만, 비탈길의 맨 위에 발을 내딛는 순간 도저히 용납될 수 없는 비탈길의 맨 아래로 치닫게 되므로 애초의 주장도 받아들일 수 없다는 것이 미끄러운 비탈길 논증입니다. 그런데 비탈길의 맨 위와 맨 아래의 주장이 근본적으로 차이가 있다면 비탈길의 중간에는 턱이 생기게 되고, 그러면 쭉 미끄러지는 일은 생기지 않을 겁니다. 갓난아이나 식물인간과 달리 유대인이나 집시나 동성연애자는 미래에 대한 기대감을 확실히 가지고 있습니다. 따라서 갓난아이나 식물인간을 죽여도 되는 이유가 그들에게는 적용되지 않습니다. 이렇게 사실은 미끄러운 비탈길이 아닌데도 미끄러운 비탈길인 것처럼 비판하는 것을 '미끄러운 비탈길의 오류'라고 부릅니다.

그 주장이 보편화할 수 없는 것과 차이가 없기 때문입니다. 종교에 기원을 두고 있는 인간 생명의 존엄성 주장은 그 근거가 그리 튼튼하지 못합니다.

어떻게 그 귀엽고 연약한 갓난아이를 죽일 수 있느냐고 생각하는 사람도 있습니다. 그러나 우리는 갓난아이 못지않게 귀엽고 연약한 동물들을 서슴지 않고 죽입니다. 밍크는 참 귀엽지만, 예쁜 털을 가

위험한 철학책

지고 태어났다는 이유만으로 인간에게 죽임을 당합니다. 그러나 그때는 귀여움이 죽어서는 안 되는 이유로 작용하지 않죠. 그런데도 갓난아이는 안 되고 밍크는 된다고 생각하는 것은 종족에 따른 차별이고, 이는 인종에 따른 차별과 다를 바가 없습니다.

인간은 생각보다 그렇게 존엄하지 않습니다. 그러면 우리는 스위프트가 〈과감한 제안〉에서 말한 대로 갓난아이들을 통통하게 살을 찌워 먹는 것도 잘못된 것이 없겠네요? 부모가 원한다면 윤리적인 문제는 없습니다. 그러나 우리가 윤리적으로 문제가 안 된다고 해도 혐오감이 드는 음식들이 많습니다. 그러니 얼마나 많은 사람이 그걸 먹을지 모르겠습니다. 그것 말고 먹을 것이 없는 시대도 아니고요.

## 뒤집어 보기 ───────────────────

갓난아이는 비록 미래에 대한 기대감은 없지만 살아 있었다면 지금 느끼고 있을 즐거움을 계속 느끼며 살 것입니다. 미래에 실현될 즐거움이긴 하지만, 이 세상에서 그런 즐거움을 빼앗는 일은 역시 옳지 않으므로, 갓난아이를 죽이는 것은 옳지 않다고 말할 수 있습니다. 그 아이가 즐겁게 살지 괴롭게 살지 어떻게 아느냐고 반문하는 사람도 있겠죠. 물론 사는 게 괴로운 사람도 있습니다. 그러나 사는 게 괴롭다고 말하는 사람들도 살아 있다는 것 자체가 기쁨이고, 앞으로 괴로움보다는 기쁨이 많을 거라고 생각하기 때문에 계속 살아갑니다. 그렇지 않다면 진작 자살했겠죠. 아마 갓난아이는 대부분 살아 있다는 것만으로도 즐거움을 느낄 그런 평범한 사람이 될 것입니다. 아무리 고통을 주지 않고 부모가 동의했다고 하더라도 그런 즐거움을 없애는 건 옳지 못합니다.

그렇다면 플라톤이나 아리스토텔레스가 주장한 것처럼 열등하거나 장애를 가지고 태어난 갓난아이는 부모가 동의한다면 고통 없이 죽여도 될까요? 그런 갓난아이는 살아 있어도 인생이 괴로울 테니까요. 전혀 그렇지 않습니다. 열등하거나 장애를 가지고 태어난 아이라고 해서 미래의 삶이 괴로울 거라고 누가 그러나요? 실제로 우리 주변에 보면 지능이 낮거나 장애가 있는 사람도 그렇지 않은 사람 못지않게, 또는 어떤 면에서는 더 즐겁게 삽니다. 또 부모가 그 아이의 삶을 원하지 않거나 행복하게 키울 수 없다고 하더라도 현대 사회에는 그들을 대신 키울 수 있는 시설이나 입양할 가족이

위험한 철학책

있습니다. 그러니 그들의 즐거움을 빼앗아 가는 것 역시 옳지 못합니다.

그러나 미래의 즐거움을 근거로 어떤 존재를 없애는 것에 대한 반대는 심각한 반론에 직면합니다. 잠재적인 즐거움은 현재의 즐거움과 다르니까요. 도토리는 언젠가 아름드리 참나무가 됩니다. 그래도 묵을 만들기 위해 도토리를 가는 것은 참나무를 베는 것과는 차원이 다릅니다. 의과대학생은 언젠가 의사가 될 것입니다. 의과대학생은 잠재적인 의사라고 해도 법적으로 진료할 수 없습니다. 잠재성은 어디까지나 잠재성일 뿐입니다.

사람을 죽이면 안 되는 이유를 권리를 가지고 설명했으니, 그 권리에 대해 반론을 펼 수도 있습니다. 앞에서 권리를 설명하면서 휴대전화를 더는 갖고 싶지 않아 버렸다면 권리를 포기한 것이라고 말했습니다. 그러니 그때는 휴대전화를 마음대로 가져가도 상대방의 권리를 침해하지 않는다고요. 그러나 그런 경우라도 휴대전화를 가져가도 되느냐고 확인해야 하지 않을까요? 그렇게 하지 않고 맘대로 가져가는 것은 점유물이탈횡령, 곧 도둑질 아닐까요? 갓난아이는 미래에 대한 기대가 없으므로 그것에 대한 권리도 없다고 했습니다. 이 경우에도 갓난아이가 앞으로 자라 미래에 대한 기대가 생길 텐데, 그것을 정말로 포기할 거냐고 물어야 하지 않을까요? 만약 갓난아이가 자기 의사를 표현할 수 있으면 분명히 나는 그것(미래에 대한 기대감)을 지금 쓰지 않고 있을 뿐이지 버리지는 않았다고 말할 텐데, 그것을 맘대로 가져가면 갓난아이의 권리에 해를 끼치는 것 아닐까요?

## 더 깊이 읽기 ─────────────

스위프트의 〈겸손한 제안〉은 그의 《책들의 전쟁》(최수진 옮김, 느낌이있
는책, 2011), 56~57쪽에 실려 있습니다. 플라톤의 주장은 그의 《국가·
정체》(박종현 옮김, 서광사, 2005), 339쪽(제5권, 460c)에, 아리스토텔레스
의 주장은 그의 《정치학》(천병희 옮김, 숲, 2009), 418쪽(제7권, 1335b)에
나옵니다. 벤담의 발언은 그의 *Theory of Legislation*(1802)에 나오는
데, 여기서는 피터 싱어Peter Singer의 《실천윤리학》(황경식·김성동 옮김,
연암서가, 2013), 273쪽에서 재인용했습니다. 호모 사피언스와 인격체를
구분하여 인간을 죽여서는 안 되는 이유가 인격체가 아닌 호모 사피엔
스에는 적용되지 않는다고 주장하는 철학자로는 마이클 툴리, 싱어 등
이 있습니다. Michael Tooley, "Abortion and Infanticide", *Philosophy
and Public Affairs 2*(1972), pp.37~65와 싱어의 《실천윤리학》을 보세
요. 미끄러운 비탈길 논증은 제가 쓴 《변호사 논증법》(웅진지식하우스,
2010), 10장에 자세히 설명되어 있습니다.

10

# 죽음은
# 그리 나쁘지 않다

## 천 개의 바람이 되어

나의 사진 앞에서 울지 마요. 나는 그곳에 없어요.
나는 잠들어 있지 않아요. 제발 날 위해 울지 마요.
나는 천 개의 바람 천 개의 바람이 되었죠.
저 넓은 하늘 위를 자유롭게 날고 있죠.

많이 들어본 가사일 겁니다. 팝페라 테너 가수인 임형주 씨가 불러서 유명해진 〈천 개의 바람이 되어A Thousand Winds〉입니다. 본디는 20세기 초반에 미국의 한 주부 시인이 어머니를 잃은 이웃을 위로하려고 쓴 시라고 하는데, 9·11 테러 추모식을 비롯한 여러 추모식에서 낭독되어 유명해졌다고 합니다. 그러다가 이 시에 일본 작곡가가 곡을 붙인 노래를 임형주 씨가 부른 것입니다. 우리나라에서는 특히 세월호 침몰 사고 당시 추모곡으로 불려 널리 알려졌습니다.

이 시는 죽은 사람이 오히려 산 사람을 위로하는 내용입니다. 영정 사진은 사진일 뿐이고 죽은 사람이 아니니 그 앞에서 슬퍼할 필요가 없다고 말합니다. 그리고 죽은 사람은 잠든 것도 아니고 천 개의 바람이 되어 하늘을 자유롭게 날고 있으니 역시 죽은 사람을 위해 울 필요가 없다고 말합니다. 정말로 죽은 사람이 사실은 죽은 게 아니라 그렇게 자유롭게 날고 있다면 남은 사람들에게는 위로가 될지도 모르겠습니다.

## 죽음은 남은 사람에게 나쁠까, 떠난 사람에게 나쁠까

9장에서 사람을 죽이면 안 되는 이유로 먼저 죽을 때 아프기 때문이라는 답변을 살펴보았습니다. 그러면 아프지 않게 죽이면 괜찮은 거냐고 물었더니 인간에게는 미래를 예측하고 기대할 능력이 있으므로 그런 사람을 죽이면 미래에 대한 기대를 빼앗기 때문에 옳지 않다는 답변이 나왔습니다. 그러면 다시 인간 중 그런 능력이 없는 인간은 죽여도 문제가 안 된다는 주장까지 살펴보았습니다.

이번에는 좀더 근본적으로 미래를 예측하고 기대할 능력이 있는 인간을 죽이는 것마저 과연 나쁜지 생각해봅시다. 그러니까 그런 능력이 있든 없든 죽음이 정말로 사람에게 나쁜지 살펴보자는 겁니다. 자살을 계획하는 일부 사람을 제외하고 사람은 대부분 죽음을 두려워하고 죽음은 나쁘다고 생각합니다. 죽는 과정이 고통스러워 죽음이 나쁘다고 생각하는 사람도 많지만, 9장에서도 말했듯이 그러면 고통 없는 죽음은 괜찮다는 결론이 나옵니다. 우리는 설령 죽음의 과정이 고통스럽지 않더라도 죽음은 그 자체로 나쁘다고 생각합니다. 죽음은 과연 나쁠까요? 죽음은 정말로 악할까요?

이 질문에 대답하기 위해 먼저 구분할 게 있습니다. 죽음이 사람에게 정말로 나쁘냐고 물을 때 그 사람은 죽은 당사자일 수도 있고 살아남은 사람일 수도 있으니까요. 먼저 살아남은 사람 편에서 생각해보죠. 죽은 사람을 보면 살아남은 사람도 슬프고 괴로운 이유는 아마 두 가지 때문일 겁니다. 첫째는 죽은 사람과 영원히 헤어지기 때문입니다. 죽은 사람과 살아생전에 교류했던 즐거운 기억이 있는데, 이제는 더는 그럴 수 없다고 생각하니 슬플 따름입니다. 둘째는 죽음이 죽은 사람에게 나쁘다고 생각하기 때문입니다. 꼭 죽어가는 과정이 얼마나 고통스러웠겠냐고 말하는 것은 아닙니다. 그런 고통이 없었다 하더라도 죽은 사람에게 죽음은 나쁘다고 생각하는 것이 우리의 상식입니다. 살아 있다면 누렸을 많은 행복을 빼앗겼고 9장에서 말한 것처럼 미래에 대한 여러 희망이 꺾였기 때문입니다.

더 중요한 것은 둘째 이유입니다. 세월호 침몰 사고로 아직도 그 시신을 찾지 못한 사람들이 있습니다. 우리가 그 실종자들을 안타까워하고 슬프다고 생각하는 까닭은 그들이 우리가 다시는 볼 수 없는 영원한 여행을 떠났다고 생각하기 때문만은 아닙니다. 비록 앞으로 볼 수는 없지만 어딘가에 살아 있음을 알고 있다면 그렇게 까지 괴롭지는 않을 겁니다. 그들에 대해 슬프게 생각하는 까닭은 살아 있을 가망이 없다고 생각하기 때문입니다. 따라서 죽은 사람을 보면 살아남은 사람이 슬픈 두 가지 이유 중 첫째 이유, 곧 죽은 사람과 앞으로 못 보게 되어 슬프다는 이유는 둘째 이유, 곧 죽음이 죽은 사람에게 나쁘다고 생각하기 때문이라는 이유에 압도되고 맙니다. 다시 말해서 죽음이 죽은 사람뿐만 아니라 산 사람에게도 나쁘기는 하지만, 왜 나쁜지 곰곰이 생각해보면 결국 죽은 사람에게 나쁘다고 생각하기 때문입니다. 따라서 죽음이 정말로 나쁜지 살펴보기 위해서는 결국 산 사람에게 나쁜지보다는 죽은 당사자에게 정말로 나쁜지 검토해봐야 합니다.

## 그이가 더 살았더라면 행복했을 텐데

저승의 존재를 받아들인다면 죽은 사람에게 죽음이 나쁜 이유를 설명할 수 있을 것 같습니다. 만약 지옥이 있다면 지옥 불에 떨어지는 사람은 영원한 고통을 받을 테고, 그 고통을 생각하면 지옥에 갈 것 같은 사람에게 죽음은 몹시 나쁠 겁니다. 악한 짓을 많이 한 사람일수록 죽음이 두려울 겁니다. 그런 사람들은 아마 죽지 않기 위해 더 발악할 테고요. 그러나 이런 걱정은 지옥에 갈 것 같은 사람에게나 해당합니다. 그런 걱정이 없는 사람에게 죽음은 나

위험한 철학책

쁠 게 없습니다. 소크라테스가 사형 선고를 받고 감옥에 갇혀 있을 때 친구들과 제자들의 도움으로 도망갈 수 있었지만 의연하게 사형 집행을 받았다는 유명한 이야기가 있습니다. 그랬던 이유 중 하나는 그가 죽는 것은 오직 육체뿐이고 영혼은 영원히 살 거라고 믿었기 때문입니다. 그리고 자신은 떳떳한 삶을 살았기 때문에 영혼은 천국으로 갈 것이라고 믿었으며, 그래서 죽음이 오히려 기대된다고까지 했습니다. 이런 소크라테스에게는 죽음은 전혀 나쁜 일이 아닙니다. 한편 악한 짓을 많이 해도 죽음을 두려워할 필요가 없지요. 저승이나 소크라테스가 말한 영혼의 존재를 믿어야 내세에서의 고통이 두렵지, 그런 것을 믿지 않는 사람은 아무리 못되게 살았어도 죽음 이후의 세상에 대해 전혀 걱정할 필요가 없으니까요.

저승이 있든 없든 죽을 거라는 예상 자체가 나쁘다고 말하는 사람도 있을 겁니다. 우리는 죽는다고 생각하면 불안하고 걱정이 되고 두렵습니다. 죽음에 대한 공포, 이것이야말로 죽음이 나쁜 이유 아닐까요? 그러나 왜 죽음을 두려워할까요? 그것은 죽음이 나쁘다고 생각하기 때문입니다. 왜 죽음이 나쁘냐고 물었는데, 죽음이 나쁘다는 생각 때문에 무서워서 나쁘다고 말합니다. 이것은 일종의 **선결 문제 요구의 오류**, 곧 해결해야 할 문제를 해결하지 않고 당연하게 제시하는 잘못입니다. 죽음이 나쁘다는 것을 설명하기 위해서 죽음이 나쁘다고 가정했으니까요.

어른도 그렇지만 특히 어린이들은 주사 맞는 것에 공포를 느낍니
다. 어릴 때 주사를 맞기 전에 느꼈던 공포를 생각해보세요. 주사를
맞을 때의 따끔한 고통을 경험하여 기억하고 있으니 주사를 맞는다
는 생각만 해도 두렵습니다. 다시 말해서 주사 맞을 때의 고통스러
운 경험 때문에 주사 맞으리라 예상하는 것 자체를 나쁘다고 생각
하는 겁니다. 죽는 것은 주사 맞는 것과 견줄 수 없을 정도로 큰 고
통입니다. 그런 고통 때문에 죽음을 예상하는 것 자체가 나쁘다고
대답할 수도 있을 겁니다. 그러나 살아 있는 어떤 사람도 죽음을 경
험해본 적이 없습니다. 죽어가는 사람을 지켜보았고 그 과정에서

겪는 고통을 간접 경험하기는 했지만, 죽는 과정의 고통은 여기서 고려하지 않기로 했습니다. 따라서 주사 맞는 것을 예상하는 공포와 달리 죽음을 예상하는 공포는 설명할 길이 없습니다. 기껏해야 죽음 그 자체가 나쁘기 때문이라고밖에 설명할 수가 없는데, 이는 앞에서 말했듯이 선결 문제 요구의 오류입니다.

그렇다면 죽은 사람에게 죽음은 나쁘지 않다는 말인가요? 그럴 리가 있나요. 앞에서 죽음이 살아남은 사람에게 나쁜 이유는 죽은 사람과 영원히 헤어지기 때문이라고 했습니다. 죽은 사람에게도 죽음이 나쁜 이유를 똑같이 설명할 수 있습니다. 죽음은 그에게 살아남은 사람들과의 친분뿐만 아니라 모든 것을 빼앗아 갑니다. 죽음은 살아 있었으면 누렸을 행복이나 미래에 대한 희망을 송두리째 잃게 합니다. 죽은 당사자에게 죽음이 나쁜 이유는 이렇게 삶의 좋은 것을 모두 **빼앗아** 가기 때문이라고 설명하는 이론을 **박탈 이론**이라고 부릅니다. 죽음은 죽지 않았으면 누렸을 행복과 희망을 몽땅 박탈하므로 나쁘다는 설명이 죽음이 나쁜 이유를 가장 잘 설명하는 듯합니다. 우리는 같은 죽음이라도 젊은이들의 죽음에 대해 더 안타까워하고 슬퍼합니다. 앞으로 할 일도 많고 누릴 행복도 클 텐데 그것을 빼앗겼다고 생각하기 때문이지요. 세월호 참사도 아직 피어보지 못한 꽃다운 나이의 죽음에 사람들은 더욱 애도했습니다. 박탈 이론은 우리의 이런 생각도 잘 대변해줍니다.

## 에피쿠로스의 동시성 조건

이 박탈 이론은 기원전 3세기의 그리스 철학자인 에피쿠로스에게 비판받았습니다.

"죽음이 우리에게 아무것도 아니다."라는 믿음에 익숙해져라. 왜냐하면 모든 좋고 나쁨은 감각에 있는데, 죽으면 감각을 잃게 되기 때문이다. 따라서 "죽음이 우리에게 아무것도 아니다."라는 사실을 제대로 알게 되면, 가사성可死性도 즐겁게 된다. (……) "죽음은 두려운 일이 아니다."라는 사실을 진정으로 깨달은 사람은, 살아가면서 두려워할 것이 없다. 그러므로 "내가 죽음을 두려워하는 이유는, 죽을 때 고통스럽기 때문이 아니라, 죽게 된다는 예상이 고통스럽기 때문이다."라고 말하는 사람도 헛소리를 하는 셈이다. 왜냐하면 죽음이 닥쳐왔을 때 고통스럽지 않은데도 죽을 것을 예상해서 미리 고통스러워하는 일은 헛되기 때문이다. 그러므로 가장 두려운 악인 죽음은 우리에게 아무것도 아니다. 왜냐하면 우리가 존재하는 한 죽음은 우리와 함께 있지 않으며, 죽음이 오면 우리는 이미 존재하지 않기 때문이다. 그렇다면 죽음은 산 사람이나 죽은 사람 모두와 아무런 상관이 없다. 왜냐하면 산 사람에게는 아직 죽음이 오지 않았고, 죽은 사람은 이미 존재하지 않기 때문이다.

에피쿠로스는 쾌락을 강조한 철학자로 유명합니다. 그런데 행복한 삶을 살기 위해서는 쾌락만 늘려서는 되지 않습니다. 아무리 쾌락이 커도 고통도 그만큼 크다면 행복하지 않으니까요. 희한하게도 큰 쾌락에는 큰 고통이 따르기 십상입니다. 밤새 술 마시고 즐겁게 놀면 그다음 날 숙취라는 고통이 뒤따르는 경험이 그런 예입니다. 그래서 행복한 삶을 위해서는 쾌락만 늘려서는 안 되고, 고통도 없애거나 줄여야 합니다. 에피쿠로스는 그 고통 중 가장 큰 것이 죽음에 대한 두려움이라고 보고 죽음에 대한 두려움을 없애는 것을 중요한 목표로 삼았습니다.

그가 보기에 죽음에 대한 두려움이 생기는 까닭은 죽음에 대한 잘못된 믿음 때문이었습니다. 그래서 그 잘못된 믿음을 고침으로써 죽음에 대한 두려움을 없애고 참된 행복에 이를 수 있다고 생각했습니다. 그 잘못된 생각 중 가장 대표적인 것은 죽은 다음에도 우리가 살아 있으리라는 생각입니다. 죽은 다음에 우리는 없습니다. 정말로 없느냐고요? 앞에서 말한 것처럼 소크라테스는 죽은 다음에도 우리는 존재한다고 주장합니다. 물론 몸뚱이는 썩어 없어지지만, 영혼으로 살아남는다고 말합니다. 정말 그런가요? 우리는 문상을 가면 유가족에게 망자께서 좋은 곳에 가셨을 거라고 위로합니다. 좋은 곳에 간 주체는 물론 영혼이겠죠. 소크라테스 시절에는 많은 사람이 영혼의 존재를 믿었지만, 현대인은 영혼의 존재를 진지하게 믿는 것 같지는 않습니다. 종교를 믿는 사람이나 또는 장례식장에서나 그렇게 생각합니다. 여기서 영혼이 존재하니 마니 논의할 필요는 없습니다. 복잡한 주제이기도 하지만, 있든 없든 어떤 결론도 끌어낼 수 있기 때문입니다. 있다고 해도 소크라테스가 말한 대로 영혼은 영원히 살 테니 죽음은 나쁘지 않고, 없다고 해도 에피쿠로스가 말한 대로라면 죽음은 나쁘지 않으니까요. 그럼 왜 에피쿠로스는 그렇게 주장했을까요? 왜 죽은 다음에 아무것도 없다면 죽음은 나쁘지 않을까요?

그것은 바로 나쁘다는 것을 느낄 주체가 없기 때문입니다. 누군가가 있어야 좋든 나쁘든 하지 않겠어요? 무엇인가가 나쁘다면 누군가에게 나빠야 할 것입니다. 주사 맞는 것을 두려워한다면 그것은 그런 두려움을 느끼는 나에게 나쁜 일입니다. 그리고 주사를 실제로 맞아서 아프다면 그것은 그런 아픔을 느끼는 나에게 나쁜 일입니다. 쾌락과 고통에 따라 행복을 판단하는 에피쿠로스에게 이건 당연한 생각입니다. 쾌락과 고통을 느낄 누군가가 있어야 하니까요.

이 말을 약간 어렵게 하면, 나쁜 일이 생기려면 나쁜 일이 귀속될 사람이 있어야 한다고 말할 수 있습니다. 더 정확히 말하면 그 나쁜 일이 일어나는 시점에 그 사람이 있어야 합니다. 나쁜 일과 그 나쁜 일이 귀속되는 사람은 동시에 존재해야 합니다. 이것을 편의상 **동시성 조건**이라고 불러보지요. 그런데 죽음의 경우를 보세요. 어떤 사람이 존재할 때는 죽음이 아직 일어나지 않았습니다. 그리고 죽음이 일어날 때는 그 사람은 존재하지 않습니다. 죽음이 오는 바로 그 순간 그 사람은 더는 존재하지 않습니다. 죽음이라는 나쁜 일과 그 나쁜 일이 귀속되는 사람은 동시에 존재할 수 없는 겁니다. 물론 죽음이 나쁜 일이라고 할 때 염두에 두는 사람은 죽기 전에 존재했던 바로 그 사람입니다. 그러나 죽음이라는 나쁜 일이 일어날 때는 그 사람은 이제 존재하지 않습니다. 동시성 조건은 충족되지 않습니다. 그러니 죽음이 어떻게 나쁠 수 있겠어요? 에피쿠로스가 앞 인용문 맨 마지막에 "그렇다면 죽음은 산 사람이나 죽은 사람 모두와 아무런 상관이 없다. 왜냐하면 산 사람에게는 아직 죽음이 오지 않았고, 죽은 사람은 이미 존재하지 않기 때문이다."라는 말이 바로 그 뜻입니다.

죽음이 나쁘다는 것을 가장 그럴듯하게 설명하는 이론은 죽지 않았으면 누렸을 행복과 희망을 몽땅 박탈당하므로 죽음은 나쁘다는 박탈 이론이었습니다. 이제 박탈 이론은 더 이상 타당해 보이지 않네요. 무엇인가를 박탈당할 주체가 없기 때문입니다. 이때 박탈은 모든 것을 다 잃는다는 뜻입니다. 내가 살아 있으면서 사탕을 하나 빼앗겼다고 해도 그 박탈을 경험할 주체가 여전히 있으므로 나쁘다는 게 설명되지만, 죽음은 나에게 있을 모든 행복과 심지어 나마저도 박탈합니다. 그러니 박탈을 경험할 주체가 없습니다. 나쁜 일과 그 나쁜 일이 귀속되는 사람은 동시에 존재해야 한다는 동시성 조건이 충족되지 않으니, 죽음은 더는 나쁜 일이 아닙니다.

사실 죽음으로 인해 생기는 박탈은 박탈이 일어나는 바로 그 순간, 그 존재 자체를 비존재로 만들어버립니다. 그러니 박탈이라는 나쁜 일과 그 나쁜 일이 귀속되는 사람이 동시에 존재하는 일은 원리적으로 있을 수 없어 보입니다. 에피쿠로스의 주장은 어떻게 해도 맞는 말인 듯하네요.

〈천 개의 바람이 되어〉를 다시 보죠. 이 노래의 화자는 에피쿠로스의 관점을 취한다고 볼 수 있습니다. 자기를 위해 우는 사람들에게 자기는 거기에 없으니, 잠들어 있지 않으니 울지 말라고 말하니까요. 그런데 다시 보면 소크라테스의 관점이기도 합니다. 천 개의 바람이 되어 저 넓은 하늘 위를 자유롭게 날고 있으니까요. 어느 쪽이든 그 화자의 관점에서는 나쁜 일이 아니니 정말로 슬퍼할 필요가 없네요.

그러나 이것은 어디까지나 죽은 당사자 관점에서 말한 것입니다. 살아남은 사람은 죽은 사람과 헤어져 슬프고, 그 슬퍼하는 사람은 존재하니 에피쿠로스의 관점에서도 죽음은 살아남은 사람에게는 나쁩니다. 그러나 앞에서 산 사람은 죽은 사람 처지에서 보았을 때 죽음이 나쁜 일이니 슬퍼한다고 했는데, 죽은 사람에게는 나쁜 일이 아니라고 생각하면 위로가 되지 않을까요?

## 죽음이 나쁘다는 것을 느낄 주체가 없는가?

아무리 그래도 죽음은 나쁘지 않다는 에피쿠로스의 주장은 선뜻 받아들이기 힘듭니다. 그래서 여러 철학자는 그 주장을 깨뜨리기 위해 갖가지 시도를 했습니다. 그중 한 가지 반론을 봅시다.

위험한 철학책

에피쿠로스의 주장에서 핵심이 되는 것은 나쁜 일과 그 나쁜 일이 귀속되는 사람은 동시에 존재해야 한다는 동시성 조건일 겁니다. 따라서 그의 주장을 비판하기 위해서는 이 조건을 깨부수어야 할 것 같네요. 나쁜 일이 일어나지만 그 나쁜 일이 귀속되는 사람은 동시에 존재하지 않는 사례가 있으면 되지 않을까요? 그런 반례가 있으면 동시성 조건은 더는 성립하지 않을 겁니다. 먼저 한 가지 예를 봅시다. 내 친구들이 나를 조롱하고 욕하며 다닌다고 해봐요. 친구들이 내 앞에서는 웃고 친절하게 대하지만, 그 자리만 떠나면 나를 깔보고 업신여깁니다. 그런데 나는 그 사실을 전혀 모릅니다. 내가 그 사실을 모른다고 해도 친구들이 나를 조롱하고 욕하는 일은 나에게 나쁜 일이 아닐까요?

이게 동시성 조건의 반례가 될까요? 이것은 나쁜 일이 일어나도 그 나쁜 일이 귀속되는 사람은 동시에 존재하지 않는 사례가 아닙니다. 나쁜 일, 그러니까 조롱받는 일을 내가 모르고 있을 뿐이지 내가 존재하지 않는 건 아니니까요. 동시성 조건에서 말하는 비존재는 존재론적인 비존재이지, 인식론적인 비존재는 아닙니다. 더 나아가 나도 모르게 친구들이 나를 욕하고 다닌다면 나한테 꼭 나쁜 일이 아닐 수 있습니다. 내가 듣지도 않은 조롱과 욕 때문에 기분 나쁠 일이 뭐가 있겠습니까? 물론 그런 조롱과 욕이 퍼져서 나에 대한 나쁜 평판이 쌓이고 결국 나에게 피해가 오는 일이 생기겠지만, 그때는 나라는 존재가 등장하므로 존재론적으로는 물론이고 인식론적으로 나는 비존재가 아니게 됩니다.

　이번에는 나쁜 일이 귀속되는 사람이 죽은 예를 봅시다. 어떤 사람이 유언을 남기고 죽었습니다. 그런데 그 유언을 집행하는 사람이 그 유언을 무시해버립니다. 우리나라에서 실제로 그런 일이 일어난 적이 있습니다. 어떤 돈 많은 독지가가 죽으면서 장학 사업으로 써 달라면서 시가 천억 원의 부동산을 내놓았습니다. 지금도 어마어마하지만 1990년대이니 더 어마어마한 돈이죠. 그런데 유언을 집행하는 변호사가 이 돈으로 장학 재단을 만들지 않고, 선교 재단을 만들어버렸습니다. 유족은 결국 소송을 통해 선교 재단을 설립한 건 잘못이라는 판결을 받았습니다. 이 변호사는 나중에 장관도 지낸 유명한 변호사인데, 그의 주제넘은 행동은 유언을 남긴 사람에게 분명히 나쁜 일입니다. 이 예는 나쁜 일이 귀속되는 사람이 존재하지 않아도 나쁜 일이 일어날 수 있다는 반례가 되지 않을까요?

　어떤 주장에 대해 반례를 제시하는 까닭은 반례가 그 주장을 쉽게 무너뜨린다고 생각하기 때문입니다. 단, 이 반례는 누구나 동의하는 쉬운 사례여야 합니다. 그러나 방금 든 반례는 그 반례가 비판하려는 주장과 별로 다를 바가 없어 보입니다. 살아 있었으면 누렸을 행복이 박탈되는 나쁜 일이 일어나도 그 나쁜 일이 귀속될 사람이 존재하지 않으니 나쁠 게 없다는 주장을 비판하기 위해서, 유언이 제대로 집행되지 않은 나쁜 일이 일어났지만 그 나쁜 일이 귀속되는 사람이 존재하지 않는다는 반례를 들었습니다. 그러나 이 반례는 본디 주장에 속하는 한 가지 사례이므로 반례의 역할을 하지 못합니다. 다시 말해서 이 사례는 본디 주장과 그 운명을 함께하므로 반례가 되지 못한다는 말입니다. 동시성 주장이 옳다면 유언이 제대로 집행되지 않았을 경우 죽은 사람에게 나쁜 일은 없습니다. 앞 변호사 사건에서도 변호사가 유언을 잘못 집행한 것이 나쁜 이유는 죽은 사람에게 나쁘기 때문이 아니라 그 유족에게 나쁘기 때문이라고 생각할 수 있으니까요. 실제로 유족이 소송을 걸지 않았다면 그런 판결이 나오지 않았겠죠. 죽은 사람은 소송을 걸 수도 없고, 그런 이유로 나쁜 일을 당할 수도 없습니다.

동시성 조건은 나쁜 일이 일어나는 바로 그 시점에 일어나는 그 일이 나쁘다고 생각하는 겁니다. 죽음의 경우에는 죽음이 일어난 시점에 죽음이라는 나쁜 일이 귀속되는 사람이 없으니 동시성 조건은 성립하지 않는다는 거죠. 그러나 어떤 일이 나쁘다고 말하기 위해서 꼭 그 일이 일어난 시점만 고려해야 할까요? 다음과 같은 예를 생각해봅시다. 굉장히 지적인 작업을 하는 사람이 있었는데, 어느 날 사고가 나서 유아 수준의 지능이 되어버려 평생을 그렇게 살아야 합니다. 다행스럽게도 사고의 당사자는 과거에 무슨 일을 했는지 기억하지 못하고, 그의 가족들은 사고가 난 그를 잘 돌봐주므로 그는 만족스러운 삶을 삽니다. 이 사람에게 나쁜 일이 일어났다고 말할 수 있을까요? 만약 동시성 조건이 말하는 대로 어떤 일이 일어난 시점만 고려한다면 나쁜 일이라고 말할 수 없습니다. 비록 유아 수준의 지능이지만 그는 여생을 행복하게 살 것이기 때문입니다. 보호자가 있는 유아가 대부분 행복하듯이 말입니다. 그러나 그가 불행하다고 말하는 것이 상식입니다. 그것은 그가 지금 시점 이전에 지녔던 지적인 작업과 비교하기 때문입니다. 그런 사고가 나지 않았다면 지적인 작업을 계속했을 테고, 그것은 본인에게나 사회 전체에 큰 행복을 가져다주리라 생각할 수 있습니다. 우리는 어떤 일이 좋은지 나쁜지 평가할 때 이런 식으로 그 일이 일어나기까지의 역사 전체를 견주어야지, 일이 일어나는 바로 그 시점만 고려해서는 안 됩니다. 따라서 동시성 조건은 편협한 기준이라는 결론에 다다릅니다.

하지만 이런 비판도 에피쿠로스 입장에서 충분히 답변할 수 있을 것 같습니다. 두 가지 답변이 가능할 텐데, 첫째는 지성인의 예는 죽음의 경우가 아니므로 적절한 비유가 아니라는 겁니다. 지성인은 비록 사고가 났지만 여전히 살아 있으므로 사고가 날 때까지의 역사와 비교하는 것이 의미가 있습니다. 그러나 죽어버리면 그런 비교를 할 사람 자체가 존재하지 않습니다. 지성인의 경우에는 사고가 나지 않았으면 더 행복했으리라는 평가가 귀속되는 주체가 비록 지금은 유아의 지능을 갖춘 상태라도 살아 있기는 한 셈이지만, 만약 그 지성인이 죽었다면 그런 비교를 할 사람도 없는 셈이니까요. 동시성 조건이 말하는 바도 바로 그것이고요.

또 한 가지 대답은 유아의 지능을 갖고 살게 된 사람을 그 이전과 비교해서 과연 나쁘다고 말할 수 있느냐는 반문입니다. 지적인 작업을 하며 사는 인생이 유아의 정신으로 사는 것보다 더 행복하다고 평가하는 건 주관적인 판단이 아닐까요? 유아도 얼마든지 자신의 삶에 만족하며 행복해할 수 있는데 말이에요. 실제로 해맑게 노는 유아를 보고 "저렇게 아무 걱정 없이 살면 얼마나 좋을까." 하고 말하는 사람도 많잖아요? 그런 주관적인 판단의 연속선상에서, 살아 있는 것이 죽음보다 더 좋다는 건 역시 주관적인 판단 아닐까요? 배부른 돼지보다 배고픈 소크라테스가 더 만족스럽다는 존 스튜어트 밀의 질적 공리주의에 대해 배부른 돼지가 되어볼 수 없으므로 그런 비교는 불가능하다고 비판할 수 있습니다. 마찬가지로 우리는 유아인 적은 있지만, 그 시절을 기억하지는 못하기 때문에 유아의 삶보다 지성인의 삶이 더 만족스럽다고 말하는 것은 특정 가치관이 개입된 주관적 판단입니다. 마찬가지로 우리는 죽음을 경험해보지 못했기 때문에 삶과 비교해볼 수 없습니다. 더 정확하게는 죽음 이후의 삶을 경험하는 주체가 없기 때문에 그런 비교 자체가 애초에 불가능합니다.

## 소크라테스는 돼지보다 나은가?

밀이 배부른 돼지보다 배고픈 소크라테스가 더 만족스럽다고 말했다고 알려져 있지만, 밀은 소크라테스를 돼지와 비교한 적이 없습니다. 밀의 정확한 발언은 "만족해하는 돼지보다 불만족스러워하는 인간이 되는 것이 더 낫다. 만족하는 바보보다 불만을 느끼는 소크라테스가 더 나은 것이다."입니다. 밀이 이렇게 말한 까닭은 돼지나 바보는 자신밖에 경험하지 못하지만, 거기에 비교되는 인간이나 소크라테스는 양쪽을 모두 경험해봐서 어느 쪽이 더 좋은지 알기 때문입니다. 그런데 인간이나 소크라테스가 정말로 돼지나 바보의 삶을 경험해봤을까요?

불행한 사고가 난 지성인의 사례와 비슷한 예로 '더 좋은 시대에 태어났으면 좋았을걸.' 하는 생각이 있습니다. 조선 시대에 태어난 갑순이는 그 시대 여자들이 대부분 그랬듯이 교육도 받지 못하고 시집가서 남편과 아이들 뒤치다꺼리만 하며 살았습니다. 그러나 여자들은 당연히 그렇게 살아야 하는지 알았고, 그 나름대로 만족스럽게 살았습니다. 그런데 사실 갑순이는 시 쓰기에 천부적인 재능이 있었습니다. 갑순이는 죽기까지 자신이 그 재능을 살리지 못한 것도 몰랐습니다. 만약 현대에 태어났다면 교육도 제대로 받고 재능도 계발하여 훌륭한 시인이 되었을 수도 있습니다. 현대에 태어나지 못한 것이 갑순이에게는 큰 불행이고 나쁜 일입니다. 갑순이는 비록 그 나쁜 일을 느끼지 못하지만, 다시 말해서 에피쿠로스의 동시성 조건을 만족하지 못하지만, 그래도 그것은 갑순이에게 나쁜 일이라고 말할 수 있지 않을까요? 그러나 또 한편으로 생각하면 바보와 소크라테스를 비교하는 경우처럼 시인으로서의 삶이 전통 사회의 여성으로 사는 삶보다 꼭 좋다고 말할 수 있을까요? 물론 예속된 삶이라면 자기 계발을 하는 삶보다 당연히 나쁘지만(소설가 이문열은 《선택》(1997)에서 그런 삶을 찬양하긴 했습니다), 예속됨 없는 평범한 삶이라면요?

## 뒤집어 보기 ─────────────

죽음이 존재하는 시간에 그것이 나쁘다는 것을 느낄 주체가 동시에 존재하지 않으므로 죽음은 나쁘지 않다는 에피쿠로스의 주장에 대해 지금까지 반론을 이미 충분히 살펴보았습니다. 에피쿠로스 입장에서는 모두 답변이 되는군요. 그렇다고 해서 죽음을 두려워하고 슬퍼하는 사람들에게 위로가 될까요? 그럴 것 같지 않습니다. 그 이유는 아마도 우리가 무엇인가가 나쁘다고 생각하기 위해서는 그 무엇과 꼭 동시에 존재해야만 한다고 생각하지 않기 때문인 듯합니다. 동시에는 아니더라도, 어떤 시점에 한 번이라도 존재하기만 했다면 그 무엇이 우리에게 나쁜 것이 될 수 있다고 생각하기 때문입니다. 비록 죽음과 동시에는 아니더라도 한 번이라도 이 세상에 존재했다면, 죽음은 그 사람이 오래 살았더라면 얻었을 행복을 빼앗아 가므로 나쁩니다. 그러니까 사람들은 우리가 사는 이 세계에 어쨌든 함께 있어야만 행복한데, 그 세계에서 나가는 순간 나가는 사람에게도 불행하다고 생각하는 겁니다. 에피쿠로스의 주장은 그런 생각 자체가 엄밀하지 못하고 근거 없는 두려움이고 슬픔이라는 겁니다. 그러나 그런 두려움이나 슬픔 앞에서는 아무리 논리적인 분석을 해도 소용없는 것 같네요.

## 더 깊이 읽기 ────────────────

죽음을 앞둔 소크라테스의 이야기는 《파이돈》(전헌상 옮김, 이제이북스, 2003)에 실려 있습니다. 선결 문제 요구의 오류는 제가 쓴 《변호사 논증법》, 6장에 자세히 설명되어 있습니다. 에피쿠로스의 발언은 그의 《쾌락》(오유석 옮김, 문학과지성사, 1998), 43~44쪽에 실린 〈메노이케우스에게 보내는 편지〉에 나와 있습니다. 에피쿠로스의 동시성 조건에 대한 반론은 네이글이 제기한 것입니다. 8장에 나왔던 바로 그 네이글입니다. 네이글의 "Death", *Mortal Questions*(Cambridge University Press, 1979), pp.1~10를 보면 됩니다. 유언자의 유언이 무시된 예는 〈황산성 씨 천억 재산 '유언' 집행 장학 아닌 선교 재단 설립은 잘못〉(〈경향신문〉, 1994년 5월 31일 자)를 보세요. 밀의 발언은 그의 《공리주의》(서병훈 옮김, 책세상), 29쪽에 있습니다. 박스에 있는 갑순이의 예는 Fred Feldman, *Confrontations with the Reaper: A Philosophical Study of the Nature and Value of Death*(Oxford University Press, 1992), p.138에 나온 것을 각색했습니다.

11

# 태어나지 않는 것이
# 더 낫다

## 저출산은 재앙인가?

"딸 아들 구별 말고 둘만 낳아 잘 기르자."

"둘도 많다! 하나만 낳아 잘 기르자."

"한 자녀보다는 둘, 둘보다는 셋이 더 행복합니다."

"아이가 희망이다."

무슨 문구인지 얼른 알아챘을 것입니다. 첫 번째와 두 번째 문구는 1970~1980년대에 인구 감소 정책을 홍보하는 문구이고, 세 번째는 2010년대에 출산을 장려하는 포스터에 나오는 문구입니다. 마지막은 최근의 표어입니다. 불과 40~50년 사이에 둘도 많다고 했다가, 둘 이상을 낳자고 하기도 하고, 이제는 하나라도 낳자고 홍보하는 세상으로 바뀌다니 격세지감이네요.

우리나라에서 저출산 상황은 심각한 사회 문제로 인식되고 있습니다. 정부는 출산 정책을 위해 합계출산율이라는 통계를 사용하는데, 이는 임신 가능한 여성이 평생 낳으리라 예상하는 신생아 수를 말합니다. 2018년에는 0.977명으로 0명대를 기록하더니 점점 낮아져서 2023년에는 0.72명을 기록했습니다. 경제협력개발기구OECD 회원국 중에서 가장 낮을 뿐만 아니라 전 세계적으로도 유례가 없습니다. 저출산의 원인은 여러 가지가 지적됩니다. 여성들의 결혼 시기가 늦어져 평생 낳을 수 있는 아기 수가 줄어든 탓도 있고, 여성의 사회 진출이 늘어나 아이를 낳지 않은 탓도 있으며, 독신 선호나 경제적 이유로 결혼을 포기한 사람이 증가한 탓도 있습니다. 그러나 뭐니 뭐니 해도 아이를 키우는 데 경제적으로 부담이 너무 크고 아이를 키울 만한 사회적 여건이 마련되어 있지 않다는 이유가 가장 클 것 같네요.

아빠와 엄마 두 명이 있어야 아이가 생기니 합계 출산율이 두 명을 넘지 않으면 인구는 줄어들게 됩니다. 그래서 저출산을 '국가적 재앙'이라고까지 걱정하는 여론이 많습니다. 인구가 줄어들면 노동력이 줄어들어 생산성이 낮아진다고 생각하기 때문입니다. 영국 옥스퍼드 대학교의 인구학자인 데이비드 콜먼David Coleman은 우리나라의 저출산 현상이 지속되면 300년 후에는 한민족이 없어지리라고 예측합니다. 한국이 최초의 인구 소멸 국가가 되리라는 겁니다. 저출산은 정말로 국가의 재앙이고 위기인 듯하네요.

위험한 철학책

## 아이를 낳지 않는 것이 의무

저출산 문제는 주로 경제적인 측면에서 논의됩니다. 인구가 줄어들면 노동력이 줄어든다고 걱정하지만, 안 그래도 젊은 세대의 취업률이 문제가 되는데 그런 걱정은 할 필요가 없다는 반론도 있습니다. 또 인구밀도가 높은 우리나라에서는 저출산이 오히려 삶의 질을 높일 기회가 될 수 있다고도 하고요. 우리가 경제적으로 풍요롭기 위해서는 인구가 많아야 하느냐 적어도 되느냐가 저출산 문제에서 논의의 초점이 됩니다. 그런데 아이를 안 낳는 문제를 윤리적인 차원에서 접근할 수도 있습니다. 아이를 안 낳거나 하나만 낳는 젊은 세대를 보고 "결혼을 했으면 당연히 아이를 낳아야지."라거나 "아이는 둘은 있어야 해."라고 가르침(?)을 주는 어르신이 많습니다. 그 정도를 넘어서 아이를 낳지 않는 젊은이들은 자기 행복만 추구하는 이기적인 사람이라고 비난하기도 합니다. 아이를 낳지 않거나 하나만 낳는 부부가 이런 꾸지람을 들으면, 아이를 낳고 싶지만 여러 가지 여건이 안 되어 못 낳는 것뿐이라고 소심하게 변명하는 사람도 있고, 아이를 낳고 말고는 부부의 결정인데 왜 오지랖 넓게 다른 사람이 간섭하느냐고 좀 세게 말하는 사람도 있습니다. 그런데 혹시 거꾸로 아이를 낳지 않는 것이 우리의 의무라고 말하는 사람이 있을까요? 그러니까 아이를 안 낳는다고 이기적이라고 비난하는 게 아니라 오히려 아이를 낳는 것은 도덕적이지 못하며 아이를 태어나지 않게 하는 것이 더 낫다고 주장하는 사람이 있을까요?

성서에는 태어나지 않는 것이 낫다고 말하는 구절이 있습니다. 전도서 4장 1~3절에 나오는 이야기입니다.

> 하늘 아래서 억울한 일 당하는 사람들을 다시 살펴보았더니, 그 억울한 사람들이 눈물을 흘리는데 위로해주는 사람도 없더구나. 억압하는 자들이 권력을 휘두르는데 감싸주는 사람도 없더구나. 그래서 나는 아직 목숨이 붙어 살아 있는 사람보다 숨이 넘어가 이미 죽은 사람들이 복되다고 하고 싶어졌다. 그보다도 아예 나지 않아서 하늘 아래 벌어지는 악한 일을 보지 못한 것이 더 좋다고 생각되었다.

하인리히 하이네Heinrich Heine의 시 〈모르핀〉에도 그런 구절이 있습니다.

> 잠이 들면 좋지, 죽으면 더 좋고―물론
> 가장 좋은 거야 이 세상에 태어나지 않는 것이고.

또 태어나지 않는 것이 더 낫다는 철학자들의 주장이 있습니다.

## 출산의 윤리

사람들은 흔히 나이가 들면 결혼을 하고 아이를 낳습니다. 이런 과

위험한 철학책

정이 너무 자연스러워서 왜 "왜 아이를 낳느냐?" 하고 물으면 황당하게 여깁니다. 오히려 아이를 낳지 않는 사람에게 "왜 아이를 안 낳느냐?"고 묻는 것이 더 자연스럽습니다. 결혼하면 아이를 갖는 건 당연하다고 생각합니다. 그러니까 사람이 아이를 낳는 걸 컴퓨터 용어로 말하자면 '디폴트'인 셈입니다. 아이를 가질 수 있는 조건이나 자격이 있다고 생각하는 사람은 아무도 없습니다. "저 집은 찢어지게 가난한데 어떻게 아무 생각 없이 덜컥 아이를 갖나?"라거나 "저 망나니 같은 사람들은 부모가 될 자격이 없는데 아이를 낳네." 하고 말하는 사람은 없고, 아이가 태어나면 누구나 축하해줍니다. 아이는 결혼하면 '그냥' 낳는 것이라고 여기는 셈이죠. 또 계획이 없었는데 실수로 임신하여 출산하는 경우도 많습니다.

사람들이 아이를 낳는 것이 자연스럽고 당연하게 생각하는 까닭은 아마도 대부분 아빠, 엄마와 함께 사는 문화에서 자라서일 겁니다. 내가 누군가의 아이로 이 세상에 태어난 것처럼, 나도 아이를 낳아야 한다는 생각이 자연스럽게 머릿속에 심어졌을 테지요. 종교의 영향도 무시하지 못합니다. 유교 문화권인 우리나라에서는 자식을 낳아 대代를 이어야 한다는 생각이 의무로 인식되었습니다. 내 제사를 지내줄 후손이 있어야 한다고요. 예전에는 반드시 아들이어야만 했지만, 지금은 아들이든 딸이든 나의 피를 이어받은 자식이 내가 죽은 다음에도 이 세상에 존재하기를 기대합니다. 진화론에서는 이런 생각을 유전자를 이 세상에 퍼뜨리려는 본능으로 해석합니다.

크리스트교에서도 출산을 의무로 간주하고요. 성서에서 하느님이 당신의 모습대로 사람을 만든 다음, "자식을 낳고 번성하여 온 땅에 퍼져서 땅을 정복하여라."(창세기, 1장 28절)라고 하신 말씀을 따라야 한다고 생각하는 거죠. 이런 성서의 말씀에 따라 가톨릭에서는 공식적으로 피임을 금지하고 있고, 실제로 가톨릭의 영향이 강한 남유럽이나 라틴 아메리카의 출산율은 상대적으로 높은 편입니다.

그러나 어떤 일이 자연스럽다고 해서 윤리적으로 옹호되는 건 아닙니다. 우리가 먹고 자고 싸는 일은 아주 자연스러운 일이지만, 동물과 달리 인간은 언제 어디서 먹고 자고 싸야 하는지 도덕을 따집니다. 태풍이 불고 병에 걸리는 건 자연스러운 일이지만, 우리는 그것을 옳다고 생각하지 않으며 대비하려고 최선을 다합니다. 마찬가지로 아이를 낳는 일도 자연스러운 것은 사실이지만, 우리는 얼마든지 그 일이 윤리적으로 옳은지 그른지 물을 수 있습니다.

어떤 행동을 함으로써 세상의 다른 존재에게 영향을 끼친다면 윤리적인 고민을 해야 하죠. 아이를 이 세상에 태어나게 하는 것도 세상에 많은 영향을 끼칩니다. 그 아이는 성인으로 자라남에 따라 주변 사람 또는 자연환경과 교류하여 긍정적이든 부정적이든 영향을 주고받습니다. 남에게 도움을 주는 사람이 될 수도 있지만 사회의 암적인 존재가 될 수도 있으며, 환경을 되살리는 사람이 될 수도 있지만 환경을 파괴하는 사람이 될 수도 있습니다. 사실은 멀리 갈 것도 없이 당장 부모의 삶에 정신적으로나 경제적으로 커다란 변화를

위험한 철학책

가져옵니다. 부모는 아이를 신의 선물로 생각하고 감사하며 기쁨을 느끼지만, 적지 않은 시간과 정성과 돈을 들여야 합니다. 자식에게 괴로운 일이 생기면 같이 괴로워하고, 자식이 말썽을 부리면 "내가 너를 낳고 미역국을 먹었다니." 하고 속을 썩기도 하고요. 그리고 가장 중요하게는 그 아이가 태어나지 않았으면 하지 못했을 엄청난 경험을 하게 됩니다. 이 세상에 태어난 것을 감사하며 즐겁게 사는 사람도 있지만, 삶이 괴로워 "나를 왜 태어나게 했어요?" 하며 삶을 원망하는 사람도 있습니다.

우리는 어떤 일을 할 때 이 일을 함으로써 우리가 행복해질까 불행해질까 또는 옳은 일일까 그른 일일까 궁리하고 행동합니다. 한 아이가 태어남으로써 그 아이, 부모, 사회 전체가 행복해질 수도 있고 불행해질 수도 있으며, 사회의 선 또는 악이 늘어나거나 줄어들 수도 있습니다. 아이를 낳는 일은 그렇게 중요한 일인데도 사람들은 대부분 아이를 낳는 일 자체에 대한 고민 없이 아이를 낳습니다. 아이를 낳는 일은 윤리적 반성의 대상이 되어야 합니다. 결혼은 잘못하면 이혼이라도 하면 된다지만, 아이는 돌이킬 수도 없습니다. 아이를 입양같은 방법으로 다른 사람에게 키우라고 할 수도 있지 않느냐고요? 그래도 그 아이나 사회에 끼치는 영향은 없어지지 않습니다.

## 양육과 가난 구제

그러면 이제 아이를 낳는 것이 윤리적인지, 안 낳는 것이 윤리적인지 생각해볼까요? 앞에서 아이를 기르기 위해서는 적지 않은 시간과 돈과 정성을 쏟아야 한다고 했습니다. 그런 비용을 아이를 기르는 데 쓰기보다 우리 사회의 더 중요하고 커다란 고통을 없애는 데 쓰면 사회의 행복이 더 늘어날 겁니다. 그렇다면 아이를 낳지 않는 것이 윤리적이지 않을까요? 아이를 기르는 데는 많은 시간이 듭니다. 인간 아닌 동물 중에는 태어나자마자 혼자서 걷는 동물도 많지만, 인간은 어림도 없습니다. 인간은 몇 년 동안 부모가 길러주거나 부모가 없다면 다른 누군가가 길러주어야 합니다. 먹을 것을 주어야 하고, 기저귀도 갈아주어야 하고요. 갓난아이 때는 잠시도 눈을 뗄 수가 없으며, 서너 살 때까지는 있는 밥도 혼자 찾아 먹을 수 없습니다. 부모는, 특히 한국 사회에서 어

위험한 철학책

머니는 양육에 모든 시간을 쏟아야 합니다. 직장을 그만두는 사람도 많고, 그만두지 않아도 회사 일에 전념을 다하기 힘듭니다. 2023년 통계청의 조사에 따르면 기혼 여성 다섯 명 중 한 명은 육아와 자녀 교육 때문에 직장을 그만두었다고 하는데, 그만두지 않았으면 누렸을 시간과 벌었을 수입의 기회비용은 상당하리라 추측할 수 있습니다.

시간만 많이 드는 것이 아닙니다. 우리나라를 비롯한 선진국에서 아이를 기르려면 어마어마한 돈이 듭니다. 국토연구원의 자료에 따르면 2020년 기준 0세부터 20세까지는 약 2억 5천만 원, 0세부터 26세까지는 약 3억 5천만 원의 양육비가 든다고 합니다. 그리고 한국보건사회연구원의 2021년 설문 조사에 따르면 응답자의 15.9퍼센트만이 고등학교 졸업 때까지 자녀를 경제적으로 지원해야 한다고 대답했습니다. 51.5퍼센트가 대학 졸업 때까지, 24.2퍼센트는 취업 때까지 지원해야 한다고 생각하고, 심지어 혼인 때까지나 언제까지라도 지원해야 한다는 응답자도 있었습니다. 미국에서는 보통 18살 때까지 부모가 양육 책임이 있다고 생각한다는데(미국에서도 최근에는 대학 학비를 지원해주는 부모가 많이 늘었다고 합니다) 18살 때까지의 양육 비용은 2억 5천만 원 정도라고 하니 대학생 때 지원해주는 금액을 빼면 우리와 얼추 비슷합니다.

이처럼 양육 때문에 포기한 직장의 기회비용을 생각하면 그 비용은 갑절이 넘어갈 수도 있습니다. 만약 아이를 낳는 대신에 3억 원이 넘는 돈을 어려운 이웃에게 기부하면 어떨까요? 굶주림과 질병으로 고통받는 전 세계의 어린이를 돕는 활동을 하는 유니세프(유엔아동기금)에 따르면 1년 동안 매월 3만 원을 후원하면 설사병 걸린 어린이 20만 명에게 구강 수분 보충염을 줄 수 있고, 매월 5만 원을 후원하면 영양실조 어린이 500명에게 고단백 영양식을 제공할 수 있고, 매월 10만 원을 후원하면 어린이 6천 명에게 소아마비 접종을 해줄 수 있습니다. 아이를 낳아 기르면 월평균 118만 9천 원이 든다고 했으므로, 아이를 낳지 않고 백만 원만 기부한다고 해도 설사병에 걸린 5만 명의 어린이를 치료해줄 수 있고, 영양실조로 고생하는 어린이를 만 명 이상 도울 수 있으며, 6만 명의 어린이를 소아마비에서 구할 수 있습니다. 한 아이를 새롭게 태어나게 하는 행위와 이미 존재하는데 죽을지 모르는 수만 명의 아이를 구하는 행위 중 어느 쪽이 더 윤리적인 일일까요?

물론 자식이 자라 부모를 봉양해야 하는 나라에서는 가난 구제를 위해 아이를 낳지 말자는 주장이 통하지 않습니다. 그런 나라에서는 제 코가 석 자일 테니 다른 사람의 가난에 신경 쓸 겨를이 없겠지요. 가난 구제를 위해 아이를 낳지 말아야 한다는 주장은 어디까지나 우리나라나 미국처럼 한 아이를 낳지 않았을 때 비교할 수 없이 많은 수의 아이를 구할 수 있을 정도로 양육비를 많이 쓰는 나라에 한정됩니다.

> ### 물에 빠진 아이 구하기
>
> 양육보다 가난 구제가 더 윤리적이라는 사람들은 윤리학자 싱어의 '물에 빠진 아이 구하기'라는 비유를 떠올릴지 모르겠습니다. 어떤 사람이 길을 걷다 아주 얕은 물에 빠진 아이를 발견했는데 아이를 얼른 구하지 않으면 곧 빠져 죽습니다. 그 사람도 지금 할 일이 있겠지만 아이를 구하는 것보다 더 중요한 일은 아닐 테며(그보다 중요한 일이 얼마나 있겠어요?), 물은 아주 얕아서 구하러 들어간다고 해도 별로 피해가 없습니다. 그런 상황에서 아이를 구하지 않는 사람을 누구나 비난할 겁니다. 그러니까 그 상황에서 아이를 구하는 일은 하면 칭찬받고 안 해도 비난받지 않는 일이 아니라 반드시 해야만 하는 의무입니다. 7장에서 말한 용어로 말하자면 영웅적 행위가 아니라 의무 그 자체입니다. 싱어는 굶어 죽는 사람을 돕는 일은 반드시 해야만 하는 의무라는 것을 물에 빠진 아이를 구하는 일에 빗대어 설명합니다. 사람에 따라 다르겠지만, 우리 수입에서 매월 3만 원에서 10만 원 정도 기부하는 것은 얕은 물에 들어가는 것처럼 약간의 피해는 있지만 그리 큰 희생은 아닙니다. 더구나 굶거나 병들어 있는 아이들은 물에 빠진 아이처럼 당장 구하지 않으면 죽습니다. 그러니 우리의 기부는 하면 칭찬받지만 안 해도 비난받지 않는 일이 아니라 반드시 해야만 하는 의무인 셈입니다.

## 아이를 낳지 않는 것은 희생인가?

아이를 낳지 말아야 하는 이유로 아이를 기르는 비용으로 수많은 아이를 구하는 게 더 낫다는 주장은 싱어의 기부 의무를 떠올리게 합니다. 그러나 싱어의 주장이 옳다고 하더라도 그 주장이 아이를 낳는 일에 적용할 수 있는지 의문입니다. 싱어의 주장은 아이를 구하기 위해 얕은 물에 들어가는 행위나 매월 몇 만 원의 기부를 하는 행위가 우리에게 큰 희생이 아니라는 전제에 기대고 있습니다. 7장에서 말했듯이 우리의 큰 희생을 요구하는 명령은 윤리적인 의무가 될 수 없습니다. 마찬가지로 아이를 갖지 말라는 것은 우리에게 너무 큰 희생 아닐까요? 아이를 갖지 않는 것은 날 수 없는데 날라고 하는 것이나 불길에 뛰어들 수 없는데 뛰어들라고 하는 것처럼 우리가 도저히 할 수 없는 너무 무리한 요구 아닐까요?

정말 그런지 생각해봅시다. 큰 희생이 따르는 일을 하라는 요구는 우리가 할 수 없는 일을 정말 죽을 힘을 다해서 하라는 겁니다. 그런데 아이를 낳지 않는 일은 무슨 일을 '하는 것'일까요? 그렇지 않습니다. 오히려 아무것도 안 하면 되죠. 정확히 말하면 피임 정도의 일은 해야 합니다. 무언가를 하는 것보다 안 하는 것이 훨씬 쉽습니다. 아이를 안 낳는 것은 어떤 어려운 일을 하는 것이 아니라 하지 않는 것이므로 희생이라고까지 말할 수 없습니다. 또 어떤 일을 함으로써 우리의 삶이 급격하게 바뀌면 희생이라고 말할 수 있겠지만, 아이를 안 낳는다고 해서 우리의 삶의 방식이 심하게 바뀌는 것도 아닙니다. 원래 아이가 없던 사람에게 아이가 생기면 오히려 아이를 돌보느라 희생이라 할 수 있을지 모르지만, 원래도 없었는데 쭉 아이가 없다고 해서 삶에 급격한 변화가 생기는 건 아니잖아요?

아이를 낳지 말라는 것은 아이가 생기면 누릴 행복한 미래를 포기하라는 말이기 때문에 커다란 희생이라는 주장도 가능합니다.

일리가 있는 듯합니다. 대부분의 사람에게 아이가 생기는 것은 커다란 축복이지요. 아이를 기르는 건 비록 힘들지만 즐거운 경험입니다. 다시 말해서 아이가 있는 집은 아이가 없는 집보다 훨씬 행복합니다. 아이를 낳지 말라는 것은 그 행복을 포기하라는 말입니다. 그런데 정말 그럴까요? 아이가 있으면 없을 때보다 더 행복할까요? 이 질문에 대해서는 믿을 만한 답을 내릴 수 없습니다. 행복은 주관적이므로 행복에 대한 통계는 신뢰할 수가 없으니까요. 그리고 아이가 있는 집이 아이가 없는 집보다 더 행복하다는 통계가 있다고 하더라도, 아이가 있는 집에서 아이 낳기 전후를 비교하는 것이 의미 없는 경우가 많습니다. 아이를 낳기 전에도 아이를 원했을 가능성이 크니까요. 아이를 원치 않았는데 갑작스럽게 아이가 생겨서 행복하게 키우는 경우와 비교하는 것도 의미 없습니다. 아이가 생기기 전에도, 생긴 후에도 행복한 거니까 '더' 행복하다고는 볼 수 없지요. 또 아이가 있는 집은 이미 낳은 아이를 후회할 수는 없으므로 아이가 있다는 걸 긍정적으로 생각하려는 경향이 있습니다. 그러니 아이를 낳지 말라는 것은 커다란 희생이라고 말하기 어렵습니다. 우리나라에서는 아이를 낳지 않으면 주변 사람들의 시선이나 주변 어른들의 압력이 있으니 희생이 따른다고 생각할 수도 있습니다. 그러나 그런 외부 시선에 연연하다는 것 자체가 행복하지 않다는 반증입니다. 자신의 신념대로 사는 사람은 그렇지 않은 사람보다 행복하다는 연구 결과도 여럿 있습니다.

## 쾌락과 고통의 비대칭성

아이가 있는 것이 행복한지, 없는 것이 행복한지에 대한 판단은 주관적입니다. 또 아이가 있는 사람에게 아이를 이미 낳았는데 낳지 말걸 하고 후회할 수 없으니 출산을 긍정적으로 생각하려는 경향이 있다면, 거꾸로 아이가 없는 사람도 아이가 없다는 것을 긍정적으로 생각하려는 경향이 있을 겁니다. 그러므로 이런 경험적인 근거를 가지고 아이를 낳는 것이 더 낫다거나 아이를 낳지 않는 것이 더 낫다고 주장할 수는 없습니다. 철학자들은 불확실하다고 생각되는 경험적인 방법보다는 개념적인 분석을 사용해야 철학답다고 생각합니다. 쾌락과 고통이 대칭적이지 않다는 근거를 이용하여 태어나지 않는 것이 더 낫다고 주장하는 논증도 그래서 나왔습니다.

다음 두 주장을 봅시다.

(1) 고통은 나쁘다.

(2) 쾌락은 좋다.

이 두 주장이 틀렸다고 생각하는 사람은 없을 겁니다. 물론 "인내는 쓰나 그 열매는 달다."라는 격언처럼 고통이 당장은 나쁘더라도 결국에는 좋다거나, 말초적인 쾌락은 당장은 좋을지 몰라도 멀리 보면 나쁘다고 말할 수는 있습니다. 그러나 그런 고통은 사실은 좋은 쾌락이라고 보면 되고, 그런 쾌락은 사실 나쁜 고통이라고 보면 되니, (1)과 (2)의 고통과 쾌락은 진정한 의미에서 고통과 쾌락이라고 생각하면 됩니다. 문제는 고통과 쾌락이 각각 사라질 때입니다. 고통은 나쁘고 쾌락은 좋으니, 고통이 없으면 좋고 쾌락이 없으면 나빠야 하지 않을까요? 하지만 그렇지 않습니다. 고통이 없으면 좋지만, 쾌락이 없다고 해서 꼭 나쁘다고 말할 수는 없습니다. 이렇게요.

(3) 고통이 없으면 좋다.
(4) 쾌락이 없으면 나쁘지 않다.

(1)과 (2) 그리고 (3)과 (4) 사이에 대칭이 성립하지 않습니다. (1)과 (2)의 관계와 (3)과 (4)의 관계가 다르니까요. 이것을 **쾌락과 고통의 비대칭성**이라고 말합니다. 왜 고통이 없으면 좋지만, 쾌락이 없다고 해서 꼭 나쁘다고 말할 수는 없을까요? 그것은 이미 우리 상식에 그런 비대칭성이 반영되어 있기 때문입니다.

예를 하나 들어볼게요. 그동안 피임을 하던 어떤 부부가 이제는 아이를 낳아야겠다고 다짐합니다. 그런데 피임 장치를 제거하려고 병원에 갔더니 의사가 지금 아이를 가지면 산모의 건강이 좋지 않아서 분명히 장애가 있는 아이가 태어날 거라고 말합니다. 그 말을 들었는데도 부부가 아이를 낳는다면 누구나 그 부부를 비난할 겁니다. 이미 임신한 상태에서 그 말을 들었을 때 낳지 않기로 했다면 그때는 임신 중절을 해야 하므로 임신 중절이 옳으냐 그르냐는 견해 차이에 따라 산모의 결정이 논란의 도마 위에 오를 수 있습니다. 그러나 이 부부는 아직 임신하기 전이므로 그런 논란도 전혀 없습니다. 당연히 그런 상황에서는 아이를 갖지 말고, 나중에 건강을 되찾으면 아이를 가지면 된다고 사람들은 생각할 겁니다. 이 부부의 사례에서 알 수 있듯이 우리에게는 '고통받을 사람을 존재하지 않게 할 의무'가 있습니다. 반면에 '행복할 사람을 존재하게 할 의무'는 우리에게 없습니다. 만약 그런 의무가 있다면, 아이가 행복하리라고 생각하는 건강한 부부는 계속해서 아이를 낳아야 합니다. 한 명 낳고, 두 명 낳고, 세 명 낳고, 힘닿는 데까지 낳아야 합니다. 그렇게 하지 않으면 잘못입니다. 그렇지만 우리에게 그런 의무가 있다고 누가 생각하나요? 정리하면 우리는 고통받을 사람을 존재하지 않게 할 의무는 있지만, 행복할 사람을 존재하게 할 의무는 없다고 상식적으로 생각합니다. 고통받을 사람을 존재하지 않게 할 의무가 있다는 상식은 고통이 있으면 나쁘고 고통이 없으면 좋다는 생각에 기초하고 있습니다. 그리고 행복할 사람을 존재하게 할 의무는 없다는 상식에는 쾌락이 있으면 좋지만 쾌락이 없어도 나쁘지 않다는 생각이 깔려 있습니다. 이것이 바로 쾌락과 고통의 비대칭성입니다. 쾌락과 고통의 비대칭성은 이렇게 우리의 상식에도 숨어 있습니다.

쾌락과 고통의 비대칭성을 보여주는 사례는 그 외에도 많습니다. 어떤 아이를 가지는 이유를 그 아이가 받게 될 혜택 때문이라고 말

　　　　　　　　　　　　　　　　　위험한 철학책

하는 건 이상합니다. 혜택 때문에 아이를 갖는다면 상황이 나은 사람들이 더 많은 아이를 가져야 할 윤리적 이유가 생기니까요. 반면에 아이를 안 가지는 이유를 그 아이가 안게 될 고통 때문이라고 말하는 건 전혀 이상하지 않습니다. 이런 차이도 쾌락과 고통의 비대칭성 때문입니다. 또 다른 예를 들어볼까요? 고통받는 아이를 낳으면 그 아이를 태어나게 한 것을 후회할 수는 있어도 행복한 아이를 낳지 못했다고 해서 후회하지는 않습니다. 그리고 우리는 아주 멀리 살아서 잘 모르는 사람이라도 그 사람이 겪는 고통 때문에 슬퍼하지만, 사람이 살지 않는 섬이나 행성에 사람이 살았더라면 행복했을 거라며 눈물 흘리지는 않습니다. 이 모든 사례에는 고통은 있으면 나쁘고 없으면 좋지만, 쾌락은 있으면 좋지만 없어도 나쁘지 않다는 쾌락과 고통의 비대칭성이 깔린 셈입니다.

(1)에서 (4)를 그림으로 그려보면 다음과 같습니다.

| 시나리오 A<br>(X는 존재한다) | 시나리오 B<br>(X는 존재하지 않는다) |
| --- | --- |
| (1)<br>고통이 있음<br>(나쁘다) | (3)<br>고통이 없음<br>(좋다) |
| (2)<br>쾌락이 있음<br>(좋다) | (4)<br>쾌락이 없음<br>(나쁘지 않다) |

지금까지 설명한 것에 따르면 어디에 비대칭성이 있는지 알겠죠? (4)의 괄호에 '나쁘다'가 와야 대칭이 되는데, '나쁘지 않다'가 왔기 때문에 비대칭입니다. 이 그림에서 우리가 비교하려는 건 시나리오 A와 B입니다. 다시 말해서 어떤 누군가가 존재하게 하는 쪽이 좋은 가 존재하지 않게 하는 쪽이 좋은가 비교하고 있습니다. 먼저 (1)과 (3)을 비교했을 때 확실히 (3)이 (1)보다 이점이 있습니다. 그다음 (2)와 (4)를 비교했을 때 (2)가 특별히 (4)보다 낫다고 말하기는 힘 듭니다. 그러므로 누군가를 존재하지 않게 하는 쪽(시나리오 B)이 누 군가를 존재하게 하는 쪽(시나리오 A)보다 더 이득이라는 결론을 내 릴 수 있습니다. 태어나지 않는 것이 더 낫습니다. 태어난 사람, 또 는 태어나게 한 사람이 실제로 행복을 느끼느냐 안 느끼느냐와 상 관없이 말입니다.

## 항상 적자인 삶

앞에서 의사가 산모에게 지금 아이를 낳으면 장애가 있는 아이를 낳을 거라고 말했는데도 고집을 피워 장애 있는 아이를 낳는다면 그 산모는 사람들에게 비난받을 거라고 말했습니다. 주변 사람뿐 만 아니라 그 아이도 부모를 원망할 수 있습니다. 미국에 '잘못된 출생wrongful birth' 또는 '잘못된 생명wrongful life' 재판이 있습니다. 장애가 있는 아이를 가졌는데, 의사가 착상 전 진단이나 산전 진 단을 잘못하여 임신 중절을 할 수 있는데도 못 했을 때 아이의 부

위험한 철학책

모가 의사에게 법적 책임을 묻는 재판을 잘못된 출생 재판이라고
합니다. 또 아이 스스로 의사에게 법적 책임을 묻는 재판을 잘못
된 생명 재판이라고 합니다. 임신 후에 출산을 피할 수 있는 경우
도 법적 책임을 물을 수 있는데, 하물며 임신 전에 임신을 피할 수
있는 경우에는 더더욱 책임을 더 크게 물을 수 있을 겁니다. 그러
나 이런 재판이나 비난은 어디까지나 장애가 있는 아이의 경우입
니다. 그게 아니라 어떤 아이가 장애가 없는데도 사는 게 너무 힘
들다며 부모에게 "왜 나를 낳았어요?"라고 항의하거나 앞의 재판
들처럼 소송을 건다면 사람들은 어떻게 생각할까요? 아마 세상에
태어나게 해준 부모의 은덕도 모른다고, 불효막심한 놈이라고 욕
을 들을 겁니다. 그러나 쾌락과 고통의 비대칭성에 의한 논증은
장애가 있든 없든, 인생이 행복하다고 생각하든 안 하든 어떤 삶
에나 다 적용됩니다. 어떤 삶이든 태어나지 않는 것이 더 낫다는
결론이 나오는 셈입니다.

쾌락과 고통의 비대칭성에 의한 논증은 복잡한 철학적 논증이지
만, 사실 우리의 삶을 돌이켜 보면 고통이 쾌락을 압도하는 면이 있
습니다. 앞에서도 말했지만, 사람들은 자신의 인생이 행복하다고 긍
정적으로 생각하는 경향이 있습니다. 긍정적으로 생각하라고 부추
기는 조언도 많이 듣고 그런 내용의 자기계발서도 넘쳐납니다. 우
리는 불행한 경험은 애써 잊으려고 하고 행복한 경험만 선택적으로
기억합니다. 실제로 행복의 경험이 불행했던 경험보다 횟수로 보면

훨씬 많기도 하겠지요. 그렇지만 행복한 경험은 대부분 소소한 반면, 불행한 경험은 그 강도에서 아주 세기 때문에 단 한 번이라도 수많은 행복의 경험을 덮어버릴 만큼 큽니다.

우리는 살아가면서 수없이 무언가를 이루려고 욕망하고 수많은 기대를 하며 계획을 세웁니다. 아주 사소하게는 목마른데 물을 마셔야겠다는 욕망에서부터 더 나아가서는 이번 시험에서 만점을 받아야겠다고 결심하고, 지구를 구하겠다는 원대한 계획을 세우기도 합니다. 그런 욕망이나 기대 중에는 만족되는 것도 있고 안 되는 것도 있습니다. 어느 쪽이 많을까요? 사람마다 다를 겁니다. 그러나 분명한 건 자신이 갖는 욕망과 기대를 모두 충족하는 사람은 아무도 없다는 사실입니다. 아무리 잘난 사람도 신이 아닌 이상 몇 가지는 만족시키지 못한 채 삶을 마칩니다. 욕망과 만족의 대차대조표를 짠다고 해봅시다. 그러니까 욕망이 있고 그것을 충족해나가는 관계를, 빚지고 그 빚을 갚는 관계로 비유해볼 수 있습니다. 어떤 사람이든 모든 욕망을 다 충족하지 못하고 삶을 마치므로, 우리 인생은 빚을 다 갚지 못하고 남기는 대차대조표와 같습니다.

누구의 삶이든지 항상 적자로 가득 찬 삶입니다. 다만 그 적자의 크기가 사람마다 다를 뿐입니다. 우리가 사업을 시작하려고 하는데 그 사업은 어떻게 하든지 적자가 될 수밖에 없다고 해봅시다. 그런데도 그 사업을 시작하는 사람은 무모하다 못해 어리석습니다. 그런 사업은 시작하지 말아야 합니다. 우리 삶도 마찬가지 아닐까요?

위험한 철학책

만족되지 못하는 욕망으로 가득 찬 삶은 아예 시작하지 않는 게 낫지 않을까요? 태어나지 않게 하는 것이 최선이지 않을까요?

아, 태어나지 않는 것이 더 낫다는 말이 우리 삶이 살만한 가치가 없으므로 자살하라고 부추기는 말은 아닙니다. 지금 우리는 이미 태어나 존재하는 삶을 말하는 것이 아니라, 태어나게 할지 말지 고민되는 삶에 대해서 말하는 거니까요. 삶은 태어나지 않는 것이 나을 정도로 나쁘지만, 존재하는 것을 그치는 것이 나을 만큼 나쁘지는 않습니다. 군대에 다녀온 사람은 짬밥(군대 밥)이 맛없다고 불평하면서도 양까지 적으면 더 불만스러웠던 경험이 있을 겁니다. 질이 형편없으면 양이 적을수록 좋아야 하는 것 아닌가요? 그러나 음식의 질과 양을 동시에 불평할 수 있습니다. 인생도 마찬가지입니다. 존재하는 것을 후회하면서 동시에 더 살고 싶은 욕망이 있을 수 있는 겁니다.

아이가 있는 것이 행복한지 아닌지는 주관적인 문제라고 말했습니다. 따라서 태어나지 않는 것이 너 낫다는 수장에 대해 아이가 있는 것이 얼마나 행복한지 아느냐고 반론하는 건 생산적이지 못한 토론이라고 말했습니다. 결국 쾌락과 고통의 비대칭성 주장에서 잘못된 곳을 찾아 비판하는 방법이 가장 효과적입니다. 그렇게 하려면 앞에서 본 (1)~(4) 중 (4)가 틀렸음을 보여주어야 합니다. 쾌락이 없으면 나쁘지 않은 것이 아니라 정말로 나쁘다는 걸 보여주면 쾌락과 고통은 대칭적이 됩니다.

　쾌락이 없으면 나쁜 사례는 많지 않을까요? 최일남이 쓴 〈서울 사람들〉 (1975)이란 단편소설이 있습니다. 서울에 살던 친구 네 명이 의기투합 하여 시골 정취를 느끼기 위해 산골에 들어갑니다. 처음에는 우거짓국 에 김치만 먹으면서도 이게 시골 맛이야 하면서 흐뭇해하지만 금방 시 골 생활이 지겨워지고 도시 생활이 그리워집니다. 커피와 생맥주가 눈 에 아른거립니다. 도시 사람들은 대부분 이들과 비슷할 겁니다. 도시 생 활에서 느낀 쾌락의 부재는 그들에게 '나쁜 것'입니다. 그들은 산골을 벗어나 "밤늦게 서울에 도착하자마자 그 길로 다방에 들러서 커피를 마 시고 다시 무교동으로 나가 오백 시시짜리 생맥주를 단 한 번에 꺾어 단숨에 들이"킨 다음에 이렇게 말합니다. "인제 살 것 같군." 그들에게 쾌락이 없었던 건 '살 것 같지 않은' 나쁜 것 아니었을까요?

　그러나 이런 식의 접근은 쾌락과 고통의 비대칭성 주장을 잘못 이해한 듯합니다. 그 주장은 무엇인가가 새롭게 존재하게 만드는 것이 옳은 가 그른가를 논의하려고 펼쳤는데, 앞 예는 이미 존재하는 것에 대해서 말하고 있기 때문입니다. 이미 존재하는 것에 있던 쾌락이 사라지면 그 것은 나쁜 일이지만, 아직 존재하지 않는 것에 쾌락이 없다면 그렇게 나쁘지 않다는 겁니다.

쾌락과 고통의 비대칭성 주장을 비판하는 또 다른 방법은 (4)가 나쁘 지 않을 뿐만 아니라 (2)도 특별히 좋지 않다고 보여주는 것입니다. 무 엇인가가 좋다거나 나쁘다고 평가하기 위해서는 그것을 경험할 주체가 있어야 합니다. 그렇다면 (4)처럼 좋은 것이 없을 때뿐만 아니라 (2)처 럼 나쁜 것이 없을 때도 그 나쁜 것을 피할 주체가 없으므로 좋다고 말 할 수 없지 않을까요? (4)뿐만 아니라 (2)도 좋지도 나쁘지도 않으므로 비대칭성은 성립하지 않다고 말할 수 있습니다.

# 더 깊이 읽기 ──────────────

콜먼은 2010년 우리나라에서 열린 '인구변동 전망 및 향후 대응방안'
이라는 주제의 국제학술대회에 참석차 방한하여 한민족이 언센가는 소
멸하리라고 발언했습니다. 저출산이 경제적으로 꼭 재앙이 아니라는
주장은 〈동아일보〉의 〈저출산은 재앙 맞나〉(2014년 11월 19일 자 기사)
를 참조했습니다. 하이네의 시는 《로렐라이》(김광규 옮김, 민음사, 1995)
에 실려 있습니다. 자연주의의 오류는 제가 쓴 《불편하면 따져봐》(창
비, 2014), 6장에 자세히 설명되어 있습니다. 아이를 기르는 데 드는 비
용을 사회의 더 중요하고 커다란 고통을 없애는 데 쓰는 게 더 윤리
적이므로 아이를 낳는 것은 비도덕적이라는 주장은 Stuart Rachels의
"The Immorality of Having Children", *Ethical Theory and Moral
Practices* Vol. 17(2014), pp.567~582에 나옵니다. 싱어의 '물에 빠진
아이 구하기' 비유는 그의 책인 《물에 빠진 아이 구하기》(함규진 옮김, 산
책자, 2009)에서 볼 수 있습니다. 크리스틴 오버롤은 《우리는 왜 아이를
갖는가?》(정명진 옮김, 부글, 2012)에서 아이를 가져야 하는 의무론적·결
과론적 이유들을 비판적으로 분석합니다. 쾌락과 고통의 비대칭성을 이
용하여 태어나지 않는 것이 더 낫다는 주장은 데이비드 베너타, 《태어
나지 않는 것이 낫다》(이한 옮김, 서광사, 2019)에서 펼쳐집니다. 욕망과
만족의 대차대조표 비유는 싱어의 《실천윤리학》 5장에 나옵니다.

12

# 국가는 가능한 한
# 없는 것이 좋다

## 국가가 없는 남쪽으로 튀어

《남쪽으로 튀어》는 일본 작가인 오쿠다 히데오의 소설입니다. 소설 제목보다는 영화 제목으로 기억하는 사람이 더 많을 겁니다. 소설을 원작으로 일본에서도 그리고 우리나라에서도 영화로 만들어졌으니까요(일본 영화는 2007년에, 한국 영화는 2012년에 제작되었습니다).《남쪽으로 튀어》는 소설도 그렇고 영화도 그렇고 인상적인 장면으로 시작합니다. 주인공인 6학년 소년 지로의 집에 국민연금 공단의 직원이 연금 납부를 독촉하러 찾아옵니다. 아빠인 우에하라 이치로 씨가 국민연금 납부를 거부하고 있거든요. 직원과 우에하라 씨가 실랑이합니다. 직원은 이렇게 말합니다.

아무튼요, 우에하라 씨도 언젠가는 노인이 되실 겁니다. 개미와 베짱이에 빗대자는 건 아니지만, 변변한 저축도 없이 노후를 맞이한다면 그건 정말 불안한 일이죠. 그러니까요, 노후를 위한 저축이라고 생각하시면 어떻겠습니까?

그러자 우에하라 씨는 다음과 같이 대꾸합니다.

쓸데없는 참견이야. 그런 건 각각 자기 책임으로 해두면 돼.

우리나라도 그렇지만 일본에서도 국민연금 납부는 국민의 의무입니다. 우에하라 씨는 그 의무를 거부하고 있습니다. 국민은 국가라는 사회 집단을 구성하는 사람입니다. 우에하라 씨는 국가라는 조직 자체를 거부하기 때문에 그 구성원, 곧 국민으로서 지켜야 할 의무도 거부하는 겁니다. 그처럼 국가 또는 정부라는 조직을 거부하는 사람을 **무정부주의자** 또는 **아나키스트**anarchist라고 부릅니다. 무정부주의자인 우에하라 씨는 소설 후반부에서 소설 제목처럼 정부가 힘이 닿지 않는 먼 남쪽의 외딴섬으로 떠납니다.

## 자유 지상주의

국가가 하는 일은 참 많습니다. 외적의 침입도 막고, 도둑질 같은 나쁜 일도 못 하게 하며, 나쁜 사람을 잡고 처벌도 합니다. 도로와 다리를 놓고, 각 가정에 수돗물을 공급하며, 치산치수를 하여 물난리나 가뭄에 대비합니다. 쓰레기도 치우고, 공기나 물도 깨끗하

위험한 철학책

게 하며, 국민이 의무 교육을 받도록 합니다. 가난한 사람을 도우며, 가난하지 않더라도 모든 국민이 아플 때나 나이 들었을 때 건강보험금이나 국민연금을 지급하여 돕습니다. 지구에는 200개 가까운 독립 국가가 있지만, 정도의 차이가 있기는 해도 대부분 이런 일들을 합니다. 물론 정부가 있기는 있는데 아프리카의 소말리아처럼 아무 기능도 못 하는 나라도 있습니다. 무정부 상태를 **아나키**anrchy라고 하는데, 아나키즘anarchism과는 다릅니다. 아나키는 난장판이라는 뜻도 있는데 아나키즘을 주장하는 사람, 곧 아나키스트가 그런 난장판을 추구하는 건 아니니까요.

그런데 국가는 무슨 돈으로 여러 가지 일을 할까요? 석유가 막 쏟아져 나와 그 돈으로 모든 일을 해치우는 나라도 있지만, 대부분 국민에게 세금을 걷습니다. 건강보험이나 국민연금 납부금은 세금은 아니지만 내 주머니에서 가져간 돈의 혜택을 내가 직접 받는 것은 아니라는 점은 세금과 똑같습니다. 그러면 우에하라 씨 같은 무정부주의자는 세금 내기 싫어서 국가가 하는 일에 반대할까요? 국가는 세금을 더 많이 거두려고 하고, 국민은 세금 내기를 싫어하는 건 동서고금을 막론하고 똑같습니다. 그러나 무정부주의자는 단순히 세금 내기 싫어서 국가가 하는 일에 반대하는 건 아닙니다. 국가가 하는 일 중 상당 부분이 개인의 자유를 방해한다고 생각하기 때문입니다.

그런데 국가가 하는 모든 일이 우리의 자유를 침해할까요? 그렇지 않습니다. 오히려 우리의 자유를 보장하기 위한 일도 있습니다. 국방과 치안 업무가 그렇습니다. 국가가 외적의 침입이나 도둑의 창궐을 막아주기 때문에 우리는 하고 싶은 일을 방해받지 않고 마음대로 할 수 있으니까요. 따라서 자유를 소중하게 생각하는 사람도 국가의 그런 최소한의 기능을 부인하지는 않습니다. 이렇게 국가는 국방과 치안 업무만 하고 나머지는 개인의 자유에 맡겨야 한다고 주장하는 이론을 **자유 지상주의**라고 부릅니다. 다른 말로 **야경 국가 이론**이라고도 합니다. 국가는 야경, 곧 밤사이 화재나 범죄가 일어나는지 살피고 지키는 일만 하면 된다는 이론입니다. 이렇게 볼 때 자유 지상주의는 무정부주의는 아닙니다. 정부가 필요하긴 하니까요. 자유 지상주의의 이념에 딱 들어맞는 국가는 최소 국가입니다. 국가는 가능한 한 없는 것이 좋습니다.

## 터럭 한 올도 건드리지 마라

앞에서 현대 국가는 많은 일을 한다고 말했습니다. 국방과 치안 업무만 잘하기도 어렵지만, 그래도 국방과 치안 업무만 하는 국가는 없습니다. 그런데 왜 자유 지상주의자들은 국가는 그런 최소한의 업무만 해야 한다고 주장할까요? 그것은 그들이 소중하게 생각하는 자유가 침해된다고 생각하기 때문입니다.

자유 지상주의자가 개인의 자유를 왜 소중하게 생각하는지 살펴봅시다. 중국의 한나라 때 원술이라는 자가 난을 일으키자 조조는 대규모 군사를 이끌고 토벌하러 갑니다. 그런데 군량이 부족해지자 병사들에게 배급하던 식량의 양을 점점 줄였습니다. 당연히 병사들의 불만이 높아졌고, 급기야는 폭동이 일어날 것 같은 상황이 되었습니다. 그러자 조조는 군량 책임자인 왕후가 군량비를 빼돌렸다는 누명을 씌워 그의 목을 베게 했습니다. 이에 병사들의 불만은 사그라졌다고 합니다.《삼국지연의》에 나오는 이야기입니다. 물론 조조는 왕후의 남은 가족을 보살펴줬다고 하고요. 그러나 왕후 입장에서는 얼마나 억울하겠습니까? 자기가 하지도 않은 일로 목숨을 빼앗겼으니까요. 우리가 가지고 있는 자유 중에 빠져서는 안 될 절대적인 것은 우리의 신체에 대한 자유입니다. 우리의 신체는 아무런 이유 없이 구속하거나 빼앗을 수 없습니다. 누군가의 신체를 속박할 수 있는 경우는 그렇게 하지 않을 경우 다른 사람에게 위해를 가할 위협이 있을 때뿐입니다. 내가 미쳐 날뛰거나 내가 중대한 범죄를 저질러서 구속해서 수사할 필요가 있을 때가 그런 경우겠죠. 왕후는 전혀 그렇지 않았습니다. 폭동을 막는다는 이유로 그의 신체를 빼앗았지만, 그것으로 신체의 자유를 빼앗는 것을 정당화할 수 없습니다.

물론 이런 희생양을 적극적으로 지지하는 이론도 있습니다. **공리주의**라는 이론이 그렇습니다. 공리주의는 억울하게 희생당한 왕후의 이익과 폭동이 일어날 뻔하다가 일어나지 않은 전체 군대의 이익을 계산해볼 때 후자의 이익이 훨씬 크니 억울한 처벌이라도 옹호될 수 있다고 주장합니다. 그러나 우리 상식으로는 얼른 동의하기 어렵습니다. 우리 사회 전체에 아무리 큰 이익이 생긴다고 하더라도 나를 선뜻 희생할 사람이 어디 있을까요? 있다고요? 네, 있을 수 있습니다. 대의를 위해 희생하는 사람이 늘 있으니까요. 우리는 그런 사람을 영웅이라고 부릅니다. 그러나 영웅이 없을 때 평범한 사람에게 그런 영웅적인 희생을 강요할 수 있을까요? 또 희생하지 않는다고 비난할 수 있을까요? 영웅적인 행동이란, 하면 칭찬받지만 하지 않는다고 해서 비난받을 행동은 아니라고 7장에서 말했습니다. 누군가가 자신의 몸을 희생해서 폭동을 막는다면 영웅이라고 칭송하겠지만 그렇게 하지 않는다고 해서 비난하지는 않습니다.

그래도 사회의 큰 이익을 위해서는 희생을 감내해야 한다고요? 이런 상황을 생각해봅시다. 내가 누군가를 병문안하려고 병원에 들어서는데 병원 직원들이 나를 잡아서 묶습니다. 그리고 나의 장기를 끄집어냅니다. 안구, 심장, 콩팥, 간 따위를요. 그리고 그것들이 필요한 사람들에게 이식합니다. 안구를 이식받은 사람은 시력을 찾게 되고, 장기를 이식받은 환자 네 명은 목숨을 구하게 됩니다(콩팥은 두 개이므로 두 사람에게 이식되었습니다). 내 한 몸 희생하여 네 사람의 목숨을 구하고 한 사람에게 빛을 주었으니 이 일을 정당화할 수 있을까요? 그렇게 생각한 사람은 없을 겁니다. 내가 장기 적출에 동의하지 않았다고 해서 나를 비난할 사람이 누가 있을까요? 내 목숨이 사라지는데요. 나는 내 몸의 장기와 내 목숨을 내 마음대로 쓸 수 있는 자유가 있고 무한한 권리가 있습니다. 내 허락 없이 나의 장기를 적출하는 상황은 〈아저씨〉(2010)나 〈공모자들〉(2012) 같은 영화에나 나오는 무시무시한 범죄 행위일 뿐입니다. 강제적인 장기 적출이나 앞서 말한 왕후의 상황이나 뭐가 다를까요? 내 동의를 구하지 않고 내 자유를 침해했다는 점에서는 똑같습니다.

이번에는 전혀 다른 상황을 생각해봅시다. 어떤 소년이 불치병에 걸려 병원에 누워 있습니다. 오래 살지 못하는 가여운 상황입니다. 그런데 그 소년은 걸 그룹 '소녀시대'의 멤버 태연의 열렬한 팬입니다. 태연이 자신을 찾아와 머리를 쓰다듬어 주면 병이 당장 나을 것 같습니다. 이 사연이 어떤 방송 프로그램에 소개되어 태연의 귀에도 들어갔다고 해봅시다. 태연은 그 소년을 찾아가 머리를 쓰다듬어 줄 의무가 있을까요? 아마 태연은 착하므로 당연히 찾아가서 위로해줄 겁니다. 그러나 찾아가지 않는다고 해서 태연을 비난할 수 있을까요? 물론 비난하는 사람도 있겠지요. 한번 찾아가는 게 뭐가 힘들다고 죽어가는 소년의 소원을 들어주지 않느냐고요.

왕후 같은 희생양이 되기를 거부하는 사람이나 강제적인 장기 적출을 거부하는 사람, 환자 방문을 거부하는 태연은 무엇이 다를까요? 앞의 두 상황은 자신의 목숨을 내놓아야 하고, 태연의 경우는 시간 내서 품만 들이면 된다는 차이가 있지만, 본인의 신체를 누군가를 위해 쓴다는 점은 똑같습니다. 정도의 차이는 있지만, 본인의 동의를 구하지 않고 강제로 목숨을 내놓게 하거나 불치병에 걸린 소년을 찾아가게 한다면 모두 신체의 자유를 침해하는 것입니다.

신체의 자유에 관한 중요성은 중국의 위 나라 때 사상가인 양주가 했다는 다음 이야기에 잘 나와 있습니다. 《열자》의 〈양주〉 편에 따르면 묵자의 제자인 금자가 양주에게 이렇게 묻습니다. "선생님 몸에서 한 개의 터럭을 뽑음으로써 온 세상을 도울 수가 있다면 선생님은 그런 행동을 하시겠습니까?" 양주는 "세상은 본시부터 한 개의 터럭으로 도울 수 있는 게 아니지요."라고 대답합니다. 금자는 "가령 도울 수 있는 경우라면 하시겠습니까?"라고 다시 묻습니다. 그런데 양자는 묵묵부답, 대답하지 않습니다. 얼마 후에 금자로부터 이 이야기를 들은 양주의 제자인 맹손양은 양주를 대변하여 이렇게 말합니다. "선생은 우리 선생님의 마음을 이해하지 못했습니다. 제가 그에 대해 말씀드리지요. 선생의 살갗을 손상시킴으로써 만금萬金을 얻을 수가 있다면 선생은 그 일을 하겠습니까?" 금자는 그렇게 하겠다고 대답합니다. 맹손양은 다시 묻습니다. "선생의 몸 한 마디를 끊음으로써 한 나라를 얻을 수가 있다면 선생은 그 짓을 하겠습니까?" 그러자 금자는 대답을 못 합니다.

양주를 자유 지상주의자라고 평가하는 경우는 별로 없습니다. 그는 보통 이기주의자로 평가받습니다. 그러나 터럭과 살갗과 몸 한 마디와 목숨이 차이가 있을까요? 맹손양은 대답을 못 하는 금자에게 이렇게 말합니다. "한 개의 터럭은 살갗보다 작은 것이며, 살갗은 몸의 한 마디보다도 작은 것임이 분명합니다. 그러나 한 개의 터럭이 쌓여서 살갗을 이루고 살갗이 쌓여서 몸의 한 마디를 이루게 됩니다. 한 개의 터럭은 본시가 한 몸의 만분의 일에 해당하는 것이지만, 어찌 그것을 가벼이 여길 수 있겠습니까?" 세상을 구하기 위해서라면 터럭 한 가닥쯤은 얼마든지 내놓을 수 있을 것 같습니다. 그렇다면 두 가닥은요? 세 가닥은요? 한 움큼은요? 터럭 통째는요? 살갗은요? 이런 식으로 가다 보면 목숨까지 가게 될 텐데, 어디에서 멈출 수 있을까요? 우리는 이미 9장에서 미끄러운 비탈길 논증을 살펴보았는데, 미끄러운 비탈길에서 어디에서 멈춰야 할지 알 수 없다는 것은 비탈길의 시작인 터럭 한 가닥과 끝인 목숨 사이에 본질적인 차이가 없다는 뜻입니다. 남을 위해 목숨을 내놓지 않는 사람을 비난할 수 없다면 터럭 한 올을 내놓지 않는 사람도 비난할 수 없는 법입니다. 터럭이든 목숨이든 모두 소중한 우리의 신체이고, 우리에게는 남에게 강요당할 수 없는 무한한 신체의 자유가 있기 때문입니다.

## 내 동의 없이 내 돈은 아무도 가져갈 수 없다

자유 지상주의자가 옹호하는 자유 중 신체의 자유를 침해당하면 꼭 자유 지상주의자가 아니어도 많은 사람이 분노할 것 같습니다. 자유 지상주의자는 신체의 자유뿐만 아니라 재산 처분에 대해서도 무한한 자유를 주장합니다. 재산권도 신체에 대한 권리 못지않게 침해받아서는 안 되는 권리이고, 재산권을 침해하는 것은 결국 신체의 자유를 침해하는 것이나 마찬가지라고 생각하니까요. 신체의 자유를 침해하는 것에 누구도 동의하지 않는다면 재산권에 대한 침해도 반대해야 한다고 주장합니다.

이 주장을 위해 아이돌 스타 태연을 다시 예로 들어보죠. 태연은 수많은 팬을 이끌고 다니는 스타입니다. 소녀시대 공연을 보러 팬들은 구름처럼 몰려다닙니다. 그런데 태연의 팬들은 태연을 워낙 좋아한 나머지 입장료 외에 모금함을 만들어서 거기에 만 원씩 추가로 낸다고 해봅시다. 입장료야 안 내면 공연에 들어갈 수 없으므로 일종의 강요이지만, 이 모금은 어떤 강요 없이 순전히 자발적으로 이루어집니다. 그래서 공연을 한 번 할 때마다 만 명의 팬이 추가로 기부하여 태연에게 1억 원의 수입이 생깁니다. 자, 이때 소녀시대 다른 멤버들이 태연에게 그중 일부를 나누어달라고 말할 권리가 있을까요? 그리고 태연에게는 나누어줄 의무가 있을까요? 태연은 착하므로 아마 동료들에게 기부금 일부를 나누어줄 겁니다. 그러나 나누어주지 않았다고 해서 태연을 비난할 이유는 전혀 없습니다. 그 돈은 태연의 팬들이 순전히 자발적으로 태연에게 준 돈이기 때문입니다. 혹시 태연이 주위의 눈치 때문에 반강제로 그 돈을 나누어줘야 한다면 돈을 기부한 태연의 팬들이 가만있지 않을 것입니다. 혹시 소녀시대는 태연 혼자서 활동하는 것이 아니므로 태연이 기부금을 독차지하는 것은 옳지 않다고 말하는 사람도 있을 겁니다. 네, 맞습니다. 아무리 소녀시대에서 태연이 유명하다고 하더라

위험한 철학책

도 혼자서 소녀시대를 유명하게 만든 것은 결코 아닙니다. 그러나 바로 그래서 공연 수익료를 멤버들과 나누어 가졌지요. 태연의 팬들이 낸 돈은 그룹에 준 돈이 아니라 태연에게 준 돈이므로, 소녀시대가 여럿이 모인 그룹이라는 사실은 그 돈을 나누어 가질 권리와 아무 상관이 없습니다.

태연의 예가 무슨 주장을 하려고 하는지 이해가 되나요? 자신이 소유한 재산에 대해 절대적인 권리를 가지고 있고, 그것을 어떻게 처분하든 자기 마음이라는 겁니다. 그것을 다른 사람에게 나누어주든 말든 그것은 소유자의 전적인 권리입니다. 그런데도 누군가가 그 재산을 다른 사람에게 나누어주라고 압박하거나 강제로 뺏어서 나누어준다면 그것은 권리를 침해하는 일입니다. 네 목숨을 내놓아 다른 사람을 살리라는 것과 다를 바가 없는 셈이지요.

사람들은 자신이 소유한 것으로 자신이 하고 싶은 것을 마음대로 할 수 있습니다. 자유 지상주의자에 따르면 사람이 소유할 수 있는 것은 세 가지가 있습니다. 첫째는 자신의 몸입니다. 둘째는 땅이나 광물과 같은 자연 세계입니다. 셋째는 그 자연 세계에서 자기 몸으로 노동해서 만든 산물입니다. 농산물이나 공산품이 그 예이겠지요. 내 몸이 내 것이라는 데 반박할 사람은 없을 겁니다. 그러므로 자연 세계가 어떻게 해서 내 소유가 되는지를 알면 거기에 대해 내 몸으로 노동을 해서 얻은 산물이 정당한 내 소유물이 된다는 것을 이해할 수 있을 겁니다.

자유 지상주의자는 정당하게 재산을 소유할 수 있는 세 가지 방식을 이야기합니다. 취득, 자발적인 이전, 교정이 그것입니다. 첫째, **취득**은 아무도 소유하고 있지 않은 자연 세계의 일부를 점유하는 것을 말합니다. 쉽게 말해서 주인 없는 땅을 먼저 차지한 사람이 임자라는 말입니다. 톰 크루즈와 니콜 키드먼이 연인으로 나온 영화 〈파 앤드 어웨이〉(1992)는 미국의 서부 개척 시대가 무대입니다. 이 영화를 보면 총소리를 듣고 출발해서 깃발을 꽂으면 거기까지가 자기 땅이 되는 장면이 나옵니다. 자유 지상주의자가 말한 취득 개념을 잘 보여주는 장면이지요. 그러나 취득할 때는 단서가 붙습니다. 자연 세계의 일부를 점유하는 것이 정당화되려면 다른 누군가의 상황을 악화시켜서는 안 됩니다. 또 주인이 없다고 해서 다 가져서는 안 되고 다른 사람들도 이용할 수 있도록 충분하고도 넉넉한 양을 남겨두어야 합니다. 이런 주장은 영국의 철학자 로크(3장에 나온 경험론자 로크)가 맨 처음에 했기에 '로크의 단서'라고 부릅니다. 〈파 앤드 어웨이〉의 '땅따먹기' 장면은 이 단서 조항을 만족시키지 못할 가능성이 큽니다. 서부 이민자들이 깃발을 꽂은 그 땅은 이미 아메리카 원주민이 주인이어서 아무도 소유하지 않은 자연 세계가 아니었을 수 있고, 그렇지 않더라도 아메리카 원주민도 이용할 수 있도록 남겨두어야 하는데 그렇게 하지 않았기 때문입니다.

재산을 소유할 수 있는 두 번째 정당한 방법은 **자발적인 이전**입니다. 일단 내가 소유하고 있는 것은 내 마음대로 사용해도 됩니다. 태

위험한 철학책

연의 팬들은 자신이 소유한 돈을 자발적으로 태연에게 이전했습니다. 그러므로 태연은 그 기부금을 정당하게 소유한 셈이죠. 우리는 동산이나 부동산과 같은 재산만 소유하는 것이 아닙니다. 앞서 우리가 소유할 수 있는 것으로서 가장 먼저 우리의 신체를 말했습니다. 따라서 비록 내가 맨 처음에는 땅을 차지하지 못했더라도 내 신체를 빌려주어, 그러니까 내 노동력을 팔아서 재산을 소유할 수 있습니다. 이런 거래가 자발적인 합의에 따라 이루어져야 한다는 건 두말할 나위가 없죠.

재산 소유의 마지막 방법은 **교정**입니다. 이것은 최초의 점유나 자발적인 이전에서 혹시 부당한 과정이 있다면 그것을 바로잡는 과정입니다. 예컨대 태연의 팬 중 한 명이 부모님 돈을 훔쳐서 기부금을 냈다면 태연은 그 돈을 정당하게 소유할 수 없고 부모에게 돌려줘야 한다는 뜻입니다. 또 누군가의 것을 빼앗아서 점유한 재산도 원래 소유자에게 돌려줘야 합니다.

이제 자유 지상주의자의 주장은 확실해졌습니다. 애초에 강압이나 도둑질이 아니라 정당하게 취득했고, 자발적인 이전이나 자유로운 교환으로 얻은 소유물이라면 나는 그 소유권에 대한 절대적인 권리를 행사할 수 있습니다. 내가 마음씨가 좋아서 누군가에게 자발적으로 기부할 수는 있지만, 동의 없이 빼앗아갈 수는 없습니다. 그 어떤 명분으로도 말입니다.

## 세금은 합법적인 도둑질이다

국가는 참 많은 일을 한다고 했습니다. 국방과 치안의 업무 말고
도 도로와 다리와 수도도 건설하고 의무 교육도 하고 가난 구제
도 합니다. 이런 일을 하려면 세금이 필요합니다. 그런데 세금은
내기 싫어도 억지로 내야 합니다. 자유 지상주의자가 보기에 이것
은 우리 재산을 마음대로 쓸 수 있는 자유를 심각하게 침해하는
행위입니다. 내놓기 싫은 것을 억지로 가져가는 행위는 강도질입
니다. 세금을 걷는 행위는 그 주체가 국가일 뿐이지 양아치가 삥
뜯는 행위나 똑같습니다. 합법적인 삥 뜯기죠.

　강도질이라는 표현은 심했다고요? 세금으로 다리도 놓고 가난한
사람들 공부도 시켜주고 보조금도 주지 않느냐고요? 홍길동의 사례
를 생각해봅시다. 홍길동은 활빈당을 조직해서 탐관오리나 토호들
의 재산을 빼앗아 가난한 사람을 돕습니다. 서양에서는 로빈 후드
가 똑같은 일을 합니다. 가난한 사람을 돕는 일은 국가가 세금으로
하는 일과 같습니다. 그런데 부자에게 걷은 돈으로 그 일을 합니다.
이게 정당화될 수 있을까요? 《홍길동전》을 읽거나 〈로빈 후드〉 영
화를 보는 사람은 통쾌할지 모르지만, 그런 강도질은 현대 사회에
서 정당화될 수 없습니다. 세금을 걷는 일도 홍길동이나 로빈 후드
가 하는 일과 다를 바 없습니다. 그래도 홍길동이나 로빈 후드는 떳
떳하지 않게 재산을 모은 부자들의 재물을 털었으니 자유 지상주의
자가 말한 교정을 실현했다고 볼 수 있습니다. 그러나 세금은 그런

　　　　　　　　　　　　　　위험한 철학책

부자들에게서만 걷는 것이 아니라 합당한 방법으로 부자가 된 사람이나 불의의 방법을 쓰려야 쓸 수도 없는 월급쟁이에게도 걷습니다. 홍길동이나 로빈 후드 같은 도적보다도 정당하지 못합니다.

우리는 몸으로 한 노동의 산물을 우리가 직접 갖거나 교환을 통해 돈으로 받습니다. 그런데 그 대가를 받지 못하는 노동은 강제 노동이고, 실컷 일하고서도 대가를 받지 못하는 사람은 노예입니다. 자유 지상주의자가 보기에 세금을 낸 만큼의 일은 강제 노동과 다를 바가 없습니다. 하루에 8시간 일해서 8만 원의 수입을 올렸다고 해봅시다. 그중 1만 원을 세금으로 거두어갔다고 해봐요. 그러면 하루 8시간 노동 중 1시간은 남을 위해 일한 셈입니다. 1시간은 노예로 일한 것이죠. 물론 1만 원을 자발적으로 낼 수 있습니다. 그때의 1시간의 추가 노동은 자원봉사에 해당합니다. 그러나 내기 싫은 돈을 강제로 냈다면 그것은 노예의 노동과 같습니다. 그래서 오스트리아 출신의 자유 지상주의 경제학자인 프리드리히 하이에크 Friedrich Hayek는 《노예의 길》(1944)이라는 책을 썼습니다. 세금 등의 방법으로 정부가 개입하기 시작하면 그것은 노예로 가는 길이라는 겁니다.

자유 지상주의 경제학자들은 자유 지상주의를 채택했을 때 경제적으로 훨씬 효율적이라고 주장합니다. 부자들에게서 세금을 덜 걷으면 부자들은 그 돈을 재투자할 테고 그 결과 여러 사람이 고용될 수 있어 전체 소득이 늘어나기 때문입니다. 이른바 낙수 효과라고 부르는 것입니다. 그러나 그 반대 주장도 많습니다. 노벨경제학상을 받은 조지프 스티글리츠Joseph Stiglitz가 쓴 《불평등의 대가》(2012)처럼 불평등은 경제 성장을 저해하고 효율성을 떨어뜨린다는 주장입니다. 철학자로서는 세금을 덜 걷는 것이 경제적으로 효율이 높은지 아닌지 판단할 수 없습니다. 다만 말할 수 있는 것은 설령 세금으로 분배를 실현한 결과가 효율적이라고 하더라도 그것은 개인의 자유를 침해하여 얻은 결과이므로 받아들일 수 없다는 겁니다. 이것은 홍길동의 사례를 보면 쉽게 알 수 있습니다. 홍길동이 부자들에게 빼앗은 재산을 가난한 사람들에게 나누어주면 사회 전체의 이익은 늘어날 겁니다. 부자들이 뺏긴 양은 새 발의 피지만 가난한 사람들에게 그것은 큰 도움이 되니까요. 그렇다고 해서 홍길동의 강도질이 옹호될 수는 없는 것 아닌가요?

가난한 사람들은 누군가의 도움이 간절히 필요합니다. 세금을 걷지 않으면 독거 노인이나 소녀 가장 같은 어려운 사람들은 누가 도와주나요? 자유 지상주의자도 불쌍한 사람을 보고 모른 척하는 무자비한 사람들이 아닙니다. 기꺼이 기부하여 그들을 돕습니다. 그러나 강제로 빼앗아 그들을 돕는 것은 경우가 다릅니다. 앞에서 예를 든 장기 적출 사례를 생각해보세요. 심장이나 콩팥을 이식받으려는 사람들은 그 장기가 간절히 필요합니다. 누군가가 자발적으로 장기를 기부하면 아주 고마워하고 기부자는 칭찬받습니다. 그렇다고 해서 누군가를 납치해서 장기를 적출하면 되나요? 강제적인 장기 적

위험한 철학책

> ### "호의가 계속되면 그게 권리인 줄 알아요"
>
> 영화 〈부당거래〉(2010)에서 검사 역을 맡은 주양(류승범 분)의 대사입니다. 그 장면에서는 검찰의 견제에 불쾌해하는 경찰의 기분을 일일이 신경 써주다 보면 그것을 당연하게 생각한다는 의도로 말했습니다. 이 대사에 바로 이어서 "상대방 기분 맞춰주다 보면 우리가 일을 못 한다고요."라고 말합니다. 자유 지상주의자도 가난한 사람을 도와주는 일은 호의이지 당연히 받아야 할 권리가 아니라고 생각할 겁니다. 우리가 필요하다고 해서 상대방의 장기를 당연히 받을 권리가 없는 것처럼, 가난한 사람들도 당연히 지원받을 권리가 있는 것은 아닙니다. 다만 부자의 호의만 있을 뿐입니다.

출을 거부한다고 해서 그 사람을 인정머리 없는 무자비한 사람이라고 비난할 수 있나요? 가난 구제도 마찬가지입니다. 누군가에게 자발적으로 기부하면 칭찬받지만 그렇지 않았다고 해서 비난해서는 안 됩니다.

## 국가의 쓸데없는 참견

사람들은 어른이 되어도 어리석은 사람이 많습니다. 담배를 피우고 술을 마시면 몸에 해롭다는 것을 알면서도 계속해서 담배를 피우고 술을 마십니다. 그렇다고 해서 국가에서 강제로 흡연이나 음주를 못 하게 막지는 않습니다. 그렇게 하면 개인의 자유를 침해하는 것이니까요. 국가는 흡연이나 음주가 우리 건강에 주는 피해에 대해 충분히 알려주어야 합니다. 그다음 선택은 개인에게 맡겨야 합니다. 흡연이나 음주가 주는 피해를 충분히 알지만, 그것이 주는 이익, 가령 집중력 향상이나 스트레스 해소가 더 크다고 생각하는 사람도 있으니까요. 이 장의 들머리에 나왔던 우에하라 씨의 국민연금 납입 거부 사례도 마찬가지입니다. 국민연금은 일할 능력이 있을 때 일정액을 국가에 낸 다음, 나이가 들거나 장애를 입게 되어 더는 돈을 벌 수 없게 되었을 때 국가가 일정액을 지급하는 제도입니다. 국가는 국민연금에 가입하지 않으면 나이 들어서 일할 능력이 없을 때 곤궁하게 살아야 한다는 정보만 주면 됩니다. 국민연금 홍보 포스터에 '65세 때, 어느 손잡이를 잡으시렵니까?'라는 광고 문안이 있고 폐지를 줍는 손수레와 여행용 가방이 나온 적 있습니다. 빈곤층을 비하하는 무개념 포스터라고 논란이 되었는데, 비하가 아닌 방식으로 정보만 주고 그다음 선택은 개인의 자유에 맡겨야 합니다.

그런데 국민연금과 같은 공적 연금은 모든 국민이 의무로 가입해야 합니다. 매달 10만 원씩 내서 60세가 되었을 때부터 연금을 매달 100만 원씩 받는다고 해봅시다. 이 제도에 환영하는 사람이 많을 겁니다. 나이 들어서 일할 능력이 없을 때 누구한테 손 벌리지 않고 당당하게 노후를 보낼 수 있을 테니까요. 그러나 세상 사람들의 생각이 다 똑같지 않습니다. 어떤 사람은 매달 내는 10만 원을 노후를 위해 저축하기보다 지금 당장 더 요긴한 데 쓰는 게 낫다고 생각합니다. 미래보다 현실을 즐기자는 생각을 하는 사람들이 그렇겠지요.

위험한 철학책

〈죽은 시인의 사회〉(1989)라는 영화에서 키팅 선생님(로빈 윌리엄스 분)이 자주 외친 말로 유명해진 '카르페 디엠carpe diem'은 직역하면 '지금 이 순간을 잡아라.'라는 뜻으로 '현재를 즐겨라.'라는 말입니다. 이 말을 '지금 이 순간 최선을 다하라.' 혹은 성실하고 긍정적인 삶의 태도를 강조하는 말로 이해하는 사람들이 많은데, 실제로는 정반대의 뜻입니다. 이 구절은 원래 로마 시인 호라티우스Horatius의 시에 나오는데, "지금 이 순간을 잡아라. 가급적 내일이란 말은 최소한만 믿고."라는 구절의 일부입니다. 호라티우스의 시에서는 좀 고상하게 표현했을 뿐이지 우리나라 옛날 가요에 '노세 노세, 젊어서 노세. 늙어지면 못 노나니.'라는 가사, 딱 그 수준입니다. 개미처럼 지금 열심히 일하고 저축해서 노후를 편안하게 보내야겠다고 생각하는 사람도 있고, 베짱이처럼 지금 이 순간을 즐기겠다고 생각하는 사람도 있습니다. 어느 쪽이 더 잘 산다고 말하기 어렵습니다. 그런데 베짱이 같은 인생관을 가진 사람들에게 국가가 그렇게 살면 안 된다고 간섭하는 것은 개인이 삶을 어떻게 살지 결정하는 데 국가가 간섭하는 것입니다. 자유 지상주의자가 보기에 그것은 우에하라 씨의 말처럼 '쓸데없는 참견'입니다. 국가의 강제 행위는 정확히 말하면 쓸데없는 참견 정도가 아니라 개인의 자유를 침해하는 부당한 행위입니다.

## 국가의 넓은 오지랖

자유 지상주의자는 내 의사와 상관없이 내 몸을 까딱하는 것도 싫어하지만, 내 행동이 다른 사람에게 피해를 주지 않는데도 국가가 간섭하는 것도 싫어합니다. 다른 사람에게 피해를 주지 않는데도 국가가 강제하는 것을 '부권적 간섭주의' 또는 '온정주의'라고 합니다. 안전띠나 안전모 착용 강제, 마약 복용 처벌, 매매춘 처벌, 포르노 금지 따위가 그런 제도입니다. 게임 규제를 위해 실시하려고 만든 셧다운제가 논란이 된 적이 있는데, 이것도 그런 사례입니다. 국가는 국민의 신체나 정신이 피폐해지는 것을 막으려고 부모의 마음으로 국민을 보호한다는 명목으로 간섭한다고 주장하지만, 자유 지상주의자는 그게 한마디로 국가가 오지랖 넓게 참견하는 일이라며 반대합니다. 내 몸에 대해서는 내가 가장 잘 알고, 내 몸이 피폐해지더라도 내가 선택한 것이므로 그 자유를 존중해달라는 겁니다. 국가는 흡연이나 음주처럼 안전띠 미착용이나 마약 복용이 주는 피해에 대해 충분히 알려주기만 하면 됩니다. 그다음의 선택은 개인에게 맡겨야 하고요. 아, 자신에게 일어나는 일을 합리적으로 판단할 수 없다고 생각되는 미성년자는 이 주장에서 예외입니다.

## 뒤집어 보기 ————————————————

자유 지상주의자는 현재 소유한 재산에 무한대의 소유권을 인정하지만, 그 전에 정당한 취득과 자발적인 이전과 교정의 단계를 거쳐야 한다고 말했습니다. 문제는 정당한 취득이 일어났느냐, 그리고 그것을 알 수 있느냐는 겁니다. 앞에서도 말했지만, 현재 미국인이 가지고 있는 재산은 최초의 취득 단계에서 아메리카 원주민의 소유권을 빼앗았을 가능성이 큽니다. 그리고 우리나라의 부자들도 그 취득 단계를 거슬러 올라가보면 전근대나 일제 강점기에 부당하게 취득된 재산에서 비롯되었을 가능성이 크고요. 만약 그런 부정의가 있는지 확인하면 자유 지상주의자가 교정하면 된다고 한 대로 바로잡으면 됩니다. 문제는 먼 과거에 어떤 방식으로 취득이 일어났는지 알기가 어렵다는 데 있습니다.

또 다른 문제는 아무도 소유하고 있지 않은 자연 세계의 일부를 점유할 때 다른 사람들도 이용할 수 있도록 충분하고도 넉넉한 양을 남겨두어야 한다고 말했지만, 인간의 이기심을 생각해보면 과연 그 정도에서 그칠지 의심스럽다는 점입니다. 아흔아홉 석 가진 사람이 백 석을 채우려고 가난한 사람의 한 석을 뺏으려는 것이 인간의 본성입니다. 그리고 충분히 남겨놓는다고 하더라도 능력이 있는 사람은 그렇지 못한 사람보다 더 많이 취득할 텐데, 그 능력이란 것은 8장에서 보았듯이 운에 좌우됩니다. 그러니 애초의 취득 과정은 공정하지 않은 면이 많습니다.

## 더 깊이 읽기 ─────────────────────

들머리에 나온 이야기는 오쿠다 히데오의 《남쪽으로 튀어 1》(전2권, 양
윤옥 옮김, 은행나무, 2006), 21쪽에 나오는 이야기입니다. 양수 이야기는
《열자》(김학주 옮김, 연암서가, 2011), 340~343쪽을 참고했습니다. 태연
의 사례는 현대에 가장 유명한 자유 지상주의자 철학자인 로버트 노직
Robert Nozick의 월트 체임벌린Wilt Chamberlain 예를 각색한 것입니다. 월트
체임벌린은 1960년대에서 1970년대까지 활동했던 미국의 유명한 농구
선수입니다. 이 예는 노직의 《아나키에서 유토피아로》(남경희 옮김, 문학
과지성사, 2000)에 나옵니다. 소유에 관한 자유 지상주의자의 주장도 이 책
에 나온 노직의 견해입니다. 노직의 견해와 그에 대한 비판은 마이클 샌델,
《정의란 무엇인가?》(와이즈베리, 2014), 3장에 쉽게 설명되어 있습니다. 프
리드리히 하이에크의 《노예의 길》(김이석 옮김, 나남, 2006)과 조지프 스
티글리츠의 《불평등의 대가》(이순희 옮김, 열린책들, 2013)은 우리말로 번
역되어 있습니다.

13

# 한 명보다
# 다섯 명이 죽는 것이
# 낫다

## 트롤리를 아시나요?

'트롤리trolley'라는 교통수단이 있습니다. '트램'이라고도 합니다. 우리말로는 '노면 전차'라고 부릅니다. 전차라고 하면 보통 땅속으로 달리고, 지상으로 달리더라도 전용 궤도를 이용하는 전동차를 떠올립니다. 트롤리는 '노면 전차'라는 이름답게 길바닥에서 달립니다. 지상에 설치된 궤도로 트롤리가 운행하다가, 트롤리가 운행하지 않을 때는 그 위로 자동차도 다닙니다. 우리나라도 1960년대까지는 서울과 부산에서 트롤리가 다녔습니다. 그때는 트롤리라고 부르지 않았고 그냥 전차라고 불렀습니다. 은방울 자매의 트로트 명곡 〈마포 종점〉은 "밤 깊은 마포 종점 갈 곳 없는 밤 전차"로 시작하는데, 여기 나오는 전차가 바로 당시의 서울 트롤리입니다. 그런데 좁은 도심 길에서 전차와 자동차가 같이 운행하다 보니 도로 교통을 방해한다는 이유로 없어지고 도시 철도가 생겼습니다. 우리가 보통

지하철이라고 부르는 그것입니다.

 그러나 세계 곳곳에서는 아직도 트롤리가 많이 운행되고 있습니다. 일단은 도시 철도 건설과는 비교할 수 없을 정도로 건설비와 운영비가 싸기 때문입니다. 그리고 길이 막힌다는 이유로 트롤리를 없앴는데, 거꾸로 길이 막히므로 트롤리를 다니게 해야 한다는 인식의 전환이 생겼기 때문입니다. 좁은 도심에 트롤리가 없다고 해서 교통 상황이 좋아지는 것도 아니고, 트롤리는 승용차나 버스보다 더 많은 승객을 태우고 더 빨리 달릴 수 있습니다. 무엇보다 트롤리는 도시 철도의 차량에 견줘 크기가 아주 작습니다. 그렇다 보니 외관이 예뻐서 도시 미관에 좋고 관광용으로도 인기 있습니다. 차량의 크기가 작다는 것은 바로 이어 말할 트롤리 딜레마에서 중요한 요소입니다.


## 갈림길의 트롤리

우리나라에 없는 이 트롤리가 철학에서는 중요한 소재가 되었습니다. 바로 **트롤리 딜레마** 때문입니다. 앞으로 이 딜레마와 비교해야 할 사고 실험이 몇 개 나오므로 구분하기 위해 '갈림길'이라고 이름을 붙여 보겠습니다.


 **갈림길** 운행 중이던 트롤리의 브레이크가 고장이 나서 멈출 수가 없다. 이 트롤리가 향하는 궤도 위에는 다섯 명의 인부가 작업하고 있다. 고장 난 트롤리가 계속 가게 되면 다섯 명의 인부가 죽게 된다. 트롤리를 멈추게 할 수는 없지만, 다행히 작업 장소 앞에 갈림길이 있어 전차의 방향을 틀 수 있다. 그런데 갈림길에는 한 명의 인부가 작업하고 있다. 방향을 틀면 한 명의 인부가 죽게 된다.

고장 난 트롤리를 그대로 두면 다섯 명의 인부가 죽게 됩니다. 반면에 방향을 틀면 한 명의 인부가 죽게 됩니다. 두 경우 모두 불행하지만 그래도 다섯 명보다 한 명이 죽는 것이 훨씬 나으므로 방향을 트는 게 맞는 것 같습니다. 그러나 그 한 명은 다섯 명을 위해 희생되는 것입니다. 이것이 딜레마입니다. 만약 당신이 트롤리의 운전사라면 어떤 선택을 하겠습니까? 고장 난 트롤리를 그대로 가도록 두겠습니까, 방향을 바꾸겠습니까?

트롤리 딜레마는 영국 철학자인 필리파 풋Philippa Foot(1920~2010)이 1967년에 쓴 학술 논문에 처음 나옵니다. 위에서 제시한 상황은 본디 논문이 제시한 상황과 약간 다릅니다. 논문에서는 작업하는 인부가 아니라 사람이 철로에 묶여 있다고 설정되어 있습니다. 그리고 운전사가 트롤리의 방향을 트는 것이 아니라, 마침 옆에서 상황을 지켜보던 사람이 방향을 트는 지렛대를 당기면 방향이 바뀐다고 설정되어 있습니다. 그런데 심하게 작위적입니다. 철로에 사람이 묶여 있다는 것이, 그것도 한쪽에는 다섯 명이, 다른 쪽에는 한 명이 묶여 있다는 것이 상상이 되나요? 그리고 옆에서 지켜보던 사람이 지렛대가

## 사고 실험

사고 실험은 가상의 상황을 이용하여 어떤 주장을 펼치는 것을 말합니다. 대체로 "이러저러한 상황에서 어떻게 할 것인가?"라는 질문의 형태로 되어 있습니다. '이러저러한 상황'에 갈림길에 선 트롤리 같은 가상의 상황이 들어가고, 그것을 이용해서 특정 주장을 합니다. 실험실이나 현장이 아니라 순전히 머릿속에서 이루어지는데 이를 실험이라고 부르는 것은, 마치 과학자들이 실제로 하는 실험처럼 어떤 가상의 상황을 설정해 놓고 여러 변수를 이리저리 바꾸어본 다음에 거기서 어떤 일이 일어날지 자세히 검토해보기 때문입니다. 트롤리 사고 실험도 여러 가지 변형된 형태가 있습니다.

사고 실험을 싫어하는 철학자도 있습니다. 가장 큰 이유는 트롤리 사고 실험에서 볼 수 있듯 상황이 너무 억지스럽기 때문입니다. 철학자들은 실제로 일어날 수 없거나 일어날 수 있다고 하더라도 가능성이 아주 낮은 일들을 상상하여 주장을 펼칩니다. 왜 그럴까요? 철학자들은 자신들이 주장하는 개념이나 이론이 보편적으로 적용되길 원하기 때문입니다. 철학적 개념이나 이론은 어떻게 생각하더라도 적용할 수 있어야 한다고 생각하는 것입니다.

전차의 방향을 틀게 한다는 것을 어떻게 알겠으며, 설령 안다고 해도 그 짧은 순간에 그것을 당겨야겠다고 생각할 수 있겠습니까? 물론 위에서 변형한 사고 실험도 작위적인 면이 없는 것은 아닙니다. 작업하던 인부들이 트롤리가 온다는 것을 알아차리고 피할 수도 있습니다. 그리고 도시 철도가 아니라 트롤리이기 때문에 사망 사고까지는 생기지 않을 수 있습니다. 그래도 본디의 사고 실험보다는 덜 작위적인 것 같습니다. 매우 짧은 거리에 있어서 피할 시간이 없다고 설정

위험한 철학책

하면 됩니다. 탄광에서 석탄 운반용으로 쓰는 광차鑛車도 트롤리라고 하는데, 광차면 모를까 노면 전차에도 치이면 죽습니다. 에스파냐의 유명 건축가 안토니 가우디Antoni Gaudi(1852~1926)는 노면 전차에 치여 죽었습니다. 정확히 말하면 바로 죽은 것이 아니라 가우디가 노숙자와 같은 차림을 하고 있어서 운전사도 방치했고, 병원으로도 얼른 후송하지 않고, 의사도 열심히 치료하지 않아 사고 나흘 후에 죽었다고 합니다.

## 누구 직관이 더 옳은가?

트롤리 딜레마는 심리학 실험이 아니라 철학의 사고 실험입니다. 이 말은 사람들이 어느 쪽을 더 많이 지지하는지 알아보는 실험이 아니라는 말입니다. 그래도 철학 강의 시간에 이 사고 실험을 소개하고 학생들에게 어떤 선택을 할지 손들어 보게 합니다. 그리고 이 사고 실험을 묻는 온라인 설문 조사도 있습니다. 짐작하겠지만, 강의 시간에도 그렇고 설문 조사도 그렇고 대체로 90퍼센트 정도가 방향을 바꾸어 한 명을 희생하여 다섯 명을 구해야 한다고 대답합니다. 이것이 사람들의 직관입니다. 이유는 간단합니다. 다섯 명이 죽는 것보다 한 명이 죽는 것이 더 낫다고 보기 때문입니다.

트롤리 딜레마는 심리학 실험이 아니라 철학의 사고 실험이라고 강조한 이유는 사람들이 어느 쪽을 더 많이 지지하느냐는 그 선택을 정당화하는 이유가 될 수 없다고 말하기 위해서입니다. 많은 사람이 지지한다고 해서 선택이 옳은 건 아닙니다. 그래도 직관은 힘이 있습니다. 직관을 지지하는 쪽과 반대하는 쪽 중 반대하는 쪽이 자신의 주장을 입증할 책임이 있기 때문입니다. 트롤리 딜레마에서 직관이나 상식과 달리 전차의 방향을 바꾸지 않고 다섯 명이 죽게 헤야 한다고 주장하는 사람도 있습니다. 한 명보다 다섯 명이 죽는 것이 더 낫다고 주장하는 것입니다. 왜 그럴까요?

　사람들의 직관이 다섯 명보다 한 명이 죽는 것이 낫다고 판단하는 것은 결과적으로 죽게 되는 사람 수만 생각하기 때문입니다. 그러나 조금만 생각해보면 그 죽음이 어떻게 일어나는지 알 수 있습니다. 방향을 틀지 않고 트롤리가 계속 가게 내버려두면 다섯 명이 죽습니다. 그러나 이것은 운전사가 죽게 한 것이 아닙니다. 트롤리의 고장은 운전사의 책임이 아니므로 다섯 명의 죽음은 안타깝지만 운전사의 책임은 아닙니다. 반면에 방향을 틀어 한 명이 죽는다면 그것은 운전사가 죽게 한 것입니다. 그 한 명은 안 죽을 수도 있었지만 방향을 바꾼 운전사의 행동 때문에 죽은 것입니다. 죽게 내버려둔 것과 죽인 것, 어느 쪽이 더 윤리적인 비난을 받아야 할까요?

　7장에서 착한 사마리아인 이야기를 했습니다. 강도를 당한 사람이 초주검이 되어 길에 쓰러져 있습니다. 다른 사람들은 못 본 척 지나쳤는데, 당시 유대인이 멸시해 마지않던 사마리아인이 응급조치하고 그를 여관에 데려가 간호까지 해주었습니다. 예수는 "네 이웃을 네 몸같이 사랑하라."라는 가르침을 주기 위해 이 일화를 말했습니다. 강도를 만난 저 사람이 바로 우리의 이웃이고, 이 사마리아인이야말로 "강도를 만난 사람의 이웃이 되어준 사람"입니다. 예수는 "너도 가서 그렇게(사마리아인처럼) 하여라."라고 말합니다. 강도에게 피해를 본 사람을 못 본 척 지나친 사람은 종교적으로든 세속적으로든 비난받아도 쌉니다. 그렇다고 그 사람이 피해를 준 강도만큼 비난받아야 할까요? 그렇지 않습니다. 죽이는 행동이 죽게 내버려둔 행동보다 훨씬 나쁩니다. 11장에서는 물에 빠진 아이를 구해야 한다는 싱어의 이야기를 했습니다. 싱어에 따르면 그런 상황에서 물에 빠진 아이를 구하지 않는다면 윤리적 비난을 받아야 합니다. 싱어는 왜 아이가 얕은 물에 빠졌는지 말하지 않았지만 누군가가 밀어서 빠뜨렸다고 해봅시다. 물에 빠진 아이를 구하지 않았다고 하더라도 물에 아이를 일부러 빠뜨린 사람만큼 비난받겠습니까?

앞 장들에서 말한 착한 사마리아인과 물에 빠진 아이 이야기를 다시 꺼낸 것은 일부러 '죽게 한 행동'이 '죽게 내버려두는 행동'보다 훨씬 나쁘다는 상식을 말하기 위해서입니다. 그게 우리의 직관입니다. 트롤리 딜레마에서 방향을 틀어야 한다고 주장하는 사람의 근거는 직관이었습니다. 다섯 명이 죽는 것이 한 명이 죽는 것보다 더 낫다는 직관입니다. 그러나 방향을 틀지 말아야 한다고 주장하는 사람의 근거도 역시 직관입니다. 죽게 한 행동이 죽게 내버려두는 행동보다 나쁘다는 직관입니다. 의존하는 근거가 똑같은 직관이므로, 아무리 많은 사람(응답자의 90퍼센트)이 다섯 명보다 한 명이 죽는 것이 더 낫다는 데에 동의한다고 하더라도 그쪽이 옳다고 말할 수 없습니다. 더구나 방향을 틀지 말아야 한다고 주장하는 쪽은 겉으로 보이는 결과에만 주목한 것이 아니라 그 행동을 좀 더 분석했습니다. 그러므로 방향을 틀지 말아야 한다는 주장이 윤리적으로 더 설득력이 있는 것 아닐까요?

## 현실적인 고민

트롤리 딜레마는 철학자뿐만 아니라 일반인에게도 널리 알려진 딜레마입니다. 갈림길 사고 실험을 보면 현실에서는 일어날 일이 거의 없는데 철학자들이 안락의자에서나 벌이는 사고 실험처럼 보이지만 그렇지 않습니다. 다수의 사람을 구하기 위해 소수의 사람을 희생해야 하느냐는 문제는 전쟁이나 테러 따위의 상황에서 실제로 부닥치게 됩니다. 2차 세계 대전을 끝낸 원자 폭탄 투하가 대표적인 예입니다. 폭탄을 투하하면 단기간에 대략 10만 명 정도의 시민이 죽습니다. 반면에 폭탄을 투하하지 않으면 전쟁이 장기화하여 오랫동안이긴 하지만 그만한 시민이 죽게 됩니다. 어느 쪽을 선택해야 할까요? 사망자 수로만 비교하면 당연히 전자를 선택해야겠지만, 갈림길 사고 실험과 마찬가지로 전자는 죽이는 것이고 후자는 죽게 내버려두는 것이니 선택이 그리 쉽지 않습니다. 군대의 참모라면 소규모 부대를 희생하여 대규모 부대의 작전을 성공적으로 수행하게 하는 작전을 고민하게 됩니다. 이른바 지연전입니다. 안정효의 소설이 원작인 영화 〈하얀 전쟁〉(1992)은 베트남 전쟁이 무대입니다. 주인공이 속한 소대는 안전하다고 생각한 수색 작전을 수행하다가 물밀듯이 밀려드는 베트남 군대와 치열한 전투를 벌여 부대원이 거의 전멸하게 됩니다. 전투 후 헬기를 타고 나타난 장군은 살아남은 병사들을 격려하며 이 소대가 베트남 군대를 막아준 덕분에 작전을 무사히 수행할 수 있었다고 말합니다. 더 큰 작전을 위해 소수를 희생하는 일은 전쟁에서 흔하게 고민하는 문제입니다.

테러리스트가 백 명의 사람들이 모여 있는 곳에 폭탄을 던졌습니다. 폭탄이 굴러가는 것을 본 사람은 그것이 터지기 전에 발로 차서 다른 곳으로 보내면 된다는 것을 알고 있습니다. 그러나 그곳에는 다섯 명의 사람이 있습니다. 폭탄을 발로 차야 할까요, 아니면 터지도록 그대로 두어야 할까요? 역시 백 명 대 다섯 명의 문제이기도 하지만, 죽도록 내버려두는 것 대 죽이는 것의 문제입니다. (2023년 일본에서 테러리스트가 총리를 향해 폭탄을 던졌는데 경호원이 발로 걸어차는 사건이 실제로 일어났습니다. 폭탄은 크게 폭발했지만 다행히도 한 명의 시민이 경상을 입는 데 그쳤습니다.)

특히 최근에는 무인 자동차 때문에 트롤리 딜레마가 더 많이 알려졌습니다. 무인 자동차가 고장 나서 갈림길 사고 실험과 똑같은 상황에 처했을 때 어떻게 움직이도록 사전에 프로그래밍할까 하는 고민이 현실적으로 생기기 때문입니다. 또는 무인 자동차의 탑승자가 갈림길 위의 한 명이 될 수 있습니다. 고장 난 무인 자동차가 건널목을 건너는 사람들을 칠 위험에 처해 있을 때 방향을 틀어 벽에 부딪히면 탑승자만 죽게 됩니다. 방향을 틀지 않아 본인이 살고 행인들은 죽게 해야 할까요, 아니면 방향을 틀어 행인들이 살고 본인이 죽게 해야 할까요? 더 나아가 무인 자동차를 구매할 사람은 어떤 선택을 하도록 프로그래밍이 된 자동차를 사야 할까요?

## 뚱보를 밀어서 멈추게 하라

다섯 명보다 한 명이 죽는 것이 낫다는 게 여전히 사람들의 상식입니다. 또 다른 사고 실험은 이 상식이 그리 튼튼하지 못하다는 것을 보여 줍니다. 이른바 '뚱보' 사고 실험입니다.

> **뚱보** 이번에도 선로를 달리는 트롤리의 브레이크가 고장이 나서 트롤리를 멈출 수 없다. 트롤리가 가는 궤도 위에는 다섯 명의 인부가 작업하고 있다. 궤도 위에는 육교가 있는데 육교 위에서 한 사람이 이 상황을 보고 있다. 그리고 옆에는 마침 뚱뚱한 사람이 서 있는데 이 사람을 밀면 트롤리를 멈출 수 있다.

갈림길이 없어진 대신에 뚱보가 나타났습니다. 이 사고 실험은 풋에 이어 트롤리 문제를 본격적으로 다룬 주디스 자비스 톰슨Judith

위험한 철학책

Jarvis Thomson의 1985년 논문에 나옵니다. 애초에 풋이 이것을 예상해서 트롤리로 사고 실험을 만든 것은 아닙니다만, 차량 덩치가 큰 도시 철도와 달리 트롤리는 크기가 작아 뚱뚱한 사람이 전차 앞에 떨어지면 전차를 멈추게 할 수 있습니다. 지켜보던 사람이 직접 뛰어내리지 않는 이유는 그러면 자발적인 희생이 되어 딜레마가 성립하지 않기 때문이기도 하고, 그가 트롤리를 멈출 정도로 뚱뚱하지 않기 때문이기도 합니다. 사실 지금의 관점으로 보면 뚱뚱한 사람을 보고 '뚱뚱하다'라고 부르는 것만으로도 예의에 어긋나는데, '뚱보' 사고 실험이라는 것 자체는 정치적으로 올바르지 못하다는 비판을 받을 만합니다. (철학의 사례 중 이런 게 좀 있습니다. '대머리 논법'이나 러셀의 유명한 "프랑스의 현재 왕은 대머리이다."라는 명제가 그런 예입니다.) 정치적 올바름의 의식이 없던 1980년대에 나온 사고 실험이니 이해를 바랍니다. 이런 이유로 뚱보 대신에 무거운 가방을 맨 사람을 밀어뜨리는 설정으로 바꾸기도 하는데, 좀 억지스럽습니다.

뚱보를 밀어야 할까요, 말아야 할까요? 앞에서 갈림길 사고 실험을 온라인 설문 조사했고 90퍼센트 정도가 방향을 틀어야 한다고 대답했다고 말했습니다. 똑같은 설문 조사에서 뚱보 사고 실험을 물어보니 이번에는 70퍼센트 정도가 뚱보를 밀면 안 된다고 대답했다고 합니다. 갈림길 사고 실험에서 방향을 틀면 안 된다고 대답한 10퍼센트를 제외했을 때, 적어도 60퍼센트의 사람들은 갈림길에서는 방향을 틀어야 한다고 답을 하고 동시에 뚱보를 밀어서는 안 된다고 답을 한 것입니다. 그런데 갈림길에서 방향을 틀 거라는 결정은 다섯 명을 구하기 위해 한 명을 희생해도 된다고 본 것입니다. 반면에 뚱보를 밀면 안 된다는 것은 다섯 명을 구하기 위해 한 명을 희생해서는 안 된다고 본 것입니다. 두 사고 실험에서 방향을 트는 것이나 뚱보를 미는 것이나 다섯 명을 구하기 위해서라는 점에서는 똑같은데, 왜 전자는 되고 후자는 안 된다고 하는 걸까요? 두 사고 실험에서 갈림길에 있는 한 명의 인부나 육교 위의 뚱보나 아무 죄가 없는 사람인 점은 똑같은데, 왜 인부는 죽어도 되고 뚱보는 죽으면 안 될까요?

## 의도하지 않은 결과일 뿐

다섯 명이 죽는 것보다 한 명이 죽는 것이 낫다는 상식을 가지고 있는 사람들은 이 질문에 대답할 말이 있습니다. 그것은 뚱보는 직접 밀어서 죽였지만 갈림길의 한 명은 직접 죽인 것이 아니라고요. 갈림길로 방향을 틀었을 뿐인데 거기에 한 명이 있어서 죽었을 뿐이라고요. 네, 물론 거기에 사람 한 명이 있는 것은 알고 있었어요. 그러나 그 사람을 죽일 의도는 없었어요. 다만 트롤리의 방향을 틀었을 뿐이에요.

궤변처럼 들리지만, 이런 대답은 설득력이 있습니다. 그리고 이것은 서양 중세의 크리스트교 철학자 토마스 아퀴나스Thomas Aquinas(1225~1274)가 말한 **이중 결과의 원리**the principle of dual effect

위험한 철학책

로 더 세련되게 설명해볼 수 있습니다. 잘 알다시피 크리스트교에는 십계명 중 하나로 사람을 죽이지 말라고 가르치고 있습니다. 그런데 어쩔 수 없이 다른 사람을 죽일 수밖에 없을 때가 있습니다. 전쟁이나 정당방위가 그러한 예입니다. 낙태를 하지 않으면 산모의 건강이 위험할 때도 있습니다. 물론 어떤 상황에서도 사람을 죽이면 안 된다고 생각하는 크리스트교 신학자도 있고 그렇게 실천하는 신자도 있습니다. 그러나 세속인은 물론이고 대부분의 크리스트교 신자들은 방어 목적의 전쟁이나 자기방어는 필요하다고 생각하고, 산모의 건강이 위험할 때는 낙태를 허용해야 한다고 생각합니다. 이런 생각을 이론적으로 뒷받침해야 할 필요가 있는데 그것이 이중 결과의 원리입니다.

'이중 결과'라는 이름을 보니 결과가 두 가지 있는 모양입니다. 맞습니다. 의도하지 않은 결과와 의도한 결과가 그것입니다. 그래서 설령 나쁜 결과가 생기더라도 그 결과가 의도하지 않은 결과라면 윤리적으로 허용할 수 있다는 원리입니다. 가령 나를 해치려는 강도에게 저항하다가 그 강도를 죽게 했다고 하더라도, 그것은 의도하지 않은 결과이므로 나에게 책임이 없습니다. 방어 목적의 전쟁도 마찬가지입니다. 산모가 자궁에 종양이 생겨 자궁 적출 수술을 받지 않으면 생명이 위험합니다. 그러나 자궁을 적출하게 되면 태아가 죽게 됩니다. 비록 나쁜 결과가 생기지만 그것을 의도한 것은 아니므로 이 경우 낙태는 윤리적으로 허용됩니다.

나쁜 결과를 의도하지 않았다고 하더라도 그것이 일어날 것을 몰랐다고 한다면 발뺌하는 것 같습니다. 맞습니다. 이중 결과의 원리에서는 의도하지 않은 결과라고 하더라도 일어나리라 예견한 것은 인정합니다. 다만 그것을 겨냥한 것은 아닙니다. 부수적으로 일어난 것뿐입니다. 가톨릭은 낙태를 엄격하게 금하는 것으로 알려져 있습니다. 그런데 어떻게 성인聖人이기까지 한 아퀴나스가 낙태를 허용하기 위해 이중 결과의 원리를 도입했을까요? 여기서 의도하지 않은 결과와 의도한 결과의 차이가 드러납니다. 자궁 적출 수술로 태아가 죽는 것은 전혀 의도한 바가 아닙니다. 산모의 자궁에 생긴 종양을 제거하는 수술에 부수적으로 따라 나온 결과일 뿐입니다. 반면에 원하지 않는 임신이기에 하는 낙태는 애초에 태아를 죽이겠다고 의도한 것입니다. 그러므로 이 경우에는 이중 결과의 원리가 적용될 수 없고, 그래서 윤리적으로 허용할 수도 없습니다.

다섯 명이 죽는 것보다 한 명이 죽는 것이 낫다는 상식을 가지고 있는 사람들은 갈림길 사고 실험과 뚱보 사고 실험이 똑같이 다섯 명을 살리기 위해 한 명을 죽이는데도 다르게 반응하는 것을 설명해야 합니다. 이중 결과의 원리로 그것을 설명할 것입니다. 갈림길 사고 실험에서 운전사는 방향을 틂으로써 다섯 명을 살리는 것을 의도했지, 한 명을 죽이는 것을 의도하지 않았습니다. 한 명이 죽는 것은 예견되기는 하지만 부수적으로 일어난 일일 뿐입니다. 그러므로 여기에는 이중 결과의 원리가 적용되어 다섯 명을 살리기 위해

위험한 철학책

한 명을 죽이는 것이 윤리적으로 허용됩니다. 이와 달리 육교에서는 다섯 사람을 살리기 위해서 뚱보를 죽여야겠다고 처음부터 의도했습니다. 뚱보는 다섯 사람을 살려야 한다는 목적을 위해 수단으로 이용당한 것입니다. 여기에는 이중 결과의 원리가 적용될 수 없고, 뚱보를 민 행동은 윤리적으로 허용될 수 없습니다.

## 책임 회피

이중 결과의 원리는 의도하지 않은 결과와 의도한 결과라는 서로 다른 결과가 있다는 전제에서 시작합니다. 그러나 정말로 뚱보 사고 실험과 달리 갈림길 사고 실험에서 한 명을 죽인 것은 정말로 의도하지 않은 결과일까요? 트롤리의 운전사는 정말로 갈림길의 한 명을 죽이고 싶지 않았을 것입니다. 방향을 틀면 그가 죽는다는 것을 알지만 다섯 명을 위해 어쩔 수 없이 그랬을 뿐입니다. 만약 그런 의미에서 한 명을 죽인 것이 의도하지 않은 결과라면 뚱보를 죽인 것도 의도하지 않은 결과일 것입니다. 육교 위에서 구경하던 사람도 정말로 뚱보를 죽이고 싶지 않았을 것입니다. 다만 다섯 명을 구하기 위해 밀었을 뿐입니다. 그런데도 왜 한쪽은 의도하지 않은 결과가 되고 다른 한쪽은 의도한 결과가 되었을까요? 아마 갈림길의 한 명과 달리 뚱보는 손으로 직접 밀었기 때문에 죽음을 직접 의도한 것처럼 보이는 것 아닐까요? 내 손이 직접 닿았나, 닿지 않았나가 그런 차이를 만들어내는 것 아닐까요?

그러나 그게 무슨 차이가 있을까요? 사람을 직접 손으로 죽이는 것은 좀 더 잔인하게 느껴지기는 합니다. 그러나 기술의 발전으로 직접 손에 피를 묻히지 않아도 더 잔인하게 죽이는 방법은 숱하게 나왔습니다. 누군가를 죽인다고 할 때, 직접 손으로 죽이는 것과 차로 치어 죽이는 것이 윤리적으로 차이가 있나요? 더 나아가 다른 사람을 시켜서 누군가를 죽이는 일은 윤리적으로 덜 비난받아야 할까요? 최근에는 드론 같은 무인 살상 기계가 나옵니다. 그것으로 죽이면 덜 비난받아야 하나요? 인기 드라마 〈오징어 게임〉의 1단계 게임은 로봇 영희가 센서로 움직임을 감지하여 사람을 총으로 사살합니다. 그 로봇을 설계한 사람은 덜 잔인한가요? 나의 행동이 죽음으로 연결된다는 것을 분명히 예견할 수 있다면 죽이려는 의도가 분명히 있었다고 봐야 합니다. 이중 결과의 원리는 의도하지 않은 결과가 부수적으로 일어난 일일 뿐이라고 말합니다. 그러나 뻔히 일어날지 아는 데도 부수적이라고 말하는 것은 발뺌하는 것이고 말장난에 불과합니다. 전쟁에서 민간인이 피해를 보는 것을 '부수적 피해'라는 완곡한 표현으로 말하기도 합니다. 그러나 원자 폭탄 투하 사례에서 보듯 민간인 피해는 불을 보듯 뻔한 일입니다. 그것을 부수적 피해라고 부르는 것은 책임을 회피하려는 표현일 뿐입니다.

## 양도할 수 없는 권리

이 문제를 권리라는 측면에서 접근해봅시다. 인권 의식이 생긴 이후로 모든 사람에게는 정당하게 요구할 수 있는 권리가 있다고 여겨집니다. 그러나 권리 중 일부는 공공이나 다수의 이익을 위해 침해되기도 합니다. 재산권 같은 권리가 대표적 예입니다. 내가 번 돈이라고 해도 세금의 형태로 가져갑니다. (12장에서 보았듯이 그래도 되는지 논란거리가 되기는 합니다.) 그러나 남에게 절대 양도할 수 없는 권리가 있습니다. 그것은 생명권입니다. 다음 사고 실험을 보죠.

> **병원** 병원에 장기 이식 수술을 받지 않으면 곧 죽는 환자가 다섯 명이 입원해 있다. 두 명은 허파, 다른 두 명은 콩팥, 다른 한 명은 심장을 이식받아야 한다. 마침 건강한 청년이 건강 검진을 받으러 병원에 왔다. 검진 결과 다섯 명의 환자와 그의 조직도 일치했다.

의사가 이 청년에게 장기 이식을 권유했는데 거절했다고 합시다. 그래도 윤리적으로 전혀 문제가 없습니다. 자발적으로 장기 기증을 하면 영웅적 행위(7장)일 수 있겠지만, 그렇게 하지 않았다고 해서 윤리적으로 비난받지 않습니다. 그러나 이번에는 강제로 마취하여 장기를 적출했다고 해봅시다. 다섯 명을 살리기 위해 한 명을 죽였을 뿐이라고 말할 수 있을까요? 결코 그렇게 말할 수 없습니다. 뚱보 사고 실험과 마찬가지로 이중 결과의 원리가 적용되지 않습니다. 청년에게서 강제로 장기를 적출하면 죽게 되는데, 이것은 예견했지만 의도하지 않은 결과가 아니기 때문입니다. 대놓고 의도한 결과입니다. 그러나 병원 사고 실험은 복잡하게 이중 결과의 원리를 적용할 필요도 없습니다. 우리는 청년에게 아무리 다수의 이익을 위해서라도 남에게 양도할 수 없는 절대적인 생명권이 있다고 생각하고, 강제 장기 적출은 그 생명권을 침해했다고 생각하기 때문입니다.

청년은 굳이 이중 결과의 원리를 적용하지 않아도 생명권을 침해당한 것입니다. 그렇다면 갈림길의 한 명의 인부는 어떤가요? 그의 생명권도 침해당한 것 아닐까요? 아무리 다섯 명의 생명을 살린다고 하더라도 그의 생명권을 침해해도 될까요? 원래 가던 길의 다섯 명과 갈림길의 한 명 중 생명에 특별한 권리가 있는 사람이 있나요? 결코 그렇게 말할 수 없습니다. 아마 운전사가 방향을 틀어 갈림길의 한 명을 죽게 한다면 그 사람의 유가족은 운전사를 찾아가 항의할 것입니다. 무슨 권리로 내 가족의 권리를 뺏었느냐고요. 갈림길은 트롤리가 애초에 지나가려던 길이 아니었습니다. 굳이 누구에게 더 권리가 있느냐고 추궁한다면 오히려 갈림길의 한 명에게 더 특별한 권리가 있다고 말할 수도 있습니다. 그 사람은 갈림길로 일하러 나갈 때 거기는 트롤리가 지나가는 길이 아니라는 말을 들었을 테고, 그래서 마음 놓고 일했을 테니까요. 반면에 원래 가던 길의 다섯 명의 인부는 트롤리가 지나가던 길이니 주의해야 할 의무가 있었습니다. 그런데도 그 의무를 다하지 않았으므로 권리가 침해돼도 자기 책임이 어느 정도 있다고 봐야 하지 않을까요?

병원 사고 실험이 갈림길 사고 실험과 다르다고 생각하는 사람은 갈림길에서는 고장 난 트롤리라는 위협이 이미 존재하지만, 병원에서는 건강한 청년에게 장기를 적출하는 위협을 새로 만들었다는 차이점이 있다고 말할지 모릅니다. 전자에서는 이미 있는 위협의 방향을 바꾼 것뿐이지만, 후자처럼 새로 위협을 만드는 것은 전혀 다른 문제라고 생각할 겁니다. 그러나 갈림길 사고 실험에서 위협이 이미 있었다고 하더라도 그 위협은 갈림길로 가는 위협이 아니라 애초의 궤도로 가는 위협이었습니다. 그 방향을 갈림길로 틂으로써 새로운 위협은 만든 것입니다. 또한 병원 사고 실험에서도 위협이 이미 있었다고 볼 수도 있습니다. 다섯 명의 환자가 곧 죽는다는 위협이 그것입니다. 그 위협을 건강한 청년으로 돌린 것뿐입니다. 결국 위협이라는 측면에서 보았을 때 병원 사고 실험은 갈림길 사고 실험과 다른 점이 없습니다.

병원 사고 실험의 청년이나 뚱보나 갈림길 위의 한 명이나 다른 무엇으로 압도할 수 없는 권리를 가지고 있습니다. 여기에는 이중 결과의 원리를 적용할 수 없습니다. 이중 결과의 원리를 적용하는 예로 제시한 전쟁이나 누군가를 위협하는 적군이나 강도는 위협을 만든 존재이므로 권리를 온당하게 행사할 수 없습니다. 그리고 낙태의 사례에서 태아는 인간과 동등한 권리가 있는지 논쟁의 여지가 있습니다. 이와 달리 청년이나 뚱보나 갈림길 위의 한 명은 아무 죄가 없는 사람들이고, 그들의 권리는 그 무엇으로도 침해할 수 없습니다.

## 권리는 수로 결정할 수 없다

더 나아가 권리는 수로 결정할 수 없습니다. 다섯 명의 권리라고 해서 한 명의 권리를 압도할 수 없고, 설령 백 명의 권리라고 해서 한 명의 권리를 입도할 수 없습니다. 사람은 죽음으로 세상 모든 것을 잃습니다. 한 명이든 백 명이든 마찬가지입니다. 이 세상에는 갈림길 위 한 명의 죽음 그리고 애초의 궤도 위 다섯 명 각각의 죽음이 있을 뿐입니다. 갈림길 위의 한 명의 죽음과 비교되는 것은 다른 사람 한 명 한 명의 죽음이지 다섯 명의 죽음을 합산한 것이 아닙니다. '다섯 명'이라는 독립적인 개체는 없기 때문이다. 다섯 명을 합한 사람의 권리가 따로 있어서 한 명의 권리를 압도할 수는 없습니다.

　물론 갈림길 위 한 명의 죽음과 애초의 궤도 위 다섯 명이 모여 제비뽑기할 수는 있습니다. 트롤리가 어느 쪽으로 가야 할지요. 당연히 이것은 가상의 제비뽑기입니다. 그 짧은 시간에 제비뽑기를 할 수도 없을 테니까요. 가상으로 물어본다면 당연히 한 명은 애초의 궤도로 가야 한다고 할 것이고, 다섯 명은 갈림길로 가라고 할 것입니다. 갈림길 위의 한 명이 살 가능성은 6분의 1밖에 안 되고 애초의 궤도 위의 다섯 명이 살 가능성은 6분의 5입니다. 갈림길 위의 한 명이 살 가능성이 훨씬 작기는 하지만 무조건 갈림길로 가야 한다는 결론이 나오지는 않습니다.

그러나 갈림길 위의 한 명은 이 제비뽑기에 동의하지 않을 가능성이 큽니다. 앞에서 말한 것처럼 갈림길은 원래 트롤리가 지나갈 노선이 아니므로 자신의 권리가 다섯 명의 권리보다 우선한다고 말할 테니까요. 만약 트롤리가 애초의 궤도로 갈지 갈림길로 갈지 그때그때 운전사가 정한다고 해봅시다. 그리고 인부들도 일하러 나가면서 애초의 궤도든 갈림길이든 어디로 트롤리가 올지 모르니 똑같이 조심해야 한다는 말을 들었다고 해봅시다. 그렇다면 한 명의 권리는 다섯 명의 권리보다 우선하지 않습니다. 그때는 제비뽑기를 하든 운전사의 결단에 맡기든 해야 할 것입니다. 그러나 갈림길 사고 실험은 그런 상황이 아닙니다. 그러므로 다섯 명보다 한 명이 죽는 것이 더 낫다고 말할 수 없습니다.

## 뒤집어 보기

트롤리 사고 실험에서 다섯 명보다 한 명이 죽는 것이 낫다고 주장하는 쪽은 결과론을 받아들입니다. 반면에 한 명보다 다섯 명이 죽는 것이 낫다고 주장하는 쪽은 의무론을 받아들입니다.

결과론은 어떤 행동을 했을 때 어떤 결과가 생기는지 보고 더 좋은 결과를 낳는 행동을 해야 한다고 주장하는 윤리 이론입니다. 반면에 의무론은 그런 결과와 상관없이 우리가 반드시 지켜야 하는 의무나 규칙이 있다고 주장하는 윤리 이론입니다. 나에게 의무가 있다면 상대방에게는 거기에 상응하는 권리가 있습니다. 의무론에서 권리는 절대 침해할 수 없는 것입니다.

그러나 권리라고 하더라도 침해할 수 있는 경우가 있습니다. 이중 결과의 원리가 그것을 보여 줍니다. 이 원리가 성립하기 위해서는 좋은 결과가 나쁜 결과로부터 생겨서는 안 되고 행위로부터 직접 생겨야 한다는 조건을 덧붙여야 합니다. 그러면 갈림길 사고 실험과 병원 사고 실험을 구분할 수 있습니다. 갈림길에서 다섯 명의 사람이 살게 된 것은 트롤리의 방향을 틀었기(행위) 때문이지 한 명의 사람이 죽었기(나쁜 결과) 때문이 아닙니다. 그러나 병원에서 다섯 명의 사람이 산 것은 한 명이 죽었기(나쁜 결과) 때문입니다.

뚱보 사고 실험에서도 다섯 명의 사람이 산 것도 뚱보를 밀어 죽였기(나쁜 결과) 때문이므로 여기에는 이중 결과의 원리가 적용되지 않습니다. 좋

위험한 철학책

은 결과가 나쁜 결과로부터 생겨서는 안 되고 행위로부터 직접 생겨야 한다는 조건이 없으면 좋은 목표를 얻기 위해서 나쁜 수단을 쓰게 됩니다. 그리고 이 조건은 다섯 명이 죽는 것보다 한 명이 죽는 것이 더 낫다는 것을 보여 줍니다.

## 더 깊이 읽기 ──────────────

풋은 낙태 문제를 다루기 위해 트롤리 딜레마를 꺼냈습니다. Philippa Foot, "The Problem of Abortion and the Doctrine of the Double Effect", *The Oxford Review* 5(1967), pp.5~15를 보세요. 이 논문은 제임스 레이첼즈(엮음), 《사회윤리의 제문제》(황경식 외 옮김, 서광사, 1990)에 번역되어 있습니다. 톰슨은 트롤리 그 자체를 철학적 문제로 만든 철학자입니다. Judith Jarvis Thomson, "Killing, Letting Die, and the Trolley Problem", *The Monist* 59(1976), pp.204~217과 Judith Jarvis Thomson, "The Trolley Problem", *Yale Law Journal* 94(1985), pp.1395~1415를 보십시오.

트롤리 딜레마는 철학뿐만 아니라 심리학, 신경 과학 등의 분야에서 수많은 논의를 낳았기 때문에 '트롤리학'이라고도 부릅니다. 트롤리학에 대해서는 데이비드 에드먼즈, 《저 뚱뚱한 남자를 죽이겠습니까?》(석기용 옮김, 이마, 2015)와 토머스 캐스카트, 《누구를 구할 것인가》(노승영 옮김, 문학동네, 2014)를 보세요.

14

# 내가 한다고 해서
# 바뀌지 않는다

## 집단이 끼치는 해악

기후 변화가 심각한 시대입니다. 온 누리에서 일어나는 기후 변화는 이상 기온이나 해수면 상승 따위를 일으키고 이것은 자연재해와 환경 파괴로 이어집니다. 사정이 이러하니 각 국가들은 유엔 기후 변화 협약, 교토 의정서, 파리 협정 따위의 기후 변화 협상으로 지구 또는 국가 차원에서 온실가스 감축을 위해 노력합니다. 그러나 여기서 그치지 않습니다. 개인에게도 기후 변화에 대처해서 지켜야 할 의무가 있다고 생각합니다. 가령 자가용이나 냉방기 사용을 줄여 에너지 절감에 동참해야 한다고 생각합니다. 종이컵이나 빨대와 같은 일회용품 사용도 자제해야 한다고 생각합니다. 생각으로만 그치는 것이 아니라 대중교통 이용이 가능한데도 자가용을 몰고 다니거나, 문을 열어 놓고 냉방기를 틀어놓거나, 일회용품을 과도하게 사용하면 윤리적으로 비난합니다. 그리고 그런 행동을 하는 당사자도 조금이나마 양심의 거리낌을 느낍니다.

기후 변화처럼 사람들의 집단적인 행동이 모였을 때 사회나 자연에 해악을 끼치는 것이 분명한 사례들을 **집단적 해악**이라고 부릅니다. 산업화 이전 시대와 다르게 모든 사람은 어떤 식으로든 화석 연료를 사용하므로 기후 변화가 심해질 수밖에 없다고 생각됩니다. 집단의 행동이 사회나 자연에 해악을 끼친다면 상식적으로 개인은 그 해악을 막기 위해서 특정한 행동을 하거나 거꾸로 하지 말아야 합니다. 방금 보았듯이 각 개인은 자가용이나 냉방기나 일회용품 사용을 자제해야 합니다.

집단적 해악의 예는 기후 변화 외에도 많습니다. 선거 때가 되면 개인들은 자신이 지지하는 후보에게 투표하기도 하지만, 주변 사람에게 권하기도 하고 체계적인 선거 운동에 참여하기도 합니다. 민주화를 위해서는 이 후보에게 투표해야 하며, 저 후보에게 당선되는 것을 막아야 한다고 주장합니다. 투표를 하지 않아 나쁜 정치 후보가 당선되면 민주주의가 파괴되고 심지어 전쟁도 일어난다고 격정합니다. 그러므로 선거 날 반드시 투표장에 가서 소중한 한 표를 행사하라고 독려합니다. 노동자를 착취하거나 환경을 파괴하는 기업의 제품 불매 운동도 자주 벌어집니다. 일본이 일제 강점기의 책임을 인정하지 않을 때는 일본 기업의 제품 불매 운동도 일어납니다. 사람들이 그런 '악덕' 기업의 물건을 사 주니 기업이 성장하고 노동자 착취나 환경 파괴나 역사 왜곡이 계속 이어진다고 생각하기 때문입니다. 이런 주장에는 악덕 기업의 제품을 사지 않으면 그 기업이 매출이 줄어들 테니 "앗, 뜨거워!"하고 정신을 차리지 않겠느냐는 생각이 깔려 있습니다. 공장식 사육에서 생산하는 고기를 먹지 말자고 하는 채식주의자들의 주장도 비슷합니다. 이들은 고기를 먹는 사람들이 있으니까 열악한 농장에서 고통스럽게 자라는 동물이 계속 있게 된다고 주장합니다. 고기를 먹는 것은 동물의 고통이 있게 하는 공범이라고 말합니다. 여기에도 고기 수요가 줄면 농장주들은 동물 사육을 줄일 테니 고통받는 동물의 수가 줄어들 것이라는 생각이 전제되어 있습니다.

## 나의 행동은 새 발의 피

집단적 해악에 따르면 우리의 행동은 해악이 계속 있게 만드는 원인을 제공합니다. 예컨대 내가 일회용품을 써서 환경이 파괴되고, 내가 투표를 하지 않아 나쁜 정치인이 당선된 것입니다. 물론 많은 사람은 기후 변화나 민주주의의 후퇴가 순전히 나의 행동 때문이었다고 심하게 양심의 가책을 느끼지는 않습니다. 그래도 개인의 행동이 하나하나 모이면 해악이 일어날 것으로 생각하기는 합니다. 대부분의 사람은 일회용품을 쓰면서도, 투표하지 않으면서도, 적어도 당당하게 "그러면 좀 어때?"라고 말하지는 않습니다. 그리고 일회용품을 줄여야겠다고 생각하며, 일회용품을 펑펑 쓰는 사람을 비난합니다. 투표해야 한다고 생각하며, 투표하지 않고 놀러 가는 사람을 비난합니다.

　그런데 누군가가 당당하게 "내가 한다고 해서 바뀌지는 않는다."라고 말하면 어떨까요? 이 사람도 기후 변화가 일어나든 말든 신경 쓰지 않는 사람은 아닙니다. 진심으로 기후 위기가 해결되어야 한다고 생각하는 사람입니다. 다만 자신이 자가용을 몰든 몰지 않든, 일회용품을 쓰든 쓰지 않든 그 행동이 기후 변화에 끼치는 영향은 전혀 없다고 생각할 뿐입니다. 자가용 운행으로 생기는 온실가스만 놓고 생각해보면, 2020년의 온실가스 평균 배출량은 1킬로미터당 97그램이라고 합니다. 그런데 같은 해 세계 온실가스 배출량은, 코로나19 바이러스로 인해 전년보다 줄어든 것인데도, 약 340억 톤으로 추정됩니다. 모든 국가가 온실가스 배출량 통계를 제시하는 것은 아니므로, 이 통계는 어림값일 뿐입니다. 어쨌든 나 한 명이 자가용을 1킬로미터 운행할 때마다 전 세계의 온실가스에 끼치는 영향은 0.00000000000028529412(35051546102.7분의 1)에 불과합니다. 그야말로 새 발의 피(조족지혈鳥足之血) 수준입니다. 매우 적은 분량을 말할 때 '새 발의 피'라는 표현을 씁니다. 우리가 보기에는 새의 조그마한 발에서 나는 피이니 대수롭지 않게 생각되지만, 새의 처지에서는 큰 것일 수 있습니다. 따라서 '조족지혈'보다는 '창해일속滄海一粟'이나 '구우일모九牛一毛'가 더 적절한 표현일 것 같습니다. 내가 자동차를 운전해서 내뿜는 온실가스는 넓고 큰 바닷속의 좁쌀 한 톨이나 아홉 마리 소에서 터럭 한 가닥이나 같은 것입니다. 그야

위험한 철학책

말로 하잖습니다.

집단적 해악을 해결하기 위한 문제에서 나의 행동이 새 발의 피라고 생각하는 사람은 기후 변화뿐만 아니라 위에서 예로 든 선거나 불매 운동에 대해서도 마찬가지 입장을 취합니다. 내가 투표하지 않았다고 해서 내 한 표 때문에 누가 승자인지는 달라지지 않습니다. 내가 악덕 기업의 제품을 사지 않는다고 해서 기업이 그것 때문에 생산량을 줄이지는 않습니다. 내가 치킨 한 마리를 사지 않는다고 해서 농장주가 닭 한 마리의 사육을 줄이지는 않습니다. 나 한 명의 행동은 그야말로 새 발의 피입니다. 나 때문에 바뀌는 게 없는데 내 행동이 해악에 기여했다고 비난받아야 하나요?

### "모두가 그렇게 하면 어떻게 되겠니?"

그러나 정말로 나 한 명 행동한다고 해서 바뀌는 게 없나요? 이런 이야기가 있습니다. 어떤 성인 남자가 아름드리나무를 보고 멋있다고 생각해서 나뭇잎을 하나 땁니다. 옆에서 보던 꼬마가 "아저씨, 나뭇잎을 따면 안 돼요. 모두가 같이 봐야 하잖아요."라고 말합니다. 아저씨는 "내가 한 장 딴다고 해서 어떻게 되겠니?"라고 대답합니다. 그러자 꼬마는 "모두가 아저씨처럼 한 장씩 따면 어떻게 되겠어요?"라고 야무지게 말합니다. "모두가 그렇게 하면 어떻게 되겠니?"라는 말은 도덕 교육할 때 흔히 쓰이는 말입니다. 나뭇잎을 따지 말라고 할 때도 잔디밭을 건너지 말라고 할 때도,

"모두가 그렇게 하면 어떻게 되겠니?"라고 말합니다. 분명히 나 한 명이 나뭇잎을 따거나 잔디밭을 건넌다고 해서 눈에 띄는 해악은 없습니다. 그러나 사람들이 우르르 잔디밭을 건너면 잔디밭은 황폐해질 것이고, 모두가 나뭇잎을 딴다면 아무리 아름드리나무라도 나뭇잎이 남아나지 않을 것입니다. "나 하나쯤은 어때?"라는 생각은 얌체 같다고 비난받습니다.

대부분의 사람은 얌체 같은 짓을 했을 때는 상식과 행동 사이의 괴리를 고민하면서 도덕적 불편함을 느낍니다. 하물며 내가 해 봐야 바뀌는 것은 없다고 당당하게 말하지는 않습니다. 나는 실천에 옮기지 못하더라도 실천하는 사람은 칭찬합니다. 우리는 자가용을 탈 수 있음에도 대중교통을 이용하거나 냉방기 대신에 선풍기를 이용하거나 일회용품을 사용하지 않기 위해 텀블러를 들고 다니는 사람을 칭찬합니다. 악덕 기업의 제품이나 고기를 먹지 않는 사람도 대단한 사람이라고 치켜세웁니다(이것은 7장에서 말한 '영웅적 행위'입니다). 그런데 바꾸려는 노력을 해봤자 아무 소용없다고 말하다니요. 그렇게 말하는 사람들은 얌체 같은 짓을 하면서 자신의 행동을 합리화하는 것 아닐까요?

내가 해봤자 소용없다고 말하는 사람들의 주장을 정확히 이해할 필요가 있습니다. 일단 이 사람들은 얌체 같은 사람들은 아닙니다. 이들은 "내가 이런 식으로 행동하면 상황이 나빠지는 것을 알지만, 나의 이익을 위해서 이렇게 행동한다."가 아니라, "내가 이런 식으

위험한 철학책

로 행동하든 말든 상황은 달라지지 않을 것이기 때문에, 내가 그렇게 한다고 해도 의미가 없다."라고 당당하게 주장하는 것입니다. 그다음에 이들은 앞에서도 말했지만 집단적 해악의 심각성을 부인하는 것이 아닙니다. 기후 변화나 정치적 무관심이나 악덕 기업의 문제를 심각하게 생각합니다. 다만 이 문제는 개인이 아니라 집단의 잘못이라고 말할 뿐입니다. 그리고 집단의 잘못은 국가의 법률이나 정책 차원에서 바로잡아야지 개인의 선택으로 바로잡을 수 있는 것이 아니라고 주장합니다. 미국의 신학자인 라인홀드 니버Reinhold Niebuhr(1892~1971)는 《도덕적 인간과 비도덕적 사회》에서 개인이 도덕적이더라도 사회는 비도덕적일 수 있다고 주장했습니다. 이들도 니버처럼 기후 변화와 같은 특정 문제와 관련해서 개인은 도덕과 무관한 행동을 하지만 사회가 비도덕적이라고 주장하는 셈입니다. 기후 변화의 심각성을 인정하면서도 일회용품을 쓴다며 윤리적 모순을 범하고 있다고 이들을 비판할 수 있습니다. 다시 말해 위선자라는 것이죠. 그러나 방금 설명했듯이 이들은 자신을 위선자라고 생각하지 않을 것입니다.

"나 하나쯤은 어때?"와 "내가 한다고 해서 바뀌지 않는다."는 전혀 다른 태도입니다. 전자는 자신의 행동이 비윤리적이라고 인식하지만, 후자는 지금 그게 윤리적인지 아닌지가 논란거리입니다. 따라서 전자의 사례를 들어 후자를 위선자라고 비난하면 안 됩니다. 가령 내가 일회용품 안 쓴다고 기후 변화가 해결되지 않는다고 주장하는 사람에게, 학교에서 학교 폭력을 쓰며 왕따시키는 학생이 나 한 명 '학폭'을 그만둔다고 해서 해결되는 것은 아니라고 말하는 것과 같다고 반론한다고 해봅시다. 이것은 잘못된 반론입니다. 학폭은 다른 사람들이 하든 안 하든 내가 하는 것은 분명히 비윤리적이지만, 일회용품을 쓰는 행위는 지금 그 윤리성 여부가 논란거리이기 때문입니다.

### 정말로 인과 관계가 있는가?

그러면 "내가 한다고 해서 바뀌지 않는다."라고 주장하는 사람은 왜 우리의 상식과 달리 내가 자가용을 운전하거나 일회용품을 써도 기후 변화를 막을 수 없다고 주장할까요? 내가 가령 자가용을 운전함으로써 배출하는 온실가스의 양이 아무리 새 발의 피라고 하더라도 전 세계의 온실가스 배출량에서 한 자리를 차지하고 있고, 또 나처럼 행동하는 사람이 많기에 기후 변화를 불러올 정도의 온실가스가 쌓이는 것 아닐까요?

　나의 행동이 정말로 원인이 되어 결과가 나오는지 알기 위해서는 인과 관계가 무엇인지 알아야 합니다. 각 학문에서는 구체적인 인과 관계에 관심이 있습니다. 기상 과학자는 겨울인데도 날씨가 따뜻한 원인이 무엇인지 밝히려고 하고, 경제학자는 금리가 높아지면 어떤 결과가 생기는지 탐구합니다. 그런데 철학자는 인과 관계 자체에 관심이 있습니다. 어떨 때 인과 관계가 일어나는지 설명하려고 합니다. 크게 두 가지 이론이 있습니다. 첫 번째는 **반사실적 인과 이론**으로, 원인에 해당하는 사건이 일어나지 않았을 때 결과에 해당하는 사건도 일어나지 않는다면 인과 관계가 성립합니다. 예컨대 흡연하지 않았다면 폐암에 걸리지 않았다고 해봅시다. 그러면 흡연은 폐암의 원인입니다. 두 번째 이론은 **규칙성 인과 이론**으로, 원인에 해당하는 사건이 일어나면 언제나 결과에 해당하는 사건이 일어날 때 인과 관계가 성립한다고 말합니다. 위 예로 말해보면 흡연하면 언제나 폐암에 걸린다고 할 때 흡연은 폐암의 원인이 됩니다.

　반사실적 인과 이론으로도, 규칙성 인과 이론으로도 자가용 운전이 기상 변화의 원인이라는 것이 설명 안 됩니다. 먼저 내가 자가용 운전을 하지 않는다고 해서 온실가스가 줄어들까요? 그렇지 않습니다. 다른 누군가가 운전할 것이기에 온실가스는 줄어들지 않습니다. 다만 온실가스가 늘어난 정도가 한 0.001초 정도 늦춰졌을 뿐인데, 이것은 새 발의 피입니다. 그다음에 내가 1킬로미터당 97그램을 배출한다고 해서 언제나 기후 변화로 이어질까요? 그렇지 않을 것임은 누구나 압니다. 나뿐만 아니라 상당히 많은 사람이 온실가스 배출에 동참하고, 그것이 언젠가는 임곗값을 넘어설 때 기후 변화라는 해악이 닥칩니다. 그러나 나의 자가용 운전이 다른 사람들의 자가용 운전을 부추겼다는 것은 전혀 사실이 아닙니다. 그리고 내가 배출한 온실가스는 기후 변화와 무관할 수도 있습니다. 이산화탄소는 식물의 광합성에 필요하기에 중간에 흡수되는 경우가 상당히 많고, 대기 중에 수 세기 동안 떠돌아다닐 수도 있기 때문입니다.

## 문턱 넘어서기

방금 '임곗값'이라는 말을 했습니다. 이것은 어떠한 물리 현상이 갈라져서 다르게 나타나기 시작하는 경계의 값으로 풀이할 수 있습니다. 한강의 홍수 경보 수위가 12미터라고 해봅시다. 그러면 12미터 직전까지는 홍수 경보를 내리지 않지만 12미터가 되면 홍수 경보를 내립니다. 12미터가 바로 임곗값입니다. 임곗값은 '문턱값'이라고도 합니다. 문턱을 넘기 위해서는 그만큼이 필요하다는 뜻입니다. 앞에서 나의 온실가스 배출이 기후 변화의 원인이 안 된다고 말했지만, 세상이 재앙이 일어나는 문턱 바로 앞에 있다면 나의 온실가스 배출은 기후 위기의 원인이 될 수 있지 않을까요?

앞서 내 한 표 때문에 누가 승자인지는 달라지지 않는다고 말했습니다. 그러나 두 후보가 한 표 때문에 당락이 바뀌었다고 해봅시다. 그러면 내가 2등을 한 후보에게 투표했다면 적어도 동표가 되었을 겁니다. 내 표가 낙선을 막는 문턱이 된 겁니다. 그러나 반장 선거에서나 이런 가능성이 있지 전국 단위 투표에서는 이런 가능성은 거의 없습니다. 우리나라에서 2021년에 치러진 20대 대통령 선거는 1위 당선자와 2위 낙선자의 득표율 차이가 0.73%p에 불과했습니다. 이 수치만 봤을 때 내가 투표했다면 결과가 바뀌었을 것도 같습니다. 그러나 득표수로 보면 247,077표 차이였습니다. 내가 투표했다고 하더라도 결과가 바뀌지 않습니다. 대부분의 선거는 나 한 명이 투표한다고 해서 또는 안 한다고 해서 결과가 바뀌지 않습니다.

그래도 투표는 한 표 한 표가 차곡차곡 쌓여 합산되는 방식이기에 내 한 표가 문턱값이 되는 경우가 드물지만 있을 수 있습니다. 그러나 기후 변화나 불매 운동은 그런 가능성이 없습니다. 내가 배출하는 이산화탄소는 차곡차곡 쌓이는 것이 아니라 앞서 말했듯이 식물에 흡수되기도 하고 대기 중에 그냥 떠돌아다닐 수도 있기 때문입니다. 그러므로 내가 배출한 탄소가 기후 위기를 일으키는 문턱을 넘게 한다는 보장이 없습니다. 기업도 마찬가지입니다. 기업의 제품 생산 과정은 아주 복잡한 단계를 거칩니다. 소비자 한 명이 제품을 구입하지 않는다고 해서 제품 생산을 하나 줄이는 단순한 방식이 아닙니다. 농장도 한 명이 치킨을 먹지 않겠다고 해서 사육하는 닭을 한 마리 줄이는 시스템이 아닙니다. 생산하는 제품이 볼펜이냐 자동차냐에 따라 다르겠지만 몇백에서 몇천 단위 이상으로 생산을 늘릴 것인지 줄일 것인지 결정합니다. 따라서 나 한 명이 제품을 구입하지 않는다고 해서 기업의 생산 결정에 끼치는 영향은 없습니다.

나 한 명의 행동 때문에 문턱을 넘지는 못한다고 하더라도, 나와 같은 사람들이 늘어나면 문턱을 넘게 되지 않을까요? "모든 사람이 그렇게 하면 어떻겠니?"라는 비판이 일리가 있는 것 아닐까요? 이런 비판은 모든 사람이 그런 행동을 했을 때를 가정해서 그것의 효과를 주장합니다. 여기에는 두 가지 문제가 있습니다. 첫째는 이 비판은 내 행동을 보고 다른 사람이 따라 할 것이라고 가정합니다. 그러나 내가 자가용을 몰지 않는다고 해서 그것을 보고 다른 사람도 자가용을 안 몰까요? 내가 고기를 안 먹는 것을 보고 다른 사람도 따라서 고기를 안 먹을까요? 그런 사람도 있을 겁니다. 그러나 그 영향력은 소수에 그치고 영향력의 사슬이 꾸준히 이어지지 않습니다. 내가 이른바 '셀럽'도 아닌데 내 행동의 영향을 받는 사람이 몇 명이나 있겠습니까? 그리고 현실에서는 따라 하는 사람이 늘기보다 오히려 반감을 줄 가능성이 있습니다. 앞에서는 자가용을 운전할 수 있는데도 운전하지 않거나, 불매 운동을 하거나, 고기를 먹지 않는 사람을 보면 칭찬한다고 말했습니다. 그러나 모두 그렇게 '착한' 사람만 있는 것이 아닙니다. 뭔가 까다로운 사람이라고 부정적으로 생각하는 사람도 많습니다. 그러면 내 행동에 동조하는 사람을 늘리는 긍정적 효과가 아니라, 오히려 반감을 주는 부정적 효과가 생겨버립니다.

"모든 사람이 그렇게 하면 어떻겠니?"라는 비판의 또 다른 문제는 평균인 사람이 있다고 잘못된 가정을 한다는 것입니다. 미국에서 다음 천 년에 걸쳐 온실가스 배출로 40억 명이 해악을 입는데, 평균 미국인은 미래의 인간 두 명을 죽이는 셈이라고 말하는 사람이 있습니다. 그런데 '평균 미국인'이라는 사람이 따로 있나요? 환경 운동가 존 로빈스John Robbins는 배스킨라빈스의 상속자인데도 아이스크림을 비롯한 유제품과 축산품의 진실을 폭로합니다. 그는 캘리포니아에서 소고기 1파운드를 생산하는 데에 6개월 동안 날마다 하는 샤워에 드는 것보다 더 많은 물을 쓴다고 주장합니다. 그는 이를 근거로 소고기 1파운드를 먹지 않는 것이 6개월 동안 샤워를 안 하는 것보다 물을 절약한다고 말합니다. 그러나 이것은 잘못된 추론입니다. 나 혼자 소고기 1파운드를 안 먹는 것이 아니라, 모든 사람이 소고기 1파운드를 먹지 않는다고 할 때 그 평균 물 소비량이 한 사람이 샤워를 6개월간 안 하는 것과 같습니다. 이는 특정 행동의 실제 효과를 그런 유형의 행동들이 갖는 평균 효과와 동일시한 잘못입니다. "내가 한다고 해서 바뀌지 않는다."라고 주장하는 사람은 개인의 행동이 모든 사람이 똑같은 행동을 하도록 바꾼다는 것을 의심하는데, 로빈스의 주장은 그것을 당연하게 가정하고 있는 잘못을 저지르고 있습니다.

## 마땅히 해야 할 일을 안 했기 때문에 잘못이다?

지금까지의 주장에 따르면 개인이 어떻게 행동해도 기후 변화는 막을 수 없습니다. 그러나 설령 개인의 행동이 기후 변화를 막을 수 없더라도, 기후 변화를 막기 위해 행동하지 않는 것은 여전히 잘못 아닐까요? 잘못된 행동에 참여함으로써 이익을 보기 때문에 잘못이라는 주장이 있습니다. 우리는 대중교통 대신에 자가용을 이용함으로써 편리함이라는 이익을 얻으며, 부도덕한 제품을 구매함으로써 그 제품이 주는 이익을 얻기 때문입니다. 그러나 남에게 피해를 주지 않는 이상, 이익을 본다는 것이 꼭 비윤리적인 행동은 아닙니다. 대중교통 대신에 자가용을 운전하거나 제품을 구매함으로써 어떤 비윤리적인 행동에 이바지한다는 것이 드러나야 비윤리적이라는 비난을 받습니다. 그러나 집단적 해악의 상황에서 개인의 행동이 집단적 해악에 이바지하는지는 전제되어서는 안 되고 입증되어야 하는 사실입니다. "내가 한다고 해서 바뀌지 않는다."라고 주장하는 사람들은 앞에서 보다시피 개인의 행동이 집단적 해악을 일으키지 않는다고 주장했는데, 그것을 뒤집을 논변을 제시하지 않고 그렇다고 가정만 해서는 안 됩니다. 입증해야 할 사실을 입증하지 않고 전제하는 것은 5장과 10장에서 언급한 선결문제 요구의 오류를 저지르는 것입니다.

　백 보 양보해서 잘못된 행동에서 이익을 보는 것이 잘못이라고 합시다. 그러면 우리의 행동 대부분이 잘못이게 됩니다. 대부분의 공산품은 석유 화학 제품이므로 그것을 생산하는 데 탄소가 배출되고, 농산물을 생산하거나 운송하는 데도 탄소가 배출됩니다. 누구나 알지만 전기 생산에는 탄소 배출이 대규모로 일어납니다. 그렇다면 볼펜을 사거나 채소를 사는 행동마저도 또는 전기를 이용하는 행동마저도 우리에게 이익을 주므로 우리의 행동 대부분이 잘못이라는 결론이 나오게 됩니다. 이런 결론을 받아들일 수는 없지 않겠습니까?

　어떤 행동으로 바뀌는 것이 없다 해도, 그 행동을 하는 것은 "마땅히 해야 할 일"을 하는 것이므로 그 일을 하지 않는 것이 잘못이라는 주장도 있습니다. 이 주장은 우리가 어떤 집단의 구성원으로서 마땅히 해야 할 의무가 있다고 가정하고, 그 일을 하지 않는 것이 올바르지 않다고 말합니다. 그러나 이 주장 역시 방금 말한 선결문제 요구의 오류를 저지릅니다. 개인이 마땅히 해야 할 의무가 있는지는 논란거리인데, 그것이 있다고 가정하기 때문입니다. 그런 의무가 있는지 없는지 아직 모르는데, 왜 그것을 하지 않았다고 비판받아야 합니까?

"내가 한다고 해서 바뀌지 않는다."라고 주장한다고 해서 집단적 해악이 가져오는 심각함을 모르는 체하는 것은 아닙니다. 그렇게 주장하는 사람은 개인의 행동 차원이 아니라 법률 제정이나 정책 변화를 강조합니다. 대중교통을 이용하고 일회용품을 사용하자는 캠페인보다 대중교통을 이용하도록 자가용 운행을 고비용으로 만들거나 일회용품을 금지하자고 청원하는 것이 훨씬 효율적이라고 생각합니다. 그렇지만 한쪽에서는 대중교통을 이용하게 하는 정책을 청원하면서 다른 한편으로는 자가용을 몰고 다닌다면 청원의 효과가 있을까요? 정부의 정책을 바꾸기 위해서는 많은 사람의 지지를 받아야 하는데, 위선적인 행동을 하는 사람의 목소리에 귀 기울이는 사람은 많지 않을 것입니다.

젠가라는 보드게임이 있습니다. 쌓인 나무토막 기둥에서 한 사람씩 돌아가면서 나무토막을 하나씩 빼냅니다. 그러다가 나무토막 기둥을 결국 무너뜨리는 사람이 지는 게임입니다. 이 게임에서 여러분이 나무토막 하나를 빼냈지만 기둥이 무너지지 않았다고 해봅시다. 그렇다고 해서 여러분이 나무토막을 빼낸 행동이 결국에 기둥이 무너지는 데 이바지한 바가 없을까요? 이 물음에 답하기 위해 "내가 한다고 해서 바뀌지 않는다."라고 주장하는 사람처럼 반사실적 인과 이론이나 규칙성 인과 이론을 적용해봅시다. 내가 나무토막을 빼내지 않아도 다른 누군가가 빼낼 것이므로 기둥은 언젠가 무너집니다. 그리고 내가 나무토막을 빼낼 때마다 기둥이 무너지는 것도 아닙니다. 인과 이론으로는 나의 행동이 기둥이 무너지는 것의 원인은 아닙니다. 그렇다고 해서 나의 행동이 기둥이 무너지게 된 원인이 아닌가요? 그렇게 생각하는 사람은 없을 것입니다. 다만 내가 나무토막을 빼낼 때 그 기여가 눈에 보이지 않을 뿐입니다. 눈에 띄지 않았다고 해서 원인이 아닌 것은 아닙니다.

## 더 깊이 읽기 ────────────────

"내가 한다고 해서 바뀌지 않는다."라는 주장은 철학에서 '사소함의 문제', '무효력의 문제', 무시 가능성의 문제' 등으로 불립니다. 나의 행동은 집단적 해악을 불러일으키는 데 아주 사소하고, 효력이 없고, 무시해도 된다는 뜻입니다. 이 주제 중 기후 변화와 관련된 사소함의 문제는 김완구, 《기후변화 윤리》(커뮤니케이션북스, 2024)의 5장과 6장을 보세요. 우리가 한 명이라도 고기를 먹지 않으면 동물 사육이 줄어든다는 주장은 피터 싱어, 《실천윤리학》(제3판)(황경식 · 김성동 옮김, 연암서가, 2013)과 톰 레건 《동물권 옹호》(김성한 · 최훈 옮김. 아카넷, 2023)와 같은 동물 윤리학자의 저술에서 찾아볼 수 있습니다. 저는 이 주제와 관련해서 〈내가 한다고 바뀔까?: 기후 위기와 개인의 윤리〉라는 제목의 논문을 학술 잡지인 《철학》 155집(2023)에 발표했습니다. 이 장의 내용은 이 논문을 쉽게 풀어 쓴 것입니다.

15

# 윤리적 육식은
# 가능하다

## 형용 모순

'형용 모순'이라는 말이 있습니다. 꾸미는 말이 꾸밈을 받는 말과 모순된다는 뜻입니다. '둥근 사각형'이 대표적인 예입니다. 사각형이 둥글 수는 없지 않습니까? 요즘 유행하는 예를 들어 보면 '뜨거운 아아'가 있습니다. '아아'가 '아이스 아메리카노'의 줄임말이니 '뜨거운 아아'는 '뜨거우면서도 차가운 아메리카노'라는 말입니다. 워낙 우리가 아이스 아메리카노를 즐겨 먹어 '아아'로 줄여 쓰다 보니 생긴 귀여운 실수로, 커피숍에서 누군가 '뜨거운 아아'를 주문하면 늘 웃고 넘어갑니다. 사실 아메리카노 자체가 뜨거운 물로 묽게 만든 커피이니 '아이스 아메리카노'부터가 형용 모순입니다.

최근 10여 년 전부터 우리 사회에서는 동물에 대한 윤리적 관심이 부쩍 늘었습니다. 그전에는 동물은 무관심의 대상이었습니다. 먹을거리인 고기는 요리되거나 마트에서 포장된 형태로 접하기에 한때 살아 있던 동물이었다고는 생각하기 어려웠습니다. 길가에는 참새나 비둘기가 있지만 그런 동물이 있었는지도 모릅니다. 소수의 사람만이 애완동물을 길렀습니다. 당시는 반려동물이 아니라 애완동물이라고 했습니다. 동물이 살아 있는 생명체라고 느끼는 것은 가끔 동물원에 간 때나 〈동물의 왕국〉 같은 TV 프로그램을 볼 때뿐입니다.

그러던 상황이 최근에 많이 바뀌었습니다. 동물을 향한 관심이 부쩍 늘어났습니다. 10여 년 전만 해도 스님 말고는 채식하는 사람을 보기 어려웠는데, 이제는 '비건'이라는 말도 많이 알려져 있습니다. 인터넷에는 채식 관련 메뉴나 식당을 소개하는 글을 심심찮게 볼 수 있습니다. 채식을 하든 채식을 지향하든 거기에 관심 있는 사람이 꽤 늘었다는 방증입니다. 여론 조사에 따르면 전 국민의 4분의 1 정도가 애완동물을 기른다고 합니다. 그래서인지 텔레비전을 틀면 여기저기서 애완동물 관련 프로그램이 나오고, 인터넷에도 관련 정보가 많습니다. 동물권이라는 말도 자주 쓰이는데, '동물에게 무슨 권리야?'라는 반응은 그리 많지 않습니다. 동물권 운동하는 시민 단체가 열심히 활동하기 때문인 것 같습니다.

최근의 채식 또는 동물권의 트렌드에 조금이라도 관심 있는 사람이라면 '윤리적 육식'이라는 말을 들으면 이것이야말로 형용 모순이라고 생각할 것입니다. 다이어트나 종교적 이유로 채식을 하는 사

위험한 철학책

람도 있지만, 채식주의라고 하면 기본적으로 윤리적 동기의 채식주의를 떠올립니다. 동물의 권리를 존중할 때 채식이 실천적 귀결로 도출되는 것으로 아는데, 윤리적 육식이라니? 육식이 어떻게 윤리적일 수 있습니까? 그것은 둥근 삼각형만큼이나 그 자체로 모순적이지 않습니까? 엄격한 윤리적 채식주의자라면 윤리적 육식이 가능하다는 것은 '윤리적 살인'이 가능하다는 주장만큼 터무니없다고 생각할 것 같습니다.

윤리적 육식이 가능하다고 말하기 위해서는, 먼저 왜 동물에게 권리가 있는지 설명해야 합니다. 그다음에 동물권을 존중하면서도 육식을 할 수 있는 게 어떻게 가능한지 설명해야 합니다. 이 두 사항을 논의하면서 인권과 동물권의 차이가 드러나고, 윤리적 살인과 달리 윤리적 육식이 왜 가능한지 드러날 것입니다.

그에 앞서 지금은 편하게 '동물권'이라는 말을 쓰지만, 이 말을 조심해서 써야 한다는 말을 덧붙여야겠습니다. 사람들은 동물권을 거론할 때 '동물을 윤리적으로 대우해야 한다'라는 정도의 의미로 쓰지 동물이 절대 압도될 수 없는 권리를 갖는다고 생각하지는 않습니다. 실제로 일반인은 물론이고 동물권 운동가라고 할지라도 방역이나 인간의 건강을 위해 동물의 생명을 해칠 수 있다고 인정합니다. 그렇지 않습니까? 그러나 사람의 경우는 가령 생명권이 다른 무엇에 의해 압도될 수 있다고 생각하지 않습니다. 당장 13장에서 말한 것처럼 한 사람이 장기를 기증하면 다섯 명이 살 수 있다고 해도,

그렇다고 해서 한 사람의 장기를 강제로 적출하는 일은 상상하기 어렵습니다. 철학에서 '권리'는 흔히 이렇게 마땅히 누려야 하고 다른 무엇인가에 의해 압도될 수 없는 자격의 의미로 쓰입니다. 마찬가지로 동물권이라고 한다면 동물에게도 침해할 수 없는 절대적인 권리가 있음을 인정해야 합니다. 이는 일상에서 쓰는 동물권의 의미와는 사뭇 다릅니다. 그렇기는 하지만 이 글에서 논의의 편의를 위해 동물을 윤리적으로 대우한다는 의미 정도로 동물권이라는 말을 쓰도록 하겠습니다.

## 애정과 윤리

최근에 우리 사회에서 동물권에 관한 관심이 늘어났다고 하지만, 그것은 지금부터 설명하려고 하는 윤리적인 의미에서의 관심은 아닌 것 같습니다. 대체로 애완동물을 향한 애정이 동물권이라는 이름으로 드러나는 것처럼 보입니다. 위에서 말한 인터넷이나 방송에서 보이는 동물에 대한 관심이 주로 애완동물을 향해 있는 것을 보면 그렇게 짐작할 수 있습니다. 실제로 동물권 단체에 참가하는 사람도 애완인이 많고, 동물권 단체의 주된 활동도 개나 고양이와 같은 애완동물의 복지에 집중되어 있습니다. 소나 돼지 같은 농장 동물, 멧돼지나 고라니 같은 야생 동물, 참새나 비둘기 같은 길가의 동물, 그리고 동물원의 동물은 그만큼 관심을 못 받고 있습니다.

애완동물을 키우는 사람들은 사랑스럽고 귀여운 반려동물을 윤리적으로 대우해야 하는 것은 당연하다고 생각할 것입니다. 그러나 윤리적 대우를 말하기 전에 애정과 윤리는 다르다는 점을 강조해야겠습니다. 당장 주위 사람들을 보면, 애완동물을 사랑하는 사람도 있지만 극도로 싫어하는 사람도 있습니다. 그리고 한때 사랑하더라도 그 사랑이 식기도 합니다. 애완동물 유기가 괜히 일어나겠습니까? 이렇게 사람마다 다른 것을 가지고 특정 대상을 판단하는 객관적 기준으로 삼을 수는 없습니다. 반면에 윤리적 판단은 이성을 가지고 있는 사람들이 추론 과정을 거쳐 도달한 것으로, 우리가 마땅히 따라야 하는 도덕적 의무를 부여합니다. 그러므로 동물의 권리를 인정해야 하는 윤리적 이유는 애정이 아니라 이성적 성찰에 근거해야 합니다.

## 성차별 또는 인종차별은 왜 옳지 않은가?

동물을 윤리적으로 대우해야 하는 이유를 제시해야 할 순서입니다. 무엇인가를 설득할 때 가장 좋은 방법은 사람들이 모두 동의하는 전제에서 설득하려는 주장을 도출하는 것입니다.

그럼 모두가 옳지 않다고 믿는 성차별이나 인종차별에서 출발해 보겠습니다. 왜 성차별이나 인종차별이 옳지 않은지 그 이유를 물은 다음에, 거기서 나온 대답을 동물에 대한 차별에 적용하는 방법을 쓰기 위해서입니다.

성차별 또는 인종차별은 왜 옳지 않을까요? 사람들은 이것이 옳지 않다고 생각하면서도 막상 그 이유를 물으면 "당연한 것 아닌가요?"라고 할 뿐 쉽게 대답하지 못합니다. 그나마 가장 흔한 답은 남성이든 여성이든, 백인이든 흑인이든 똑같은 인간이니까 차별하면 안 된다는 것입니다. 그러나 이런 식의 근거는 오히려 차별주의의 이유가 될 수 있습니다. 똑같은 인간이므로 똑같이 대우해야 한다고 한다면, 똑같은 성별 혹은 똑같은 인종이니까 같은 범주의 사람들만 똑같이 대우해야 한다는 주장도 성립하기 때문입니다. 이것은 우리가 옳지 않다고 믿는 바로 그 성차별주의와 인종차별주의가 아니겠습니까. 만약 평등한 대우의 경계선을 인간에게 그어야 한다면 그 경계선을 성별이나 인종에 그으면 안 될 이유가 없습니다. 더 나아가 동문이나 지역에 그으면 안 되는 이유도 없게 됩니다. "우리가 남이가?"라는 태도가 옹호되는 것입니다. 따라서 단순하게 "같은 인간이므로"라고 말해서는 안 되고, 인간이 어떤 특성이 있기에 성별이나 인종에 따른 차별은 옳지 않은지 설명해야 합니다.

## 인간이라면 모두 평등하게 갖는 특성

인간이라면 모두 평등하다는 특성으로 성별이나 인종과 상관없이 모두 똑같은 능력을 갖는다는 것을 들기도 합니다. 성차별이나 인종차별이 주로 취업 시장에서 벌어지므로 이때 능력은 지적 능력을 뜻하는 듯합니다. 남성이 여성보다 수학을 잘한다거나 백인

　　　　　　　　위험한 철학책

이 흑인보다 똑똑하다는 것은 근거 없는 편견이라는 것입니다. 이 주장은 정치적으로 올바르게 보이지만 사실은 위험합니다. 왜냐하면 이런 접근은 지능이 낮으면 차별해도 된다는 주장을 함축하기 때문입니다. 현재는 남성이 여성보다 수학을 잘한다거나 백인이 흑인보다 똑똑하다는 증거가 없지만 혹시 그것을 입증하는 연구 결과가 나오게 된다면(차별적이라고 그런 연구조차도 하지 못하게 하는 상황이지만), 지능 지수에 의한 차별 반대 논거는 거꾸로 성차별과 인종차별을 옹호하는 역할을 할 것입니다.

따라서 성차별과 인종차별을 반대하는 옳은 근거를 마련하기 위해서는 인간이라면 모두 평등하게 가진 특성을 지능이 아닌 다른 능력에서 찾아야 합니다. 그럼 인간이라면 누구나 가지고 있는 기본적인 욕구는 어떨까요. 고통을 피하고 싶고, 피곤하면 쉬고 싶고, 가족과 함께 살고 싶고, 기본적인 호기심을 충족하고 싶은 그런 욕구 말입니다. 생각해보십시오. 여자라고 해서, 흑인이라고 해서 맞아도 되고 피곤해도 쉬지 못해도 되고 가족과 떨어져 살아도 되는 것은 아니지 않습니까? 이 능력은 지적 능력과도 상관없습니다. 머리가 나빠도 기본적인 호기심이 있고 정치에 참여하고 싶은 욕구가 있기에 모두에게 의무 교육과 참정권을 똑같이 줍니다.

하지만 과거 흑백 차별이나 여성 차별이 존재하던 시절에는 이런 기본적인 욕구를 존중해 주지 않았습니다. 2018년에 개봉한 〈그린북〉이라는 미국 영화가 있습니다. 1960년대 초반 미국에서 평범한 백인이 유명 흑인 피아니스트의 운전기사가 되어 여전히 인종차별이 심한 남부로 순회공연을 가는 내용입니다. 남부의 거대한 저택에서 콘서트를 할 때 피아니스트가 화장실을 쓰겠다고 하니 백인 여자 주인은 저택 화장실 대신 집 밖의 재래식 화장실을 쓰라고 합니다. 자신들이 초대한 유명 아티스트라고 하더라도 흑인과는 같은 화장실을 못 쓰겠다는 것입니다. 피아니스트는 30분 거리의 호텔까지 가서 화장실을 쓰고 옵니다(고급 호텔은 백인만 쓸 수 있어서 이 호텔도 허름합니다). 이 에피소드가 말하는 바는 흑인이라고 하더라도 유명 피아니스트가 될 수 있는 능력이 있다는 것이 아닙니다. 그런 능력이 설령 없더라도, 그리고 흑인이라고 하더라도 용변을 보고 싶고, 존중받고 싶은 기본적인 욕구가 있다는 것입니다. 당시의 (지금도 아니라고 말할 수는 없지만) 백인들은 유색 인종에게 그런 능력이 없다고 생각했거나 있다고 생각했어도 애써 무시했습니다. 그런 점에서 인종차별은 옳지 못합니다. (2017년에 개봉한 영화 〈히든 피겨스〉에도 흑인들이 화장실을 같이 못 쓰게 하는 에피소드가 나옵니다. 심지어 물과 커피도 같이 못 마시게 합니다. 피부색이 다르면 목이 안 마른가요?)

## 동물의 기본적인 욕구

사람에게 피부색이나 성별 그리고 지능과 상관없이 기본적인 권리가 있고 그것을 존중해야 하는 이유는 인간이라면 피부색, 성별, 지능과 상관없이 누구나 가지고 있는 기본적인 욕구가 있기

위험한 철학책

때문입니다. 이제 우리는 이 이유를 동물에게도 똑같이 적용해볼 수 있습니다. 동물도 인간처럼 기본적인 욕구가 있다면 그것을 존중해 주어야 하지 않을까요? 앞서 윤리적 성찰은 이성을 따라야 한다고 했으므로 그렇게 해야만 합리적이고 일관적입니다. 그렇지 않으면 인종차별이나 성차별처럼 종에 따른 차별이 됩니다. 여기서 '종차별'이라는 철학자의 신조어가 나옵니다.

인간도 동물의 하나이므로, 인간이 아닌 동물의 기본적인 욕구는 인간의 그것과 일부는 겹치고 일부는 다릅니다. 동물도 인간처럼 고통을 피하고 싶고 피곤하면 쉬고 싶고 가족과 함께 살고 싶고 기본적인 호기심을 충족하고 싶은 욕구가 있습니다. 다만 그 욕구의 내용이 인간과 약간 다를 뿐입니다. 영장류 같은 고등 동물이 아니고서는 새끼 떼를 제외하고 가족이라는 개념이 있는 동물은 많지 않습니다. 그리고 동물의 호기심은 인간처럼 글을 읽거나 정치에 참여하고 싶은 호기심이 아닙니다. 예컨대 돼지에게는 발이나 주둥이로 땅을 파고 웅덩이에서 목욕을 하고 싶은 호기심이 있습니다. 기본적인 욕구의 내용이 다르더라도 거기에 맞게 존중해 주면 됩니다. 인간의 가장 기본적인 욕구인 고통을 피하고 싶은 욕구는 동물이라고 해서 없는 것이 아닙니다. 6장에서 동물이 고통을 느끼지 못한다는 주장을 살펴보기는 했지만 상식과 어긋나게 그런 주장을 적극적으로 펼치기에는 상당한 책임이 따릅니다. 상식이 있는 사람이라면 누구나 개를 발로 차면 고통스러워한다는 것을 압니다. 그러니 그것을 존중해 주면 됩니다. 고통을 느끼는 능력이 없는 동물도 있습니다. 벌레가 그렇다고 하는데, 벌레를 이유 없이 발로 밟으면 안 되는 이유로 행위자의 성격이 이상하다는 것을 지적할 수는 있겠지만 벌레가 고통을 느끼기에 그래서는 안 된다고 말할 수는 없습니다.

우리가 고기로 먹는 대부분의 동물은 고통을 느끼는 능력이 있고, 그러니 그것을 피하고 싶은 욕구가 있습니다. 그러나 현대 사회의 이른바 '공장식' 농장의 사육 관행은 그런 욕구를 전혀 존중해 주지 않습니다. 닭을 예로 들어 보면, 닭은 날개도 펼 수 없고 바닥은 철조망으로 층층이 된 이른바 배터리 케이지에서 길러집니다. 산란계는 달걀을 계속 낳도록 종일 밝게 해둡니다. 닭을 밀집 사육하는 방식은 인간으로 치자면 정원이 가득 찬 엘리베이터에서 평생을 사는 것과 같습니다. 머리가 나쁘다고 해서 사람들을 정원이 가득 찬 엘리베이터에서 평생을 살라고 하는 것은 누가 봐도 기본적인 욕구를 존중하지 않는 것입니다. '닭대가리'라는 속어가 있는 것처럼 닭은 우리보다 머리가 한참 나쁜 것은 사실입니다. 그러나 엘리베이터보다 못한 환경에서 살라고 하는 것은 고통을 피하려고 하는 기본적인 욕구를 존중하지 않는 행동입니다. 이런 관행은 순전히 싼 값으로 닭고기나 달걀을 생산하기 위해 일어난 것입니다. 우리가 치맥을 국민 간식으로 싸게 먹을 수 있는 이유는 닭이라는 이유로 닭의 기본적인 욕구를 무시했기 때문입니다. 충격적인 염전 노예 사건을 보면서 지적 장애인이기에 기본적인 욕구를 무시하고 노예로 부려

먹어도 괜찮다고 생각하는 사람은 없을 것입니다. 그렇다면 동물의 기본적인 욕구를 무시하는 사육 관행도 똑같이 없어져야 하지 않을까요?

## 고통 없는 사육과 도살

지금까지의 주장에 따르면 동물의 권리를 인정해야 이유는 동물도 갖는 기본 욕구를 존중해야 하기 때문입니다. 그리고 그 욕구를 존중하지 않는 관행으로 공장식 사육을 거론했습니다. 그렇다면 공장식이 아닌 방식으로 동물을 기르는 것은 동물의 기본적인 욕구를 존중하는 것일까요? 인간이 동물을 기르는 이유는 (현대 사회에서는 농사를 짓거나 이동할 때 부려먹기 위한 목적은 없어졌으므로) 고기나 가죽이나 털을 얻기 위해서입니다. 그렇다면 우리는 가축을 죽여야 하는데, 동물을 죽이는 것은 그들의 기본 욕구를 존중하는 것일까요? 육식은 동물의 기본 욕구를 해치는 행동일까요?

인간은 아무리 잘 먹여준다고 하더라도 나중에 잡아먹을 목적으로 가두어서 기르는 것은 용납할 수 없습니다. 인간의 기본적인 욕구에는 자존심과 자의식을 존중받고 싶다는 것이 있기 때문입니다. 앞에서 든 〈그린북〉의 사례도 마찬가지입니다. 동물은 아무 데나 똥오줌을 누어도 되지만, 인간은 그렇지 않습니다. 그러나 영장류가 아닌 동물에게는 그런 기본적인 욕구가 없습니다. 가두어져 길러진다는 자의식이 없기 때문입니다. 오히려 가축은 길들인 동물이기 때문에 '자유'를 준다는 명목으로 자연에 내보내면 살아남지 못하기에, 가두어 기르는 것이 오히려 기본적인 욕구를 존중하는 행동입니다(그런 점에서 야생 동물을 동물원에 가두는 것은 비난받을 만합니다). 따라서 동물의 기본적인 욕구를 존중하며 사육하는 것은 윤리적으로 문제가 되지 않습니다. 자연 상태와 마찬가지로 넓은 공간에서 자신의 본성을 누리면서 자유롭게 사육하는 것이 그것입니다. 가령 앞에서 예를 든 닭은 배터리 케이지가 아니라 흙을 쪼고 높은 곳에 올라갈 수 있는 공간을 제공해주면 됩니다.

　동물을 '인도적으로' 사육한다고 해서 고기가 되는 것은 아닙니다. 아주 중요한 관문이 하나 남아 있으니 동물을 도살해야 고기로 먹을 수 있습니다. 죽는다는 것은 확실히 고통스러운 과정입니다. 인간은 미래를 예측할 수 있고 죽음에 대한 공포가 있기 때문에 죽음의 고통이 가중됩니다. 설령 쥐도 새도 모르게 그리고 마취를 하여 죽여 공포도 고통도 느낄 틈이 없다고 해서 인간을 죽이는 것은 용납될까요? 그렇지 않습니다. 인간은 미래를 향한 기대와 계획이 있기 때문에 인간을 죽인다는 것은 그것을 꺾으므로 옳지 않은 일입니다. 그러나 영장류를 제외한 동물은 자기가 과거와 현재에 걸쳐 살아가는 존재라는 의식이 없으므로 공포와 고통을 주지 않고 도살을 한다면 윤리적으로 문제가 되지 않습니다. 앞을 보지 못하게 입장하고 충분한 시간을 들여 기절을 시켜 도살한다면 윤리적 도살은 얼마든지 가능합니다. (현대의 도살장은 기절시킨 다음에 도살하지만 컨베이어 벨트가 워낙 빨리 돌아가는 탓에 가끔 기절하지 않은 동물이 생깁니다. 역시 비용이 문제입니다.) 어떤 생명이든 죽인다는 것은 혐오스럽습니다. 그래서 사람들은 애써 그 논의를 회피하고 불편해 합니다. 그러나 냉정하고 이성적으로 생각해봐야 합니다. 윤리적 추론은 그래야 하니까요. 그러면 동물은 고통 없이 죽여도 비윤리적이지 않다는 결론을 내릴 수 있습니다.

## 윤리적 육식을 위하여

'윤리적 육식'은 형용 모순이 아닙니다. 이론적으로 얼마든지 가능합니다. 여기서 이론적이라고 말한 것은 실제로 윤리적으로 육식을 하기 위해서는 지금보다 훨씬 큰 비용을 지불해야 하기 때문입니다. 왜 공장식 사육을 하고, 충분히 기절시켜 도살할 수 있는데도 그렇게 하지 않을까요? 적은 인력으로 최대한 많은 상품을 만들어 내기 위해서입니다. 불과 한 세대 전에는 잔칫날이나 생일이나 되어야 마음대로 먹을 수 있었던 고기를 끼니마다 먹을 수 있는 것은 비윤리적 사육과 도살이 있기 때문입니다. 윤리적 육식을 위해서는 가끔 고기 먹던 시절로 돌아갈 각오가 되어 있어야 합니다. 비록 현재보다는 비싼 가격으로 고기를 먹을 수밖에 없겠지만, 고기를 먹고 싶은 우리의 욕구보다 고통을 피하고 싶은 동물의 욕구가 훨씬 기본적입니다.

공장식 사육을 인도적 사육으로 되돌리기 위해서는 어떻게 해야 할까요? 여러분이 고기를 사 먹지 않아야, 다시 말해 채식을 실천해야 공장식 사육이 줄어들까요? 14장에서 여러분이 자가용이나 냉방기 사용을 줄인다고 해서 기후 변화를 불러올 수 없다고 말했습니다. 육식과 관련해서도 나 하나가 육식을 하지 않는다고 해서 바뀌지 않습니다. 유통 메커니즘을 생각하면 나 한 명의 거부로 인해 농장이 생산을 줄이는 일은 일어나지 않습니다. 내가 고기를 끊을지 말지 선택은 공장식 사육이 진행되는 데 아무 영향도 끼치지 않는다는 말입니다. 노숙자에게 여러분이 입던 외투를 벗어준다고 해서 가난이 없어지지 않는 것과 마찬가지입니다. 이 말은 또 다른 의미에서 윤리적 육식이 가능하다는 뜻도 됩니다. 내가 육식을 하든 채식을 하든 공장식 사육은 여전히 진행되므로 나의 행동이 비윤리적이라고 비난받을 일은 없습니다. 물론, 나의 채식이 다른 사람에게 영향을 주어 채식이 확산하는 데 일조하고 고기 소비가 줄어드는 임곗값을 넘어 결국에는 농장이 생산을 줄이지 않겠느냐고 생각할 수 있겠습니다. 그러나 우리 사회에서 채식은 주변에 긍정적인 영향보다는 부정적인 영향이 더 큽니다. 뭔가 대단한 윤리적 행동을 한다는 반응보다는 까탈스럽고 유난 떤다는 반응이 더 많기 때문입니다.

동물의 권리를 생각한다면 농부들이 동물의 본성을 존중하며 사육할 수 있도록 제도화하는 것이 가장 빠르고 효과적인 방법입니다. 최근에는 '동물 복지'라는 이름이 붙은 육제품이 팔리고 있습니다. 그러나 그런 제품은 가격이 비쌀 수밖에 없으므로 시장 경쟁력을 생각하는 농부는 동물의 복지를 존중하는 사육 방법을 주저하게 됩니다. 소비자도 덜 찾게 됩니다. 그러므로 동물의 권리를 존중하는 현실적인 방법은 모든 농가가 동물 복지를 실천하도록 제도화하는 것입니다. 개인적인 채식 실천보다는 정부에 제도화를 촉구하는 것이 중요합니다.

## 뒤집어 보기

윤리적 육식을 주장하는 사람들은 인도적인 사육과 인도적인 도살이 동물의 본성을 존중하기 때문에 비윤리석이시 않다고 생각합니다. 반면 동물권을 옹호하는 사람들은 인도적인 사육이 가능할지 몰라도 인도적인 도살은 여전히 언어도단이라고 주장합니다. 또한 인도적인 사육도 도살을 위한 전 단계이므로, 설령 그것이 가능하더라도 옳지 않다고 주장합니다.

인도적인 도살이 가능한 이유로 동물에게 과거와 현재에 걸쳐 살아가는 존재라는 의식이 없으므로 공포와 고통을 주지 않고 도살을 한다면 윤리적으로 문제가 되지 않기 때문이라고 했습니다. 그러나 과연 동물이 과거와 미래를 의식하지 못할까요? 개나 고양이를 길러본 사람은 알지만 동물은 과거를 잘 기억합니다. 자신을 때린 적이 있는 사람을 보면 무서워 도망갑니다. 한편 다람쥐는 겨울을 지내기 위해 도토리를 모아 숨겨 놓습니다. 이것은 미래를 계획하는 것 아닌가요?

백 보 양보해서 동물에게 자의식이 없으므로 공포와 고통을 주지 않고 죽여도 된다고 해봅시다. 슬프게도 인간 중에는 자의식이 없는 인간이 있습니다. 갓난아이도 그렇고 회복 불가능한 중증 장애인이 바로 그렇습니다. 만약 동물을 죽여도 된다면, 그와 같은 상황에 있는 인간도 공포와 고통을 주지 않는다면 죽여도 된다는 결론에 이르게 됩니다. 자의식의 측면에서 동물과 아무 차이가 없는데 인간이라는 이유로 죽여서는 안 된다고 말한다면 그것이야말로 종차별입니다.

위험한 철학책

## 더 깊이 읽기 ──────────────

인도적 육식을 실천적 측면에서 다룬 책은 마이클 폴란의《잡식동물의 딜레마》(조윤정 옮김, 다른세상, 2008)를 보세요. 폴란은 철학자가 아니라 작가이므로 윤리적 육식을 옹호하는 논증을 제시하는 것은 아니지만, 윤리적 사육을 실천하는 농장들을 실제로 방문하고 기록함으로써 그 가능성을 보여 줍니다. 철학자 피터 싱어가 쓴《죽음의 밥상》(함규진 옮김, 산책자, 2008)도 비슷한 책인데, 윤리적 육식주의자를 가리키기 위해 '양심적 잡식주의자'라는 말을 씁니다. 피터 싱어의《실천윤리학》(제3판)(황경식 · 김성동 옮김, 연암서가, 2013)은 윤리적 육식의 철학적 가능성을 본격적으로 논의하는데, 형이상학적 논변이 섞여 있어 좀 어렵습니다. 싱어 자신도 책의 판이 바뀔 때마다 입장이 바뀝니다.

16

# 과학이나 미신이나 그게 그거다

## 침대는 과학입니다

21세기를 사는 우리는 100여 년 전의 조상보다 더 잘산다고 생각합니다. 교통이나 정보 통신의 발달로 먼 곳에도 쉽게 갈 수 있고 먼 곳에 있는 사람과도 정보를 쉽게 주고받을 수 있습니다. 평균 수명도 늘었으며 치명적인 질병이 주는 두려움도 많이 줄어들었습니다. 농산물의 생산도 늘어 굶어 죽는 사람도 그리 많지 않습니다. 물론 우리가 과거보다 정신적으로도 성숙해졌는지는 의문입니다. 그리고 환경 오염과 같은 문제도 분명히 있습니다. 그러나 적어도 물질적으로만 본다면 우리가 과거보다 확실히 더 잘산다는 사실을 부인하는 사람은 없을 것입니다.

우리가 잘살게 된 것은 뭐니 뭐니 해도 과학 기술의 발전 때문입니다. 과학 기술의 발전은 우리에게 물질적 풍요를 가져다줄 뿐만 아니라 예전에 몰랐던 새로운 지식도 줍니다. 너무 작아 눈에 보이지 않는 미립자의 세계도, 너무 멀어서 보이지 않는 우주도 점점 알아갑니다. 이러한 이유로 사람들에게 과학은 신뢰의 상징이 되었습니다. 우리가 가지고 있는 지식을 만들어낸 근원을 보면 다양합니다. 내 경험에서 온 지식도 있고, 상식도 있고, 예술이나 종교에서 배운 지식도 있습니다. 미신을 믿는 사람도 있습니다. 과학 지식은 이런 지식들과 비교할 수 없을 정도로 믿을 만합니다. 그래서 우리나라를 비롯한 대부분의 나라는 막대한 세금으로 과학 연구를 지원합니다. 과학이 국민 생활을 향상하고 진리를 찾는 의미 있는 일을 한다고 생각하기 때문일 것입니다. 반면에 세금으로 미신을 지원하는 나라는 없습니다. 신정 국가가 아니라면 특정 종교에도 지원하지 않습니다.

30년쯤 전에 "침대는 가구가 아닙니다. 침대는 과학입니다."라는 광고 멘트가 유행했습니다. 얼마나 유명했는지 지금도 기억하는 사람들이 꽤 많고, 광고가 리메이크되기도 했습니다. 당시 초등학교 시험 문제에서 "가구가 아닌 것을 고르라."라는 문제가 나왔는데 침대를 고른 학생들이 있었을 정도라고 합니다. 정답은 세탁기였는데 말입니다. 이 광고는 자사의 침대가 흔한 가구인 침대에 불과한 것이 아니라 과학적으로 만든 침대라는 것을 홍보하려는 의도였을 것입니다. 그리고 사람들에게 믿고 써도 된다는 메시지를 주었을 것입니다.

과학이라는 말은 여기저기서 홍보용으로 많이 쓰입니다. 화장품

위험한 철학책

을 광고하면서 '피부 과학'이라는 말을 내세웁니다. 화장품을 만들 때 당연히 과학이 이용되겠지만 사람들에게 그것을 새삼 주목하게 만들어 화장품의 신뢰도를 높입니다. 뭔가 의심스러운 지식 체계를 비판할 때도 그것은 과학이 아니라고 말하고, 거꾸로 그것은 과학이라고 우김질하기도 합니다. 혈액형 성격설이나 MBTI가 그런 예입니다. 한쪽에서는 과학이 아니라고 하고 다른 쪽에서는 과학이 맞는다고 하는데, 과학 여부는 신뢰도에 중요한 타격이 되기 때문입니다. 평소에 좋아하지 않는 사람이 못된 짓을 하면 사람들은 이렇게 말합니다. "역시 관상은 과학이야."

과학이라는 말이 붙은 가장 극적이면서 아이러니한 예는 '창조 과학'입니다. 특정 종교에서는 세상이 신에 의해 창조되었다는 창조론을 주장합니다. 신자가 아닌 사람은 말할 것도 없고 신자 중 상당수도 창조론은 종교적인 발언이지 과학적 주장이라고 생각하지 않습니다. 그런데 일부 신자는 단순한 종교적인 가르침이 아니라 객관적인 진리라고 주장하려는 의도로 창조론을 창조 '과학'이라고 부릅니다. 종교 교리일 때는 신념으로 받아들여지던 창조론이 과학의 지위를 주장하면서 다툼이 일어나기도 했습니다. 이는 실제 미국에서 벌어진 일로, 창조 '과학'은 과학 교과서에 실린 주장과 정면으로 충돌했습니다.

## 과학의 지식은 왜 다른 지식보다 더 믿을 만할까?

그럼 우리는 다음과 같은 질문을 하게 됩니다. 왜 과학의 지식은 다른 지식보다 신뢰를 받을 수 있을까요? 어떤 특성이 있기에 시민은 과학을 전적으로 믿고 국가는 지원을 아끼지 않을까요? 이런 질문은 철학적인 질문입니다. 과학자들은 그런 질문은 하지 않고 묵묵히 과학 현장에서 연구할 뿐입니다. 철학자들은 과학자들의 활동에서 특별한 이유를 찾습니다.

우리는 이미 5장에서 이 질문에 한 가지 대답을 했습니다. 그것은 과학이 귀납을 사용한다는 점입니다. 연역과 귀납 두 가지 논증이 있습니다. 5장에서 말했지만 다시 정리해보면, 연역 논증은 전제가 옳으면 결론도 반드시 옳은 논증이고, 귀납 논증은 전제가 옳다고 하더라도 결론이 반드시 옳지는 않은 논증입니다. 이 말만 들으면 결론이 반드시 옳은 연역 논증이 더 좋은 논증 같지만, 세상에 모든 것이 좋을 수는 없습니다. 연역 논증의 결론이 반드시 옳은 이유는 전제에 있는 내용에서 끄집어냈기 때문입니다. 다음은 대표적인 연역 논증의 예입니다. "지구의 모든 곳에서는 동쪽에서 해가 뜬다. 따라서 서울에서도 동쪽에서 해가 뜬다." 여기서 "서울에서도 동쪽에서 해가 뜬다."라는 결론은 결코 틀릴 리가 없지만, "지구의 모든 곳에서는 동쪽에서 해가 뜬다."라는 전제에 이미 들어 있는 말이기 때문입니다. 다시 말해서 결론은 전제에 없는 새로운 정보를 주지 않습니다. 반면 다음은 귀납 논증의 예입니다. "지구에서는 지금까지 날마다 동쪽에서 해가 떴다. 따라서 내일도 동쪽에서 해가 뜰 것이다." 분명 "내일도 동쪽에서 해가 뜰 것이다."라는 결론이 반드시 옳은 건 아닙니다. 알 수 없는 이유로 지구의 자전축이 바뀌거나 지구가 폭발한다면 동쪽에서 해가 뜰 일은 없을 것입니다. 그러나 지금까지 동쪽에서 해가 뜬 수많은 날을 생각해보면 내일도 동쪽에서 해가 뜰 개연성이 매우 높습니다. 그리고 "내일도 동쪽에서 해가 뜰 것이다."라는 결론은 전제에 포함되지 않은 새로운 정보입니다. 귀납 논증은 그 결론이 비록 틀릴 가능성이 조금이라도 있지만, 우리에게 새로운 지식을 준다는 점에서 좋은 논증입니다.

과학의 지식을 믿을 수 있는 이유는 바로 귀납 논증을 사용하기 때문입니다. 우리에게 세상에 대한 새로운 정보를 주고, 그 덕분에 인간이 더 잘살게 되고 세상에 대한 지식을 늘려갑니다. 물론 과학 지식 외에도 경험이나 미신과 같은 다른 지식도 귀납 논증을 이용하기는 합니다. 그러나 개연성이 비교가 안 됩니다. 과학의 지식이 아주 높은 개연성을 얻게 된 것은 관찰 사례가 아주 많기 때문입니다. 생각해보세요. 지구에서 지금까지 해가 뜬 날이 얼마나 많겠습니까? 1년에 365번 해가 뜨고 그게 수십억 년 동안 반복되었습니다. 그러니 "내일도 동쪽에서 해가 뜰 것이다."라는 결론의 개연성은 아주 높을 수밖에 없습니다. 5장에서 어떤 운동선수가 수염을 깎지 않고 시합에 나갔는데 이겨서 다음 시합 때도 수염을 깎지 않으면 이길 것으로 생각한다는 예를 들었습니다. 이것은 개인의 경험에 의한 지식입니다. 이 선수도 과거의 경험에 기댄 귀납 논증을 하기는 합니다. 그러나 그 경험이 터무니없이 적습니다. 그뿐만 아니라 수염을 깎은 날과 안 깎은 날의 시합 결과를 엄격하게 통제해서 실험해야 합니다. 어느 정도로 엄격해야 해야 하느냐면 수염 안 깎은 날은 이긴다고 믿으면 심리적 위안 때문에 경기력 향상에 도움이 될 수 있으니, 수염 깎았는지 안 깎았는지 선수 자신도 모르게 해야 합니다. 과학자들은 그렇게 엄격하게 합니다. 바로 이런 이유로 개인의 경험에서 생긴 미신이나 징크스는 과학적 지식만큼 신뢰할 수 없는 것입니다.

**귀납 논증을 사용하지 않는 과학자들**

정리하면 과학이 신뢰를 받을 수 있는 이유는 귀납 논증을 사용하기 때문입니다. 먼저 실험과 관찰로 데이터를 모읍니다. 당연한 말이지만 이때 편견이 없어야 합니다. 자신에게 불리한 데이터는 버리고 유리한 데이터만 모아서는 안 됩니다. 가령 앞에서 말한 운동선수가 수염을 깎지 않았는데 시합에서 진 날이나, 거꾸로 수염을 깎았는데 시합에서 이긴 날은 무시하면 객관적이지 않겠지요? 편견 없이 관찰과 실험을 해서 데이터가 많이 쌓이면 일반화가 되고 그것이 법칙이 됩니다. 이것이 귀납의 과정입니다. "물은 섭씨 100도에서 끓는다."나 "모든 까마귀는 검다."라는 과학 법칙은 그렇게 해서 나오게 되었습니다.

위험한 철학책

그러나 귀납으로 과학의 신뢰와 성공을 설명하는 방식은 결정적인 문제가 있습니다. 첫째는 5장에서 흄이 주장한 것처럼 귀납은 논리적으로 정당화되지 않는다는 문제입니다. 흄에 따르면 수십억 년에 걸친 관찰은 내일 비슷한 사건이 일어나리라고 믿을 합리적 근거를 제시하지 못합니다. 정당화해야 하는 바로 그 방법을 써서 정당화해야 하기 때문입니다. 그래서 지금까지 해가 떠올랐으니까, 앞으로도 떠오를 것이라고 습관적이고 무의식적으로 기대할 수밖에 없다고 말했습니다.

귀납에는 또 다른 문제가 있습니다. 그것은 과학자들이 실제 귀납 논증 그대로 과학 연구를 진행하지 않는다는 것입니다. 뉴턴은 사과가 떨어진 것을 보며 만유인력의 법칙을 발견했다고 알려져 있습니다. 정말로 뉴턴이 이 사과나무에서 떨어지는 사과에서 만유인력을 관찰하고, 저 사과나무에서 떨어지는 사과에서 만유인력을 관찰하고, … 이런 식으로 경험의 일반화를 통해 만유인력의 법칙을 발견했을까요? 만유인력, 곧 중력은 눈으로 관찰할 수 있는 것이 아닙니다. 아마 떨어지는 사과를 보고 영감을 얻었을 수는 있을 것입니다. 그래도 중력을 전제했을 때 사과가 떨어지는 것을 잘 설명할 수 있는 것이지, 무엇을 직접 관찰해서 중력을 발견한 것은 아닙니다. 사과나무 이야기는 만유인력 법칙을 어떻게 정당화했느냐가 아니라 어떻게 발견했는지 물었을 때 대중들이 알아듣기 쉽게 설명하는 방편이었을 것입니다.

## 발견의 맥락과 정당화의 맥락

"너 그거 어떻게 알았어?"라고 물었을 때 이 물음은 두 가지 의미가 있습니다. 하나는 그런 생각을 어떻게 떠올렸는지 묻는 것이고, 다른 하나는 그런 생각이 옳다고 믿을 근거가 무엇인지 묻는 것입니다. 첫째 물음은 생각을 발견하게 된 심리적 과정을 묻는 것이고, 둘째 물음은 정당화하는 논리적 근거를 묻는 것입니다. 이를 각각 '발견의 맥락'과 '정당화의 맥락'이라고 부릅니다. 뉴턴의 사과나무 이야기는 발견의 맥락이지 정당화의 맥락은 아닙니다. 인도 출신의 천재 수학자 라마누잔Srinivasa Ramanujan(1887~1920)은 수천 개의 수학 공식을 발견했습니다. 어떻게 그와 같은 발견을 했는지 묻자 라마누잔은 여신이 꿈에 나타나 가르쳐줬다고 말했답니다. 그리고 그는 꿈에서 깨어나 그 공식을 증명했다고 합니다. 여기서 "너 그거 어떻게 알았어?"라고 물었을 때 "꿈에서 여신이 가르쳐 주었어"라고 대답하면 발견의 맥락이고, "이러이러하게 증명이 되잖아."라고 대답하면 정당화의 맥락입니다.

그다음에 귀납은 데이터를 모을 때 편견 없이 모아야 한다고 말했습니다. 그러나 실제 과학자들의 활동에는 그런 편견이 없을 수 없습니다. "모든 까마귀는 검다."라는 법칙을 발견하기 위해 까마귀를 관찰합니다. 여기에 편견이 개입한다는 말은 사실은 회색인데 검은색이라고 우긴다는 뜻이 아닙니다. 검은색은 맞습니다. 그런데 왜 하필 까마귀의 색깔에 주목하나요? 까마귀의 울음소리에 관심이 있을 수도 있고, 까마귀의 크기에 관심이 있을 수도 있습니다. 왜 하필 까마귀의 색깔에 관심을 두고 그것을 관찰합니까? "모든 까마귀는 검다."라는 법칙이 나오기까지는 순수한 관찰만 있는 것이 아

위험한 철학책

니라, 까마귀의 색깔에 대한 과학자의 관심이 끼어드는 것입니다. '편견'이라는 부정적인 말을 쓰기 싫다면 과학자의 특정 이론이 개입되어 있다고 말하면 됩니다. 철학자들은 이것을 '이론 의존적'이라고 부릅니다. 과학자의 특정 관심이나 이론에 따라 가설을 세우고, 그것에 따라 관찰을 하는 것입니다.

### 추측과 반박

오스트리아 출신의 영국 철학자 칼 포퍼Karl Popper(1902~1994)는 이와 같은 이유로 과학자들은 귀납 아닌 다른 방법을 이용한다고 말합니다. 그것은 바로 포퍼의 책 제목이기도 한 '추측과 반박'입니다. 그에 따르면 과학자는 까마귀를 수없이 관찰해서 귀납을 통해 "모든 까마귀는 검다."라고 일반화하는 것이 아닙니다. 까마귀 몇 마리를 보고서, 심지어는 한 마리만 보고서도 "모든 까마귀는 검다."라고 대담하게 추측해보는 것입니다. 이 추측은 다른 말로 '가설'이라고 부를 수 있을 것입니다. 과학자들은 그러고 나서 이 가설이 맞는지 틀리는지 검증해봅니다. "모든 까마귀는 검다."라는 가설이 틀리게 되는 경우는 검지 않은 까마귀가 나올 때겠지요. 예컨대 하얀 까마귀나 노란 까마귀가 관찰되면 "모든 까마귀는 검다."라는 가설은 더 이상 성립하지 않습니다. 이것이 반박입니다. 그러나 잘 알다시피 지금까지 이 가설은 반박되지 않았습니다. 자연에서 가끔 발견되는 알비노가 아니고서는 검지 않은 까마귀는 지금까지 발견되지 않았기 때문입니다. 그러므로 "모든 까마귀는 검다."는 과학 법칙으로 남아 있습니다.

가설의 반박은 다른 말로 '반증'이라고 부릅니다. 누군가가 "노인은 새벽잠이 없다."라는 가설을 세웠다고 해봅시다. 아마 자기 할아버지나 할머니가 새벽잠이 없는 것을 보고 그런 가설을 세웠겠죠. "노인은 새벽잠이 없다."라고 말하지만 실은 "모든 노인은 새벽잠이 없다."라는 의도로 말했습니다. 이 가설이 틀렸음은 쉽게 보여줄 수 있습니다. 새벽잠이 많은 노인 한 명만 있어도 되니까요. "노인은 새벽잠이 없다."라는 가설은 이렇게 반증이 됩니다. 그러면 과학 법칙이 되지 못합니다.

포퍼는 이렇게 가설을 세우고 반박에 견뎌내는 것이 과학의 특징이라고 보았습니다. 이 방법을 **가설-연역법**이라고 부릅니다. 가설이 틀렸음을 보여 주는 방법은 연역이기 때문입니다. "모든 노인은 새벽잠이 없다."와 "이 노인은 새벽잠이 많다."라는 두 전제가 있습니다. 그것으로부터 "모든 노인이 새벽잠이 없는 것은 아니다."라는 결론이 반드시 도출되므로 연역인 것입니다. 포퍼는 과학자들이 귀납이 아니라 가설-연역법을 사용한다고 말합니다. 그 이유는 귀납과 비교해 가설-연역법에 장점이 있기 때문입니다. 귀납은 어떤 주장을 지지하는 관찰 사례가 아무리 많아도 그 주장이 법칙이 되는지 알 수 없습니다. 까마귀를 아무리 많이 관찰해도 "모든 까마귀는 검다."가 참이라고 확실하게 말할 수 없기 때문입니다. 다만 참일 개연

위험한 철학책

성이 높아질 뿐입니다. 그것이 귀납의 운명이니까요. 반면에 가설-연역법은 그 가설이 거짓임을 확실하게 알 수 있습니다. 반대 사례가 발견되면 되니까요.

포퍼는 과학적 지식은 **반증 가능성**이 있어야 한다고 말합니다. "모든 까마귀는 검다."는 검지 않은 까마귀가 나오면 반증이 됩니다. 그러나 아직 그런 까마귀는 나오지 않아 반증이 되지 않았고, 그래서 이것은 과학 법칙이 되었습니다. 반면에 "노인은 새벽잠이 없다."는 새벽잠이 많은 노인이 분명히 있을 테니 반증이 쉽게 됩니다. 그래도 과학적 지식인 것은 맞습니다. 다만 좋은 과학 법칙은 되지 못합니다. 이에 견줘 아예 반증이 불가능한 지식이 있습니다. 포퍼에 따르면 그런 것은 과학적 지식이 되지 못합니다. 미신이 대표적인 예입니다. 점쟁이가 "올해 운수 대통하겠어."라고 말합니다. 이 말을 반증할 수 있을까요? 다시 말해서 이 말이 언제 틀렸다고 말할 수 있을까요? 올해 운 나쁜 일이 일어나면 틀렸겠죠. 그러나 구체적으로 어떤 일이 일어나야 운이 나쁠까요? 점쟁이는 그런 말을 하지 않습니다. 그냥 운수 대통한다고만 말합니다. 그래야 나중에 "당신 말과 달리 운 나쁜 일이 일어났잖아."라고 항의하러 오면 "거봐. 원래는 더 나쁜 일이 일어날 뻔했는데 그만한 게 다행이야. 운이 좋은 거지."라고 넘어갈 수 있습니다. 무슨 일이 일어나도 다 운이 좋은 겁니다. "올해 운수 대통하겠어."라는 말은 도대체 틀릴 수가 없는 말입니다. 틀릴 수 없는 말이니 좋은 게 아니라 하나 마나 한 이야기입니다. 포퍼의 용어로 말하면 틀릴 수 없는 진술은 반증 불가능하고, 따라서 과학적 지식일 수 없습니다.

포퍼에 따르면 과학적 지식의 특성은 반증 가능성에 있습니다. 약간 아이러니하게 들릴 수 있지만, 틀릴 수 있다는 점이 과학에 신뢰를 줍니다. 물론 실제로 반박이 되면 과학적 지식이기는 해도 과학 법칙은 될 수 없습니다. 반박을 계속 견디어내는 과학적 지식이 과학 법칙이 됩니다. 우리는 과학자에게 열린 마음으로 자신이 세운 가설을 끊임없이 반성해보는 자기 비판적이고 합리적인 지식인의 모습을 기대합니다. 포퍼의 과학관은 바로 이 점을 잘 그려 보여

줍니다. 반면에 반증 가능성이 없는 지식은 하나 마나 한 말만 하니, 그런 지식을 내세우는 사람은 자신의 이론이 전혀 틀릴 수 없다고 생각하는 꽉 막힌 사람입니다. 우리는 그런 무비판적이고 자기중심적인 사람을 과학자라고 생각하지 않습니다. 포퍼의 과학관은 왜 우리가 그런 사람을 믿을 수 없는지도 잘 보여 줍니다.

## 패러다임

포퍼가 귀납 대신에 가설-연역법을 과학의 방법론으로 제시한 이유는, 앞서 살펴보았듯이 논리적인 면도 있지만 귀납이 과학자들의 실제 연구 모습을 제대로 보여 주지 못하기 때문이었습니다. 그러나 과학자들이 실제로 연구하는 방법은 포퍼의 가설-연역법과 전혀 다르다는 반론이 제기됩니다. 미국의 과학사학자이자 과학철학자인 토머스 쿤Thomas Kuhn(1922~1996)에 의해서입니다. 포퍼의 과학 방법론에서 핵심은 가설을 세우고 그 가설이 반박되는지 살펴보는 것이었습니다. 가설-연역법에서 과학의 법칙은 두루 맞아야 하므로 반례가 하나라도 생기면 바로 폐기됩니다. 그러나 과학 현장에서 실제로 그럴까요? 쿤에 따르면 전혀 그렇지 않습니다. 예를 들어 뉴턴 역학에 따라 계산된 천왕성의 궤도는 천문학자들이 실제로 관측한 천왕성의 궤도와 매우 달랐습니다. 가설-연역법에 따르면 뉴턴의 역학은 반증되어 폐기되어야 합니다. 그러나 과학자들은 그렇게 하지 않았습니다. 만약 그렇게 했다면 중요한 행성을 발견하지 못했을 것입니다. 뉴턴보다 200여 년 후의 프랑스의 수학자 위르뱅 르베리에Urbain Leverrier(1811~1877)는 해왕성 밖에 또 다른 행성이 있어서 천왕성의 궤도에 영향을 끼친다고 생각했습니다. 르베리에는 수학자였기에 계산만으로 또 다른 행성의 위치를 예상했는데, 독일의 천문학자인 요한 갈레Johann Galle(1812~1910)가 정말로 그 행성을 발견했습니다. 해왕성이 그것입니다.

쿤은 철학자보다 과학사학자로 훈련받은 사람입니다. 그러기에 과학이 실제로 진행된 역사를 잘 알고 있고, 그런 사례들을 여럿 보여 줍니다. 그에 따르면 포퍼의 과학관은 글자 그대로 탁상공론일 뿐입니다. 쿤은 철학자는 아니지만 철학에 끼친 영향이 크므로 과학철학자라고 해도 틀리지 않습니다. 특히 쿤은 과학의 방법론으로 귀납을 주장하는 사람이나 가설-연역법을 주장하는 포퍼와 달리 과학이 그리 합리적이라고 생각하지 않았습니다. 무슨 말일까요? 그의 주장을 들어봅시다.

쿤의 주장 중 가장 유명한 개념은 **패러다임**입니다. 쿤을 모르는 사람도 패러다임이라는 말은 들어본 적이 있을 것입니다. 과학철학의 영역을 넘어서 기업이나 정부에서도 "패러다임을 바꾸어야 한다."라는 식으로 어떤 변화를 추구할 때 쓰입니다. 패러다임은 본디 언어 공부할 때 동사가 활용되는 변화표를 말합니다. 영어는 규칙 활용의 경우 현재형은 삼인칭 단수 현재에만 −s가 붙고, 과거형에는

−ed가 붙어 아주 단순합니다. 그러나 독일어를 배워본 사람은 현재형만 해도 다음과 같은 표로 외워야 합니다.

| | | |
|---|---|---|
| **1인칭 단수** | ich | −e |
| **2인칭 단수** | du | −st |
| **3인칭 단수** | er/sie/es | −t |
| **1인칭 복수** | wir | −en |
| **2인칭 복수** | ihr | −t |
| **3인칭 복수** | sie | −en |

　이게 다가 아니고 과거형의 동사 변화도 외워야 합니다. 라틴어는 물경 272가지 활용 형태가 있다고 합니다. 그래서 서양의 소설을 보면 라틴어 시간을 죽어라고 싫어하는 장면이 자주 나옵니다.

　이런 동사 활용 형태는 누구나 따라서 쓰라고 예시해 놓은 것입니다. 그래서 패러다임은 범례範例, 곧 예시하여 모범으로 삼는 것을 뜻하기도 합니다. 쿤은 외국어 교육에서 쓰던 이 말을 과학에 적용해서 씁니다. 수학 공부를 하다 보면 교과서는 내용 설명을 한 다음에 그 이해를 돕기 위하여 연습 문제를 풀게 합니다. 그것을 '예제'라고 합니다. 이 예제를 많이 풀어 보면 그 내용을 잘 이해하게 됩니다. 이 예제가 쿤의 패러다임이라고 이해해도 크게 틀리지 않습니다. 교과서는 해당 학문에 입문하기 위해 반드시 배워야 할 것들을 편찬한 책입니다. 따라서 그 분야에서 모범이라고 합의된 내용이 교과서에 실립니다. 꼭 학교에서 배우는 책이 아니더라도 모범이 될 만한 책이면 '교과서'라고 부릅니다. 철학에는 이런 교과서가 없습니다. 철학자마다 다 '자기 철학'이 있어서 서로 다른 교과서를 쓰기 때문입니다. 쿤의 용어를 말해보면 철학에서는 공통의 패러다임이 없는 것입니다. 하지만 과학도들은 거의 비슷한 교과서를 가지고 배웁니다. 교과서에는 법칙, 이론, 응용, 기기 사용법 따위를 포함하는 사례들이 나와서, 그 교과서로 공부하는 과학도들에게 동일한 규칙과 표준을 따르게 합니다. 뉴턴 역학 같으면 $F=ma$와 같은 공식이나 자유 낙하 운동이나 포물선 운동에 해당하는 연습 문제가 그런 사례일 것입니다. 그럼으로써 특정 과학자 사회, 곧 뉴턴 역학을 받아들이는 사회의 구성원이 될 수 있도록 준비시키는 역할을 하는 것입니다. 보편적인 예제와 풀이, 이게 패러다임입니다. 그리고 같은 교과서를 쓰는 과학을 **정상 과학**이라고 부릅니다. 정상 과학 안에서는 패러다임이 같겠지요.

## 퍼즐 풀이, 이상 현상, 혁명

당연한 말이지만 정상 과학 내에서도 풀리지 않는 문제가 있을 것입니다. 포퍼에 따르면 그런 반대 사례가 나오면 법칙은 바로 폐기되어야 합니다. 그러나 쿤은 과학사에서 보면 그런 일이 거의 일어나지 않는다고 주장합니다. "모든 까마귀는 검다."와 같은 가설은 아주 단순하기에 검지 않은 까마귀가 나타나면 쉽게 폐기

위험한 철학책

됩니다. 그러나 과학의 가설은 대부분 굉장히 복잡한 체계로 되어 있습니다. 앞서 예로 든 뉴턴 역학을 생각해보세요. 해왕성의 궤도가 이론과 다르다는 반대 사례가 나타나더라도 그 이론 중 어떤 부분을 폐기해야 할지 알 수 없습니다. 그렇다고 해서 뉴턴 역학을 전체를 폐기할 수도 없는 노릇입니다. 과학자의 믿음 체계 전체가 무너져 버리는 꼴이 되니까요.

귀납을 강조하는 철학자들에 따르면 과학자들의 주된 활동은 데이터를 모으는 것입니다. 추측과 반박을 강조하는 포퍼에 따르면 과학자들의 주된 활동은 가설을 세우고 그것을 반박하는 것입니다. 그러면 쿤에 따르면 과학자들의 주된 활동은 무엇일까요? 일단 정상 과학에서는 쿤의 용어에 따르면 **퍼즐 풀이**입니다. 정상 과학 내에서 과학의 목표는 퍼즐, 곧 수수께끼를 푸는 데 있습니다. 과학자들은 패러다임을 모범으로 삼아 패러다임 안에서 제기되는 퍼즐들을 풀이하는 것이 일상적인 일입니다. 퍼즐이 있다고 해서 포퍼가 말하듯이 그것이 정상 과학에 반대되는 것은 아니고 정상 과학 내에서 풀리지 않는 문제일 뿐입니다. 따라서 퍼즐을 풀지 못하면 그것은 과학자의 탓일 뿐이지 과학 이론의 흠이 되지는 않습니다. 반면에 퍼즐을 풀면 정상 과학은 더 굳건하게 됩니다.

그러나 정상 과학이 풀지 못하는 퍼즐들이 발생할 때가 있을 것입니다. 정상 과학의 한계 때문에 발생하는 이런 것들을 쿤은 **이상 현상**이라고 부릅니다. 이 이상 현상이 자주 발생하게 되면 정상 과학의 패러다임은 **위기**에 빠져듭니다. 그러면 과학자들은 위기를 극복할 수 있는 새로운 패러다임을 찾게 되는데, 옛 패러다임을 대체하는 이런 과정을 쿤은 **혁명**이라고 합니다. 쿤의 책 제목이기도 한 '과학 혁명'이 여기서 나온 것입니다. 쿤의 주장에서 가장 중요하고 독특한 게 바로 이 부분입니다. 아리스토텔레스 역학에서 뉴턴 역학으로 바뀐 깃이 혁명입니다. 또 프톨레마이오스 천문학에서 코페르니쿠스 천문학으로 바뀐 것도 혁명입니다. 우리의 상식은 그 과정에서 과학이 발전했다고 생각합니다. 사람을 비롯한 생명체의 일생에서 어릴 때의 자양분을 토대로 훌쩍 자라듯이 과학의 지식도 지금까지 쌓아온 지식을 바탕으로 누적적으로 성장한다고 생각합니다. 그리고 옛 패러다임에서 새 패러다임으로 바뀐 과정은 합리적인 과정이라고 생각합니다. 새 패러다임이 옛 패러다임에 견줘 여러모로 나은 면이 있으니까 선택한 것입니다. 그러나 쿤이 패러다임의 이행을 '혁명'이라고 부른 것은 그 과정을 합리적이라고 보지 않기 때문입니다.

## 공약 불가능한 개종

정상 과학에서 이상 현상이 감지되고 위기가 닥쳤을 때 경쟁하는 패러다임이 등장하게 되고 패러다임의 이행이 일어나게 됩니다. 쿤은 경쟁적인 패러다임 사이의 이행은 합리적으로 한 번에 한 걸음씩 진행되는 것이 아니라고 보았습니다. 다음 그림을 보세요.

위험한 철학책

무엇으로 보이나요? 네, 오리로도 보이고 토끼로도 보입니다. 오리라고 생각하면 오리로 보이고, 토끼라고 생각하면 토끼라고 보입니다. 그런 전환이 논리적으로 일어났나요? 다시 말해서 합리적으로 숙고해서 "오리로 보는 것이 틀렸으니 토끼로 봐야지."라거나 "토끼로 보는 것이 틀렸으니 오리로 봐야지."라고 판단했나요? 아닙니다. 전환은 그런 합리적 숙고 없이 일어납니다. 그리고 토끼인지 오리인지 사전 정보 없이 중립적으로 관찰했더니 토끼로 보이거나 오리로 보이는 것도 아닙니다. 앞서 말한 용어로 말해보면 이론 중립적으로 관찰되는 것이 아닙니다. 쉽게 말해 토끼라고 생각하면 토끼로 보이고, 오리라고 생각하면 오리라고 보인다는 말입니다. 이론 중립적 관찰이 아니라 이론 의존적 관찰입니다. 이론 의존적인 것은 편견과 비슷한 말이라고 했습니다.

　토끼로 보았다가 오리로 보이고, 또 오리로 보았다고 토끼로 보이는 것을 심리학에서는 '게슈탈트 전환'이라고 합니다. 이런 게슈탈트 전환에서 토끼로 보는 것과 오리로 보는 쪽 중 어느 쪽이 더 합리적이라고 말할 수 있나요? 토끼로 보면 토끼로 보이고 오리로 보면 오리로 보이는데, 어느 쪽이 더 옳다고 어떻게 말할 수 있겠습니까? 쿤은 과학의 패러다임이 바뀌는 것을 게슈탈트 전환으로 비유하기도 하고, 개종으로 비유하기도 합니다. 불교도였다가 크리스트교도로 바뀌었습니다. 또는 그 반대로 바뀌었습니다. 무슨 합리적 이유가 있나요? 그리고 어느 쪽이 더 옳다고 말할 수 있나요? 게슈탈트 전환이나 개종은 어느 쪽이 더 나은지 평가할 수 있는 중립적인 기준이 없습니다. 그러므로 그 선택과 이행은 비합리적인 방식으로 일어납니다.

쿤은 패러다임끼리 **공약 불가능하다**는 말도 합니다. 공약 가능하다는 것은 공통의 잣대로 판단할 수 있다는 뜻입니다. 우리 사회는 학생을 평가할 때 성적이라는 공통의 잣대를 사용합니다. 그러니 누가 누구보다 공부를 잘한다고 말할 수 있습니다. 그러나 인성을 평가하기는 참 어렵습니다. 성적과 같은 공통의 잣대가 없기 때문입니다. 누구는 좀 덜렁대지만 친구들과 두루 잘 지내고, 누구는 내성적이지만 묵묵히 자기 일을 잘합니다. 누가 더 인성이 좋다고 말할 수 있나요? 합리적인 기준은 없습니다. 이 기준 가지고 보면 이 학생이 더 나아 보이고, 저 기준 가지고 보면 저 학생이 더 나아 보입니다. 이게 공약 불가능하다는 뜻입니다. 쿤이 보기에 과학 혁명 이전의 과학과 이후의 과학은 공통의 판단 기준이 없습니다. 따라서 과학이 예전보다 발전했다고 말할 수도 없고 더 합리적으로 되었다고 말할 수 없습니다. 이전 과학의 성과를 딛고 새로운 과학이 나온 것도 아닙니다. 다만 서로 다른 패러다임에 있다고 말해야 합니다. 그 패러다임 사이에는 공통의 잣대가 없습니다.

## 뭐든지 좋다

절대적인 진리는 없다는 주장을 **상대주의**라고 합니다. 쿤은 과학에 대해 상대주의자라고 할 수 있습니다. 지금까지 보다시피 그는 이 과학보다 저 과학이 더 합리적이라고 말할 수 없다고 주장합니다. 그런데 쿤보다 한술 더 떠 과학이 과학 아닌 것보다 더 합리적이라고 말할 수 없다고 말하는 극단적인 상대주의자도 나타났습니다. 오스트리아 출신의 철학자 파울 파이어아벤트Paul Feyerabend(1924~1994)입니다. 그의 대표작의 제목은《방법에 반대한다》입니다. 쿤처럼 과학사를 들여다본 파이어아벤트는 과학의 발전이 특정한 과학 방법론을 고집하지 않았을 때 이루어진다고 주장합니다. 가령 갈릴레이가 쓴 방법론을 보면 귀납처럼 데이터를 모으는 것도 아니고, 반증을 하는 방법도 아니고, 쿤처럼 정상 과학 안에서 퍼즐 풀이를 하는 것도 아니랍니다. 어떤 방법인지 딱 꼬집어 말하자면 오히려 기존의 방법을 안 따르는 것이었습니다. 갈릴레이는 받아들여진 기존의 이론이나 관찰 결과와 전혀 어울리지 않는 가설을 제시했습니다. 기존 이론의 시각에서 보면 비합리적입니다. 파이어아벤트가 보기에 이런 비합리성이 있을 때 과학이 발전했습니다. 그러므로 '과학적 방법'이라는 것이 따로 있다고 생각해서는 안 된다는 것입니다.

'아나키즘Anarchism'은 '무정부주의'라고 번역되는데, 정부의 권위나 통제는 물론이고 종교나 자본 따위의 지배나 권위까지 부정하는 주장입니다. 이것은 정치철학의 주의인데, 파이어아벤트는 이것을 과학철학에 응용하여 자신의 주장을 **인식론적 아나키즘**이라고 부릅니다. 인식론적으로 믿을 만한 방법론은 없다는 주장입니다. 정치적 아나키즘에서 지배적인 권위가 없이 각 개인의 자유로운 사상과 양심을 중시하는 것처럼, 인식론적 아나키즘에서도 과학 방법론이 특별히 특권을 갖는 지식이 아닙니다. 오히려 과학적 지식과 비교도 할 수 없었든 신화나 미신이나 점성술 같은 것도 똑같이 허용해야 한다고 주장합니다. 학교에서 과학만 가르칠 것이 아니라 마술도 가르쳐야 하고, 국가가 과학만 지원할 게 아니라 점성술도 지원해야 한다는 것입니다. 한 마디로 "뭐든지 좋다anything goes."라고 말할 수 있습니다.

## 뒤집어 보기 ────────────

쿤이나 파이어아벤트가 과학 패러다임끼리 또는 과학과 다른 지식 사이에 우열을 가리기 힘들다고 말한 이유는 공통의 잣대가 없다고 생각하기 때문입니다. 다시 말해 공약 불가능하기 때문입니다. 그러나 정말로 지식을 평가하는 공통의 잣대가 없을까요?

지식을 평가하는 잣대는 여러 가지가 있습니다. 정확성, 단순성, 일관성, 정합성, 넓은 적용 범위, 다산성 등이 그것입니다. 쿤은 지동설을 주장하는 코페르니쿠스 천문학이 천동설을 주장하는 프톨레마이오스 천문학보다 확실히 단순하다는 것은 인정합니다. 천동설은 행성들이 지구 주위를 돈다고 가정했기에 실제 관측 자료와 맞지 않아, 어쩔 수 없이 그 행성이 다시 원운동을 한다는 주전원을 80개까지 가정해야 했습니다. 그러던 것이 지동설에서는 주전원이 30개까지 줄었습니다. 안 해도 되는 쓸데없는 가정을 줄인다는 단순성에서 지동설은 훨씬 합리적인 이론입니다. 그러나 쿤은 일관성 측면에서 보자면 프톨레마이오스 천문학이 훨씬 더 합리적이라고 주장합니다. 당대의 주류 이론인 아리스토텔레스 역학과 훨씬 더 잘 어울리기 때문입니다. 쿤이 보기에는 이 기준으로 보자면 천동설이 합리적인 이론이고 저 기준으로 보자면 지동설이 합리적인 이론인데, 공통의 잣대는 없으므로 패러다임의 이행은 합리적이라고 볼 수 없습니다.

그러나 단순성이 여러 가지 평가 잣대 중 하나일까요? 단순성을 만족하지 못해도 다른 기준을 만족하면 마찬가지로 합리적인 이론이라고 말할 수 있을까요? 밤하늘에 무엇인가가 반짝입니다. 비행기나 인공위성이라고 한다면 지금까지 있는 존재나 이론만으로 설명할 수 있습니다. 그러나 UFO라고 한다면 새로운 존재나 이론을 가정해야만 합니다. 그냥 UFO만 가정해서는 안 되고, 우주에 상당한 과학 기술이 발달한 지적 생명체가 있다고까지 가정해야 합니다. 그런 추가적인 가정을 지지하는 증거는 전혀 없습니다. 어느 쪽이 더 합리적인가요? 자꾸 쓸데없는 가정을 하게 되는 이유는 사실을 정확하게 반영하지 못하기 때문입니다. 없는 것을 있다고 하려니 구차한 것을 자꾸 가정해야 합니다. 음모론도 그렇습니다. 단순성을 만족하지 못하는 것은 정확성도 만족하지 못합니다. 단순성이나 정확성은 어떤 이론도 만족해야 하는 기준이고, 그것으로 보면 더 합리적인 지식은 분명히 있습니다.

## 더 깊이 읽기 ─────────────────────

포퍼는 대중들에게는 《열린 사회와 그 적들》(이한구 옮김, 민음사, 2006)
이라는 정치철학 저술로 많이 알려져 있습니다. 그러나 포퍼의 주저는
과학철학 저술인 《추측과 논박》(1과 2, 이한구 옮김, 민음사, 2001)입니다.
쿤의 《과학 혁명의 구조》(김명자·홍성욱 옮김, 까치, 2013)와 파이어아벤
트의 《방법에 반대하다》(정병훈 옮김, 그린비, 2019)는 우리말로 읽을 수
있습니다. 이번 장에 소개한 포퍼와 쿤의 견해를 좀 더 자세하고 쉽게
알고 싶으면 장대익의 《쿤&포퍼: 과학에는 뭔가 특별한 것이 있다》(김
영사, 2008)를 보면 됩니다.

17

# 우리는 매트릭스에 살고 있다

## 매트릭스와 가상 현실

영화 〈매트릭스Matrix〉는 1999년에 개봉되었습니다. 좀 옛날 영화지만 워낙 유명해서 이 영화로 이야기를 시작해도 거부감이 별로 없을 것 같습니다. (인기 있는 영화가 대개 그렇듯이 이 영화도 2003년에 2편과 3편이, 2021년에 4편이 개봉되었습니다. 이 영화를 만든 워쇼스키 형제는 형제였다가 남매가 되었다가 지금은 자매가 되었습니다. 형제가 차례대로 성전환 수술을 했기 때문입니다. 남매이었던 시절인 2013년에 우리나라의 〈무릎팍 도사〉라는 프로그램에 출연했기도 했습니다.)

이 영화의 주인공은 네오라는 청년으로 밤에는 해커로 일하는 평범한 회사원입니다. 그는 어느 날 현실 같은 꿈을 꾸다 깨어났는데, 마침 자신을 찾으러 집으로 온 사람들에게 이렇게 말합니다.

꿈인지 생시인지 불분명한 그런 느낌 알아?

앞으로 일어날 일의 복선입니다. 출근한 후 요원들에게 붙잡힌 네오는 역시 해커였던 모피어스에게 구출됩니다. 그리고 모피어스는 네오에게 다음과 같이 말합니다.

네오, 너무나 현실 같은 꿈을 꾸어본 적이 있나? 만약 그 꿈에서 깨어나지 못한다면? 그럴 경우 꿈속의 세계와 현실의 세계를 어떻게 구분하겠나?

네오는 모피어스로부터 지금까지 살아온 세계는 현실의 세계가 아니라 꿈속의 세계와 다름없다는 이야기를 듣습니다. 네오는 1999년을 살아간다고 생각하지만 실은 2199년입니다. 인간들은 태어나자마자 커다란 탱크 속에 둥둥 떠서 인공 지능의 생명 연장을 위한 에너지원으로 이용됩니다. 그리고 슈퍼컴퓨터는 인간의 뇌에 자극을 주어 시뮬레이션된 현실을 입력합니다. 그 입력된 내용이 네오를 비롯한 사람들이 살아간다고 생각한 1999년의 일상입니다. 매일 마주치는 회사 사람들, 주변의 건물과 자연이 실재하지 않는다고 한 번도 의심해 본 적 없는데, 그것들은 사실은 컴퓨터가 조작해 낸 가상 현실입니다. 네오는 실재하는 세상에서가 아니라 이 영화의 제목인 '매트릭스' 속에 살고 있는 것입니다. 모피어스는 그 진실을 알고 인공 지능과 맞서 싸우는 전사인데, 네오에게도 함께 싸우기를 권합니다.

## 실재 vs 현실

'실재'와 '현실' 모두 영어 'reality'의 번역어입니다. 대개 일상생활에서는 '현실'을 더 많이 쓰고, 철학에서는 '실재'를 더 많이 씁니다. '가상 현실 virtual reality'도 철학자들이 먼저 번역했으면 아마 '가상 실재'라고 했을 겁니다. 이 책에서도 일상의 맥락에서는 '현실'로, 철학적 용어로는 '실재'를 쓰겠습니다. 아, '실제實際'도 '실재實在'와 비슷한 뜻이지만, '실재'는 단독으로 쓰이는 데 비해 '실제'는 '실제 모습'이나 '실제 상황'처럼 꾸미는 말로 많이 쓰이거나 '실제' 또는 '실제로'라는 꼴로 부사로 쓰이기도 합니다. 그리고 이 세상이 가상 현실이 아니라 실제로 있다는 주장을 '실재론realism'이라고 하고, 이에 반대하는 주장을 '회의론skepticism'이라고 합니다.

## 나비의 꿈

이 영화를 보고 나서 우리도 사실은 가상 현실 속에 사는 것 아닌가 하고 생각하는 사람들이 있을 겁니다. 그러면서 이거 어디서 들은 이야기 같다는 생각도 들 겁니다. 네, 맞습니다. 《장자》에 나오는 나비의 꿈입니다. 중국 전국 시대의 사상가 장자가 쓴 《장자》에는 다음과 같은 유명한 이야기가 나옵니다.

어젯밤 장주는 꿈에 나비가 되었다. 팔랑팔랑 가볍게 나는 나비였는데 스스로 즐겁고 뜻에 꼭 맞았는지라 장주인 것을 알지 못했다. 이윽고 화들짝 깨어보니 갑자기 장주였다. 알 수 없구나. 장주의 꿈에 나비가 된 것인가, 나비의 꿈에 장주가 된 것인가.

이 이야기는 호접지몽胡蝶之夢, 곧 '나비의 꿈'이라고 알려져 있습니다. 꿈이 너무 생생해서 어느 쪽이 깨어 있을 때고 어느 쪽이 꿈인지 알 수 없다는 것입니다. 이것도 가상 현실로 해석할 수 있습니다. 꿈꾸기 전의 세계가 실재이고 꿈속의 세계가 가상 현실이겠지만, 꿈이 너무 생생해서 어느 쪽이 실재이고 어느 쪽이 가상 현실인지 구분할 수 없다는 것입니다.

우리가 가상 현실 속에 사는 것 아닌가 하는 생각은 영화 〈매트릭스〉를 넘어 저 멀리 전국 시대까지 거슬러 올라갑니다. 그러나 《장자》의 서술 방식이 다 그렇지만 나비의 꿈은 우화 형식으로 되어 있습니다. 이는 우리에게 어떤 교훈이나 통찰은 줄 수는 있어도 꼭 그것을 꼭 받아들여야만 하는 설득력이 없다는 뜻입니다. 그저 재미있는 이야기라고 생각하고 지나치면 그만이라는 겁니다. 그에 견줘 17세기의 프랑스 철학자인 데카르트는 논증을 통해 우리가 가상 현실 속에 사는 것 아닌가 하는 가능성을 제시했습니다.

## 방법적 회의

데카르트는 이 책의 2장과 3장에서 이미 나왔습니다. 2장에서는 라플라스의 악마를 언급하면서 철학사에서 유명한 또 다른 악마로 '데카르트의 악마'가 있다는 정도로 슬쩍 말했습니다. 3장에서는 유아론을 논의하면서 데카르트의 방법적 회의를 조금 자세히 거론했고, 거기서 데카르트의 악마가 다시 소환되었습니다. 이제 우리는 가상 현실에 사는 것 아닌가 하는 회의론이 주제인 이 장에서 데카르트의 방법적 회의와 데카르트의 악마를 본격적으로 논의해봅시다.

《성찰》은 데카르트가 1641년에 쓴 라틴어로 쓴 책인데(정확한 제목은 《제일 철학에 관한 성찰. 여기서 신의 현존 및 인간 영혼의 불멸성이 증명됨》입니다), 엿새 동안 성찰하는 방식으로 되어 있습니다(짐작하겠지만 크리스트교의 신이 세상을 만든 방식입니다). 그중 첫째 날의 성찰은 '의심할 수 있는 것들에 관하여'라는 제목이 붙어 있는데, 그는 지식의 체계를 전혀 의심의 여지가 없는 토대 위에 올려놓으려는 목표를 가지고 있었습니다. "뿌리 깊은 나무는 바람에 흔들리지 않는다."라는 《용비어천가》의 구절처럼 토대가 튼튼하면 그 위에 쌓인 지식은 확실하지 않겠습니까? 그러기 위해서 데카르트는 모든 것을 의도적으로 의심해보았습니다. 더 이상 의심할 수 없다면 그것만큼 확실한 지식이 없을 테니까요. 여기서 데카르트가 어떤 지식이 참이라고 생각하는 조건을 알 수 있습니다. 그는 이렇게 말합니다.

이성이 설득하고 있는 바는 아주 확실하지 않고 의심할 수 없는 것이 아닌 것에 대해서는 명백히 거짓된 경우에서처럼 조심스럽게 동의하지 말아야 한다는 것이므로, 의견들 가운데 하나라도 의심할 만한 이유가 조금이라도 있으면 의견 전체를 모두 거부하는 것으로 충분하다.

거짓일 가능성이 조금이라도 있다면, 그러니까 조금이라도 확실하지 않고 의심할 수 있다면 그것은 참이 아니라는 것입니다. 우리가 가진 지식이 데카르트의 표현대로 '확실하지 않고 의심할 수' 있다는 철학의 주장을 회의론이라고 부릅니다. 그러나 데카르트는 회의론자가 아닙니다. 그는 아무도 의심할 수 없는 확실한 토대를 찾기 위해 일부러 의심하는 것일 뿐이기 때문입니다. 자신의 철학 과업을 위한 방법으로 의심한다고 해서 데카르트의 의심을 **방법적 회의**라고 부릅니다. 데카르트가 한 의심의 방법을 따라가 봅시다.

## 꿈의 논증

우리가 무엇인가를 아는 통로는 크게 두 가지입니다. 가장 먼저 감각을 통해 세상을 압니다. 우리는 다섯 가지 감각, 곧 오감五感으로 세상에 대한 지식을 얻습니다. 눈으로 보고, 귀로 듣고, 손으로 만지고, 코로 냄새 맡고, 혀로 맛보는 것만큼 확실한 앎이 어디 있겠습니까? 물론 종종 감각에 속기도 합니다. 물이 든 유리컵 속에서는 젓가락이 반듯하게 보이지 않기도 하고, 어디서 휴대전화 벨 소리가 들리는 것 같은데 사실은 벨이 울리지 않은 경우도 있습니다. 그래도 결코 의심할 수 없는 것도 많습니다. 데카르트의 말처럼 "내가 여기에 있다는 것, 겨울 외투를 입고 난로 가에 앉아 있다는 것, 이 종이를 손에 쥐고 있다는 것 … 을 부인하는 것은 미치광이의 짓과 다름이 없을 것"입니다. (데카르트는 게으른 철학자로 알려져 있습니다. 침대에서 늦게까지 빈둥거리다가 천장에서 움직이는 파리를 보고 좌표평면을 생각해 냈다는 일화는 유명합니다. 게으름에서 창의성이 나온 셈입니다. 난로 가에 앉아 있는 것을 예로 들다니 역시 게으른 철학자답습니다.) 그러나 데카르트는 이어서 말합니다.

그렇지만 나도 한 인간이다. 밤에는 으레 잠을 자고, 꿈속에서는 미치광이가 깨어 있을 때 하는 짓과 똑같은 것을, 아니 종종 더 괴상한 것을 그려 낸다. 옷을 벗고 침대에 누워 있건만 평소처럼 내가 여기 있다고, 겨울 외투를 입고 난로 가에 앉아 있다고 잠 속에서 그려 낸 적이 어디 한두 번이었던가? 그러나 나는 지금 두 눈을 부릅뜨고 이 종이를 보고 있다. 내가 이리저리 움직여보는 이 머리는 잠 속에 있지 않다. 나는 의도적으로 손을 뻗어보고, 또 느끼고 있다. 내가 잠자고 있을 때 이런 것은 이처럼 판명하지 않았던 것 같다. 그러나 꿈속에서도 이와 비슷한 생각을 하면서 속은 적이 어디 한두 번이던가. 이런 점을 곰곰이 생각해보면, 깨어 있다는 것과 꿈을 꾸고 있다는 것을 확실히 구별해 줄 어떤 징표도 없다는 사실에 소스라치게 놀라게 된다. 이런 놀라움으로 인해 내가 지금도 꿈을 꾸고 있는 것은 아닌가 하는 생각에 빠져들게 된다.

다들 생생한 꿈을 꾼 적이 있을 것입니다. 현실에서는 절대 불가능한 일, 가령 하늘을 나는 일 같은 것도 꿈에서는 현실처럼 생생하게 일어납니다. 문제는 데카르트의 말처럼 "깨어 있다는 것과 꿈을 꾸고 있다는 것을 확실히 구별해 줄 어떤 징표도 없다."라는 점입니다. 그래서 가령 감각 경험으로 겨울 외투를 입고 난로 가에 앉아 있다고 전혀 의심하지 않는다고 하더라도 그것이 꿈을 꾸는 것이 아니라고 확신할 수 없습니다. 물론 우리는 그것이 꿈이 아닌 것이 확실하다고 생각합니다. 그러나 생각과 확신은 다릅니다. 앞서 데카르트가 확실한 지식이 되기 위한 조건이 무엇이라고 말했는지 생각해 보세요. 조금이라도 의심할 수 있는 지식이라면 그것은 참이 아니라고 했습니다. 내가 꿈을 꾸고 있을 가능성을 완전히 배제할 수 없

위험한 철학책

다면 꿈이 아니라 정말로 감각하고 있다는 것은 확실한 지식이 아닙니다. 그러므로 우리가 세상을 아는 가장 중요한 통로인 감각 경험은 믿을 수 없습니다.

## 전지전능한 악마 논증

앞에서 무엇인가를 아는 첫 번째 통로로 감각 경험을 말했습니다. 우리는 세상을 감각만으로 아는 것은 아닙니다. 세상을 아는 또 하나의 통로는 수학적 추론입니다. 예컨대 둘에 셋을 더하면 다섯이 된다거나 사각형의 변이 네 개라는 것을 손으로 꼽아 보거나 짚어가면서 알지 않습니다. 그것은 감각이 아닌 이성으로 압니다. 꿈에서도 감각을 하니 감각으로 아는 것은 꿈인지 현실인지 구분할 수가 없지만, 수학의 지식은 그런 고민을 할 필요가 없습니다. 설령 꿈이라고 하더라도 둘에 셋을 더하면 다섯이고 사각형의 변이 네 개이니까요. 그러면 수학의 지식이야말로 절대로 의심할 수 없는 확실한 앎이 아닐까요? 데카르트의 계획대로 모든 지식을 그 위에 세울 토대를 이제 찾은 걸까요?

그러나 데카르트의 의심은 여기서도 멈추지 않습니다. 이렇게 말합니다.

내 정신 속에는 오래된 한 가지 의견이 새겨져 있다. 즉, 모든 것을 할 수 있고, 또 지금의 내 모습대로 나를 창조했을 신이 존재한다는 의견이다. 그렇다면 땅, 하늘, 연장적 사물, 형태, 크기, 장소는 존재하는 것이 아니라, 이것들을 지금 보는 그대로 있는 것처럼 생각하도록 저 신이 만들지 않았다고 어떻게 장담할 수 있는가? 심지어 또한 다른 사람들은 자기가 완전하게 알고 있다고 생각하는 것에서도 가끔 오류를 범하고 있듯이, 나 역시도 둘에 셋을 더할 때, 사각형의 변을 셀 때 혹은 이보다 더 쉬운 것을 할 때 잘못을 범할 수도 있지 않은가?

사실은 둘에 셋을 더하면 다섯이 아니고 넷이며, 사각형의 변이 네 개가 아니라 세 개인데 내가 더하기나 변의 개수를 셀 때마다 신이 그렇게 생각하도록 만들었다는 겁니다. 세상에나! (이럴 때 영어 원어민은 '오 마이 갓Oh My God!'이라고 할 겁니다.) 신은 전지전능하니 얼마든지 그렇게 할 수 있습니다. 전지전능한 신은 땅과 하늘이 사실은 없는데 지금 보는 그대로 있는 것처럼 생각하도록 만들 수 있습니다. 그러나 그것은 꿈속에서도 가능하니 꼭 신이 끼어들지 않아도 가능합니다. 전지전능한 신은 꿈에서도 오류가 없는 수학적 지식마저도 오류로 만들 수 있습니다.

하지만 신이 과연 우리를 그렇게 속일까요? 신은 전지전능하기만 한 것은 아닙니다. 한없이 착한 분입니다. 전지전능할 뿐만 아니라 지선至善하기도 한 신이 우리를 속이고 오류를 범하게 한다는 것은 상상하기 어렵습니다. 그래서 데카르트는 악마에게 그런 악역을 맡

　　　　　　　　위험한 철학책

깁니다. 악마는 전지전능하지만 굳이 착할 필요는 없으니까요.

그래서 나는 이제 진리의 원천인 전능한 신이 아니라, 유능하고 교활한 악령이 온 힘을 다해 나를 속이려 하고 있다고 가정하겠다. 또하늘, 공기, 땅, 빛깔, 소리 및 모든 외적인 것은 섣불리 믿어버리는 내 마음을 농락하기 위해 악마가 사용하는 꿈의 환상일 뿐이라고 가정하겠다.

전지전능한 악마가 있다면 감각에 의한 지식도, 수학적 지식도 모두 속이는 것이 가능합니다. 역시 여기에도 데카르트가 말한 지식의 정의를 적용할 수 있습니다. 그런 악마에게 속고 있지 않다는 것을 확신할 수 없으니, 우리가 아는 지식은 참이 아닙니다.

## 현대판 전지전능한 악마, 슈퍼컴퓨터

그렇다면 우리가 의심하지 않았던 지식이 모두 확신할 수 없게 됩니다. 내 앞에 컴퓨터가 있다는 것도, 밖에 나무가 있다는 것도, 둘 더하기 셋이 다섯이라는 것도, 더 나아가 내가 있다는 것도 믿을 수 없습니다. 전지전능한 악마 논증은 우리가 가진 지식이 확실하지 않고 의심할 수 있다는 회의론을 지지해줍니다.

눈치 빠른 독자라면 전지전능한 악마가 곧 〈매트릭스〉의 슈퍼컴퓨터임을 알 수 있습니다. 이 세상은 사실 없는데 전지전능한 악마가 있는 것처럼 속이는 것이나, 이 세상은 사실 없는데 슈퍼컴퓨터가 인간의 뇌에 자극을 주어 시뮬레이션된 현실을 입력하는 것이나 비슷해 보입니다. 그러나 결정적인 차이가 두 가지 있습니다. 첫째는 〈매트릭스〉에서는 모든 것이 가상인 것은 아닙니다. 모피어스를 비롯한 소수의 사람은 마치 일제 강점기 때 만주에서 독립운동하던 것처럼 매트릭스 밖에서 매트릭스를 해체하기 위해 싸웁니다. 적어도 그 사람들은 매트릭스가 만들어낸 가상이 아닙니다. 그뿐만 아니라 탱크 속에 둥둥 떠서 인공 지능의 에너지원으로 이용되는 사람들은 분명히 실재합니다. 슈퍼컴퓨터는 그들의 실재하는 뇌를 자극합니다. 그러나 데카르트의 전지전능한 악마는 악마 이외에 실재하는 것은 아무도 없습니다. 모든 것이 악마가 만들어낸 가상입니다. (데카르트는 이 말을 부정합니다. 좀 있다가 다시 말하겠습니다.) 데카르트의 전지전능한 악마가 모든 사람의 지식을 의심하는 전반적인 회의론을 지지한다면, 〈매트릭스〉는 일부 사람의 지식을 의심하는 부분적인 회의론을 지지합니다.

전지전능한 악마와 슈퍼컴퓨터의 두 번째 차이점은 그 가능성입니다. 데카르트의 주장처럼 전지전능한 악마가 없다고 확신할 수는 없습니다. 그러나 정말로 전지전능한 악마가 가능하다고 진지하게 생각하는 사람들은 별로 없습니다. 철학자라고 해도 마찬가지입니다. 전지전능한 악마를 상상한다고 해도 모순이 없기에 그것이 '논리적으로' 가능하다고 생각하는 것뿐이지 실제로는 물론이고 법칙

위험한 철학책

적으로도 가능하다고 생각하지는 않습니다. 그러나 슈퍼컴퓨터는 다릅니다. 컴퓨터의 발달과 그에 따라 빠르게 도입되는 가상 현실 기계를 생각해봤을 때 우리의 뇌를 조작하여 가상을 실제로 착각하게 만드는 슈퍼컴퓨터는 법칙적으로는 물론이고 실제로도 가능해 보입니다. 그런 점에서 영화 〈매트릭스〉가 철학적으로 갖는 의미가 대단합니다. 데카르트의 전지전능한 악마는 철학자들의 사고 실험으로만 생각되었고 철학계 밖에 잘 알려지지 않았지만, 영화 〈매트릭스〉 덕분에 전지전능한 악마를 진지하게 고려할 수 있게 되었기 때문입니다. 전지전능한 악마가 슈퍼컴퓨터의 모습으로 나타난 것이지요.

## 악마 의사와 통 속의 뇌

영화 〈매트릭스〉의 슈퍼컴퓨터 같은 것을 철학자들이 생각하지 못한 것은 아닙니다. 다만 영화라는 매체가 아니라 철학자들끼리만 보는 학술 잡지나 책에 실려 있기에 대중의 관심을 끌지 못한 것뿐입니다. 미국의 철학자 피터 엉거Peter Unger는 다음과 같은 미친 의사를 상상합니다. 이 의사는 자신을 찾은 환자의 뇌에 환자 모르게 전극을 삽입합니다. 그리고 무선으로 전극에 신호를 보내 환자의 뇌에 자극을 주어, 환자가 특정 생각을 하게 만듭니다. 가령 앞에 바위가 없는데도 바위가 있다고 생각하도록 속이는 것입니다. 이 의사는 전지전능까지는 아니지만 환자를 속인다는 점에서 데카르트의 악마와 비슷합니다. 한마디로 '악마 의사'입니다. 악마 의사는 자신이 원하는 어떤 믿음이든 환자에게 만들어낼 수 있습니다. 데카르트의 지식 조건을 여기에도 그대로 적용할 수 있습니다. 악마 의사가 우리에게 전극을 삽입한 게 아니라고 확신할 수 있을까요? 사실은 내 앞에 바위가 없는데 있다고 속게 만드는 것은 아니라고 확신할 수 있을까요? 그럴 수 없다면, 우리는 세상에 대해 무엇인가를 안다고 말할 수 없습니다.

그래도 엉거의 미친 의사 사고 실험에서는 적어도 내가 있다는 것은 확실해 보입니다. 내가 있어야 미친 과학자가 내 뇌에 전극을 삽입할 수 있을 테니까요. (이것은 데카르트가 회의론을 벗어나는 아이디어이기도 합니다. 좀 있다 살펴보겠습니다.) 역시 미국의 철학자인 힐러리 퍼트넘Hilary Putnam은 더 극단적인 사고 실험을 제시합니다. 내 뇌를 빼서 통 속에 담습니다. 뇌에 영양분을 공급해야 하기에 통 속에는 배양액이 담겨 있습니다. 그리고 슈퍼컴퓨터가 통 속의 뇌와 연결되어 있어 뇌에 어떤 생각이든 만들어냅니다. 슈퍼컴퓨터가 곧 데카르트의 악마 역할을 하는 것입니다. 영화 〈매트릭스〉도 슈퍼컴퓨터가 조작해 낸 가상 현실이지만, 그래도 거기에는 매트릭스 밖에 실재하는 사람들이 있고 배양액에 둥둥 떠 있는 사람들도 있습니다. 악마 의사에게 속는 사고 실험에서도 적어도 나는 실재해야 합니다. 그러나 통 속의 뇌에서 실재하는 것은 오로지 슈퍼컴퓨터와 통 속의 뇌일 뿐입니다. 우리가 세상에 대해 알고 있다고 생각

위험한 철학책

하지만, 그것은 슈퍼컴퓨터에 의해 만들어진 가상 현실이 아니라고 확신할 수 있을까요? 없다면 회의론은 옳은 이론 같습니다.

## 게임 속 세상

우리가 사는 세상이 진짜가 아니라 컴퓨터가 만든 가상 현실이 아닐까 하는 생각은 데카르트의 악마에서부터 퍼트넘의 통 속의 뇌까지 발전했습니다. 그러면서 앞에서 말한 것처럼 악마보다는 슈퍼컴퓨터를 가지고 이야기하다 보니 훨씬 그럴듯해졌습니다. 철학자들은 여기서 한 걸음 더 나아갑니다. 시뮬레이션 게임이라는 컴퓨터 게임이 있습니다. 현실을 비슷하게 따라 해보는 게임입니다. 가령 게임 속 인간들에게 집 짓고 밥 먹고 옷 입는 생활을 하도록 명령을 내리기도 하고, 게임 내에서 스스로 생활하게 두기도 합니다. 게임을 하는 인간은 그것을 관찰합니다. 스웨덴의 철학자 닉 보스트롬Nick Bostrom은 우리가 사는 세상이 바로 그런 시뮬레이션 게임일 수 있다고 주장합니다. 기술이 엄청나게 발전한 미래 세대의 후손들이 인류가 어떻게 발전해왔는지 연구할 목적으로 또는 단순히 시뮬레이션 게임처럼 오락의 목적으로 사실과 구분할 수 없는 정교한 시뮬레이션을 만들었다는 것입니다. 당연한 말이지만 게임 속 세상은 실재하는 것이 아니라 가상 현실입니다. 우리가 사는 세상도 기술이 발전한 미래의 후손들이 조상들은 어떻게 살아왔는지 알기 위해 정교하게 만든 가상 현실인지도 모른다는 것이 보스트롬의 주장입니다. 그런 우리도 미래에 기술이 발전하면 똑같은 시뮬레이션 게임을 만들지 모릅니다. 시뮬레이션 게임이 돌아가는 프로그램 안에서 또 시뮬레이션 게임을 돌리는 것입니다.

만약 우리가 사는 세상이 그런 게임 속 세상이라면 어떻게 해야 할까요? 이 세상은 사실 게임으로 만들어진 가상 현실에 불과하다고 주위 사람들에게 알려야 할까요? 〈매트릭스〉의 네오처럼 모피어스를 따라 매트릭스 밖으로 나가 매트릭스에서 사람들을 구해야 할까요? 어떤 철학자는 이 세상이 미래 세대가 만든 게임이라는 것을 눈치챘다고 하더라도 그것을 아는 척하지 말아야 한다고 주장합니다. 기술이 발전한 미래에서 가상 현실을 만든 목적은 인류가 어떻게 발전했는지 알고 싶은 것인데, 관건은 우리가 게임 속에 산다는 것을 몰라야 한다는 것입니다. 만약 게임 속의 사람이 눈치챘다는 것을 알게 된다면 운영자는 가상 현실을 계속 유지할 이유가 없기 때문입니다. 신약 실험할 때 관건은 신약과 위약을 각각 복용한 사람이 어떤 약을 먹었는지 몰라야 한다는 것입니다. 위약을 먹게 하는 이유는, 위약인지 모르고 약을 먹었을 때 약물이 효과가 있을 것이라는 기대로 실제로 나아지는 경우가 있는데 신약이 그 위약 효과보다 나아야 하기 때문입니다. 만약 자신이 위약을 먹었는지 알게 된다면 위약 효과를 기대할 수 없어서 신약의 약효를 그것과 비교할 수 없습니다. 그러면 실험 결과가 온전하게 나올 수 없으니 당

장 실험을 중지합니다. 만약 게임의 운영자인 미래 세대가 우리가
게임 속에 있다는 것을 눈치챘다는 것을 알게 된다면 어떻게 될까
요? 실험에 참여한 사람들이 위약인지 알게 되었을 때 신약 실험을
중단하는 것처럼 게임의 운영자도 게임을 중단할 것입니다. 게임을
중단한다는 것은 무슨 뜻일까요? 그것은 게임을 실행하는 컴퓨터를
꺼 버린다는 뜻입니다. 그것은 또 무슨 뜻일까요? 놀라지 마십시오.
나를 비롯한 이 세상의 종말을 의미합니다. 그러므로 우리가 게임
속 가상 현실에 살고 있다고 알아차렸더라도 쉬쉬하고 조용히 살아
야 합니다.

**"나는 생각한다. 고로 나는 존재한다."**

데카르트의 꿈의 논증과 전지전능한 악마 논증을 따라가다 보면
회의론을 받아들일 수밖에 없을 것 같습니다. 그러나 데카르트는

회의론자가 아니라고 했습니다. 그러면 그는 어떻게 회의론에서 벗어날까요? 데카르트는 이렇게 말합니다.

그렇지만 세계에는 하늘, 땅, 정신, 물체가 없다고 나 자신을 설득하지 않았던가? 이때 나 자신도 없다고 설득한 것은 아니었을까? 그렇지는 않다. 내가 만일 나에게 어떤 것을 설득했다면, 확실히 나는 있었을 것이다. 그러나 누군지는 모르지만 아주 유능하고 교활한 기만자가 집요하게 나를 항상 속이고 있다고 치자. 자 이제, 그가 나를 속인다면, 내가 있다는 것은 의심할 수 없다. 그가 온 힘을 다해 나를 속인다고 치자. 그러나 나는 내가 어떤 것이라고 생각하는 동안, 그는 결코 내가 아무것도 아니게끔은 할 수 없을 것이다. 이렇게 이 모든 것을 세심히 고찰해 본 결과, 나는 있다, 나는 현존한다는 명제는 내가 이것을 발언할 때마다 혹은 마음속에 품을 때마다 필연적으로 참이라는 결론에 이르게 된다.

전지전능한 악마에게 속는다고 칩시다. 속으려면 적어도 생각을 해야 합니다. 생각하지 않으면 속을 수 없습니다. 따라서 내가 생각한다는 것은 확실합니다. 그런데 내가 있어야 생각할 수 있습니다. 따라서 내가 있다는 것도 확실합니다. 좀 전에 악마 의사가 뇌에 전극을 집어넣어 속이려면 적어도 뇌가 있는 내가 있어야 하는 것처럼, 악마에게 속으려면 속을 '나'가 있어야 합니다. 데카르트는 드디

위험한 철학책

어 전혀 의심할 수 없는 확실한 토대가 되는 지식을 찾았습니다. 그것은 바로 "나는 생각한다."이고, 그것은 곧 "나는 존재한다."입니다. 이것은 "나는 생각한다. 고로 나는 존재한다."라는 명제로 많이 알려져 있습니다.

물론 "내가 존재한다."라는 명제 하나로부터 수많은 지식이 도출되어 나오는 것은 아닙니다. 데카르트는 "내가 극히 명석판명하게 지각하는 것은 모두 참이다."라는 원리를 받아들여야 한다고 말합니다. 내 앞에 나무가 있다는 것이 명석판명해 보입니다. 여기에 방금 말한 원리를 적용하면 내 앞에 나무가 있다는 것은 참이 됩니다. '명석판명의 원리'에 따르면 명석판명하게 지각하는 것은 모두 참이 됩니다. 이 원리는 내가 지각한 것과 지각되는 것의 존재 사이의 틈을 메꾸어주는 원리입니다. 그러나 이상합니다. 분명히 데카르트는 꿈의 논증과 전지전능한 악마의 논증을 통해 설령 '명석판명하게' 지각한다고 하더라도 오류를 범할 수 있다고 말하지 않았나요? 데카르트는 여기서 신을 끌어들입니다. 악마처럼 속이지 않는, 전지전능하고 지선한 신이 존재하기 때문에 내가 명석판명하게 지각하는 것은 모두 참이라는 것입니다.

그러나 우리는 여기서 데카르트의 논리가 쉽게 무너짐을 금방 눈치챌 수 있습니다. 명석판명의 원리의 타당성은 신이 보장해 주는데, 신의 존재가 먼저 증명되어야 명석판명의 원리가 증명됩니다. 데카르트는 신의 존재를 어떻게 증명할 수 있을까요? 내가 극히 명석판명하게 지각하는 것은 모두 참이기 때문에 신은 존재한다고 말할 수밖에 없습니다. 명석판명의 원리를 증명하기 위해서는 신의 존재를 가정해야 하고, 신의 존재를 증명하기 위해서는 명석판명의 원리를 가정해야 합니다. 데카르트는 악순환에 빠지고 맙니다.

꼭 악순환만이 문제는 아닙니다. 거기에 가기 전에 '나는 존재한다'라는 명제가 전혀 의심할 수 없는지조차도 의문입니다. 악마에게 속으려면 속기 위해 '나'가 있기는 해야 합니다. 그러나 그 '나'는 5분 전에 만들어진 '나'여도 상관이 없습니다. 악마에게 속는 바로 그 순간의 '나'만 있어도 됩니다. 악마는 전지전능하므로 아무것도 없는 이 세상에 불과 5분 전에 속임을 당하기 위한 '나'를 만들 수도 있습니다. 데카르트가 '나는 존재한다'라고 말할 때의 '나'는 태어날 때부터 지금까지 정체성을 잃지 않고 유지해 온 나를 말할 것입니다. 불과 5분 전에 만든 '나'가 있다고 해서 '나는 존재한다.'라고 말할 수는 없습니다. 그런 나는 전지전능한 악마도, 매트릭스의 슈퍼컴퓨터도 만들 수 있으니까요.

데카르트는 이래저래 스스로 만든 회의론에서 빠져나오지 못한 것 같습니다. 그렇다면 우리는 가상 현실 속에 살고 있다고 말해야 할 것 같습니다.

퍼트넘은 통 속의 뇌 사고 실험을 제시한 철학자이지만, 그 스스로는 회의론을 반대합니다. 그는 다음과 같은 논증을 펼칩니다. 통 속의 뇌가 '나는 통 속의 뇌다.'라고 생각한다고 해봅시다. 정말로 통 속에 있는 뇌가 위와 같이 말하면 이 말은 참일까요? 퍼트넘에 따르면 거짓말입니다. 왜냐하면 통 속의 뇌는 진짜 통 속의 뇌를 가리킬 수 없기 때문입니다. 통 속의 뇌는 항상 슈퍼컴퓨터가 만들어놓은 가상의 이미지만 떠올립니다. 그러므로 통 속의 뇌가 '통 속의 뇌'라는 말로 가리키는 것은 진짜 통 속의 뇌가 아니라 가짜 '통 속의 뇌'입니다. '통 속의 뇌'로 통 속의 뇌를 가리키지 못하는 모순이 생기는 것입니다. 물론 통 속에 살지 않는 뇌(보통 사람들의 뇌)가 위와 같이 말하면 이 말은 당연히 거짓입니다. '나'는 통 속의 뇌가 아니니까요. 퍼트넘은 '나는 통 속의 뇌다.'라는 명제는 통 속의 뇌가 생각하든 진짜 뇌가 생각하든 언제나 거짓이므로, 우리가 통 속의 뇌라는 가정은 올바르지 않다고 주장합니다. 따라서 통 속의 뇌 논증에 의존하는 회의론도 성립할 수 없다는 것입니다.

　그러나 퍼트넘의 이 논증은 전제를 하나 하고 있습니다. 그것은 '통 속의 뇌'가 진짜 통 속의 뇌를 가리켜야만 의미가 생긴다는 전제입니다. '의미론적 외재주의'라고 부르는 이 전제를 받아들일 수 있어야 위 반론이 성립합니다. 아쉽게도 의미론적 외재주의는 여러 의미론 중 하나일 뿐입니다. 특히나 의미가 있기 위해서는 우리 밖에 있는 무엇인가를 가리켜야 한다는 생각 자체가 회의론이 반대하는 것입니다. 이것은 10장에서 말한 선결문제 요구의 오류를 저지르는 것입니다.

여러 철학자들이 회의론을 반박하는 논증을 제시했지만 썩 만족스러운 논증은 없습니다. 가장 큰 이유는 데카르트가 제시한 지식의 조건이 너무 강하기 때문입니다. 데카르트는 조금이라도 거짓일 가능성이 있다면, 그러니까 조금이라도 확실하지 않고 의심할 수 있다면 그것은 참인 지식으로 받아들일 수 없다고 말했습니다. 그러나 무엇인가가 지식이 되기 위해서 그렇게나 강하게 확실해야 할까요? 우리가 알고 있다고 생각되는 것들을 보세요. 조금도 의심되지 않는 확실한 것이 얼마나 있습니까? 일상에서는 합리적인 의심의 가능성이 없다면 지식으로 받아들입니다. 내가 술이나 약에 취한 상태가 아니라면 내 앞에 나무가 있다는 것은 합리적인 의심의 가능성이 없으니 지식으로 받아들일 수 있습니다. 그에 견줘 외계인이 있다는 것은 합리적인 의심의 가능성이 있으니 지식이 되지 못합니다. 데카르트는 너무 강한 지식의 조건을 제시하고 그것을 만족 못 하는 것은 의심하라고 하니, 자신도 거기서 빠져나오지 못한 것 아닐까요?

위험한 철학책

**더 깊이 읽기** ─────────────────────────

데카르트의 방법적 회의는 그의 《성찰》(이현복 옮김, 문예출판사, 1997)에
서 음미해볼 수 있습니다. 주로 1장과 2장을 보면 됩니다. 미친 의사 사
고 실험은 피터 엉거의 *Ignorance*(Oxford University Press, 1975), 7~8
쪽에 나옵니다. 엉거는 거기서 의사가 아니라 과학자를 상상했습니다.
통 속의 뇌 사고 실험은 퍼트넘의 《이성 · 진리 · 역사》(김효명 옮김, 민음
사, 2002), 1장에 나옵니다. 회의론을 더 깊이 있게 읽고 싶으면 제가 쓴
《세상에 믿을 놈 하나 없다: 데카르트와 버클리》(김영사, 2006)를 보십
시오. 데카르트의 방법적 회의와 버클리의 회의론이 논의됩니다.

# 위험한 철학책

초판 1쇄 발행 2015년 10월 12일
개정판 2쇄 발행 2024년 12월 5일

지은이     최훈
책임편집   김원영 김은수
디자인     주수현 이상재

펴낸곳     (주)바다출판사
주소       서울시 마포구 성지1길 30 3층
전화       02 - 322 - 3675(편집) 02 - 322 - 3575(마케팅)
팩스       02 - 322 - 3858
이메일     badabooks@daum.net
홈페이지   www.badabooks.co.kr

ISBN       979-11-6689-296-7 03100